天津市重点出版扶持项目

津沽名家文库(第一辑)

英国古典政治经济学

季陶达 著

南开大学出版社

天 津

图书在版编目(CIP)数据

英国古典政治经济学 / 季陶达著. —天津：南开
大学出版社，2019.8
（津沽名家文库. 第一辑）
ISBN 978-7-310-05839-6

Ⅰ.①英… Ⅱ.①季… Ⅲ.①古典资产阶级政治经济
学－英国 Ⅳ.①F091.33

中国版本图书馆 CIP 数据核字(2019)第 161497 号

南开大学出版社出版发行
出版人：刘运峰
地址：天津市南开区卫津路 94 号　　邮政编码：300071
营销部电话：(022)23508339　23500755
营销部传真：(022)23508542　　邮购部电话：(022)23502200
*
天津丰富彩艺印刷有限公司印刷
全国各地新华书店经销
*
2019 年 8 月第 1 版　　2019 年 8 月第 1 次印刷
210×148 毫米　32 开本　8.375 印张　6 插页　205 千字
定价：65.00 元

如遇图书印装质量问题,请与本社营销部联系调换.电话:(022)23507125

季陶达先生(1904—1989)

开场白：诸位老师，诸位同学。本月4日蔡枢葳老师，给我一
封信，约我在马克思逝世一百周年纪念会讲话。~~我~~说继续专年
学生座谈向马克思学习什么和怎样学习的问题。"

　　说实在的，我对于诸位专年同学究竟各说向马克思学习什么这
个问题，毫无所知！更说不上怎样学习了！！

　　我于本月七日下午四时左右去党委办公室，向老杨同志说明这
种情况，又加之我的口齿说话很不清楚，听不建议。这次纪念活动
我最好能不参加，以免浪费同学们的宝贵时间。老杨同志也对说
待蔡老师从北京开会回来后，感觉了再告诉我。所以我一直在筹备。

　　可是蔡老师在去北京之前，曾经告诉我，说：有一种看法
认为《资本论》过时了。因此，我又准备了一篇稿子，希望有人
在纪念会代念一下。

＊　　＊　　＊

　　诸位老师，诸位同学！

　　整整一百年以前，就是从在1883年3月14日下午2时左右
当恩格斯去看望马克思的时间，发现马克思已经走了——逝世！
本来一直有人陪伴他的，在他一个人独处时不过二分钟！

　　这位史无前例的最伟大人物，离开人世整整一百周年，我们现在
来纪念他。可纪念的方面是很多的，应学习的也很多方法，究竟学习什么呢。

　　蔡老师曾对我说，有人认为《资本论》过时了。那末就来此
就会同大家谈谈学习《资本论》吧。

　　对待《资本论》的二种态度：

　　一种态度（也就是我的）把《资本论》作为"艺术整体"（毫
是马克思自己对恩格斯所说的关于《资本论》是一艺术品。

季陶达先生手迹

出版说明

　　津沽大地，物华天宝，人才辈出，人文称盛。

　　津沽有独特之历史，优良之学风。自近代以来，中西交流，古今融合，天津开风气之先，学术亦渐成规模。中华人民共和国成立后，高校院系调整，学科重组，南北学人汇聚天津，成一时之盛。诸多学人以学术为生命，孜孜矻矻，埋首著述，成果丰硕，蔚为大观。

　　为全面反映中华人民共和国成立以来天津学术发展的面貌及成果，我们决定编辑出版"津沽名家文库"。文库的作者均为某个领域具有代表性的人物，在学术界具有广泛的影响，所收录的著作或集大成，或开先河，或启新篇，至今仍葆有强大的生命力。尤其是随着时间的推移，这些论著的价值已经从单纯的学术层面生发出新的内涵，其中蕴含的创新思想、治学精神，比学术本身意义更为丰富，也更具普遍性，因而更值得研究与纪念。就学术本身而论，这些人文社科领域常研常新的题目，这些可以回答当今社会大众所关注话题的观点，又何尝不具有永恒的价值，为人类认识世界的道路点亮了一盏盏明灯。

　　这些著作首版主要集中在 20 世纪 50 年代至 90 年代，出版后在学界引起了强烈反响，然而由于多种原因，近几十年来多未曾再版，既为学林憾事，亦有薪火难传之虞。在当前坚定文化自信、倡导学术创新、建设学习强国的背景下，对经典学术著作的回顾与整理就显得尤为迫切。

本次出版的"津沽名家文库（第一辑）"包含哲学、语言学、文学、历史学、经济学五个学科的名家著作，既有鲜明的学科特征，又体现出学科之间的交叉互通，同时具有向社会大众传播的可读性。具体书目包括温公颐《中国古代逻辑史》、马汉麟《古代汉语读本》、刘叔新《词汇学和词典学问题研究》、顾随《顾随文集》、朱维之《中国文艺思潮史稿》、雷石榆《日本文学简史》、朱一玄《红楼梦人物谱》、王达津《唐诗丛考》、刘叶秋《古典小说笔记论丛》、雷海宗《西洋文化史纲要》、王玉哲《中国上古史纲》、杨志玖《马可·波罗在中国》、杨翼骧《秦汉史纲要》、漆侠《宋代经济史》、来新夏《古籍整理讲义》、刘泽华《先秦政治思想史》、季陶达《英国古典政治经济学》、石毓符《中国货币金融史略》、杨敬年《西方发展经济学概论》、王亘坚《经济杠杆论》等共二十种。

需要说明的是，随着时代的发展、知识的更新和学科的进步，某些领域已经有了新的发现和认识，对于著作中的部分观点还需在阅读中辩证看待。同时，由于出版年代的局限，原书在用词用语、标点使用、行文体例等方面有不符合当前规范要求的地方。本次影印出版本着尊重原著原貌、保存原版本完整性的原则，除对个别问题做了技术性处理外，一律遵从原文，未予更动；为优化版本价值，订正和弥补了原书中因排版印刷问题造成的错漏。

本次出版，我们特别约请了各相关领域的知名学者为每部著作撰写导读文章，介绍作者的生平、学术建树及著作的内容、特点和价值，以使读者了解背景、源流、思路、结构，从而更好地理解原作、获得启发。在此，我们对拨冗惠赐导读文章的各位学者致以最诚挚的感谢。

同时，我们铭感于作者家属对本丛书的大力支持，他们积极创造条件，帮助我们搜集资料、推荐导读作者，使本丛书得以顺利问世。

最后，感谢天津市重点出版扶持项目领导小组的关心支持。希望本丛书能不负所望，为彰显天津的学术文化地位、推动天津学术研究的深入发展做出贡献，为繁荣中国特色哲学社会科学做出贡献。

南开大学出版社

2019 年 4 月

《英国古典政治经济学》导读[①]

鲁明学

季陶达（1904—1989），浙江义乌人。1927 年被党派往苏联，先后在莫斯科东方大学、中山大学学习。1930 年回国后直至逝世，长达六十年中，一直从事马克思主义经济学、经济学说史的教学、研究和翻译工作，是我国著名的马克思主义经济学家、教育家。1931—1934 年，在长春、汉中等地中学任教，从 1934 年起至中华人民共和国成立，先后在北平中国大学、北平大学女子文理学院、西北大学、山西大学等高校任教，曾任山西大学经济系系主任。1949 年 8 月来到南开大学，"文革"前一直担任南开大学政治经济系系主任兼经济研究所所长。曾担任天津市第七届政协委员、中国民主同盟天津市第六届委员会常务委员、天津市外国经济学说研究会名誉理事长、中国经济学团体联合会天津市第二届顾问等。

一、季陶达先生的教学与研究建树

季陶达教授一生致力于我国科学文化教育事业，卓有贡献，

[①] 本文由鲁明学教授执笔，在编辑过程中，经作者同意，本社根据其他相关资料，对导读内容做了必要的增补和修改。特此说明。

1

培养了大批优秀人才，桃李满天下。季教授在进行教学和科研工作的同时，不断发表论文和出版著作，用马克思主义观点阐述我国社会主义革命和建设的一些理论和实际问题，同各种错误观点进行不懈斗争。

早在 20 世纪 30 年代，季教授就翻译出版了苏联学者鲁平的《经济思想史》和当时苏联最通行的拉比杜斯、奥斯特罗维采诺夫合著的《政治经济学》第七、第八版以及有关货币流通与信用方面的书籍十余种。20 世纪 40 年代，季教授撰写了专著《货币学原理》及《马歇尔均衡价格理论之研究》等论文，50 年代主编了一套共五册约八十万字的经济学说史讲义，并选编了约二十万字的教学参考资料，撰写了《社会资本再生产与经济危机》（天津人民出版社，1956 年）一书和《赫尔岑和奥加辽夫的经济思想》等学术论文。20 世纪 60 年代，季教授出版了《英国古典政治经济学》（生活·读书·新知三联书店，1960 年）、《重农主义》（商务印书馆，1963 年）等专著，主编了《资产阶级庸俗政治经济学选辑》（商务印书馆，1963 年），撰写了《马克思完成了政治经济学的革命》《评萨伊〈政治经济学概论〉》《评庞巴维克〈资本实证论〉》等许多有价值的学术论文。

这些著作和论文对政治经济学特别是经济学说史学科做出了巨大贡献。尤其是《英国古典政治经济学》一书，作者运用历史唯物主义和马克思主义政治经济学基本原理，对英国古典政治经济学的产生和发展、基本内容、科学贡献和局限性、它的破产和被庸俗经济学代替的历史必然性以及它对马克思主义政治经济学形成的意义等，做了全面透彻的分析，清楚地阐明了英国古典政治经济学为何以及如何成为马克思主义的三个来源之一，为经济学说史和政治经济学的教学和研究提供了很大帮助。该书几经再版，季陶达教授自己也认为此书是他的代表著作。《资产阶级庸俗政治经济学选辑》一书也是我国经济学说史教学和研究中重要的基础性文献。季陶达教授对资产阶级政治经济学的历史发展有独到的见解，认为资产阶级政治经济学的发展（以英国为典型）经历了五个阶段：配第—斯密阶段、李嘉图阶段、资产阶级古典政治经济学破产被庸俗化阶段、马歇尔阶段和凯恩斯阶段。这种划分对正确理解资产阶级政治经济学及其历史发展具有重要意义，是一个创造性的贡献。

"文革"期间，季教授身心受到很大摧残，科研工作被迫中断，系里让他到北京他小女儿季梅家闲居，直至1979年底，他才重返南开大学。20世纪80年代，他翻译出版了车尔尼雪夫斯基的《穆勒政治经济学概述》（商务印书馆，1984年），撰写了专著《约·斯·穆勒及其〈政治经济学原理〉》（南开大学出版社，1989年）。《约·斯·穆勒及其〈政治经济学原理〉》是他生平最后一部专著，也是经济学说史研究中一部与传统观点不同且有所突破、有所创新之作。他还撰写了多篇论文。包括纪念恩格斯的文章——《马克思主义的共同创造者——纪念恩格斯诞辰160周年》和《崇高的自我牺牲精神》，还有《四项基本原则是中国共产党对马克思革命学说的捍卫和发展》《凯恩斯是什么样的人？》等学术论文十余篇。1989年11月，季教授因病在天津逝世，享年85岁。他原打算在1990年开始撰写《凯恩斯及其学说》一书，终未能实现。

季陶达教授学风扎实、治学严谨，理论功底深厚，密切关注社会现实。他一向主张因材施教。早在1980年就发表了《改革高等院校教学制度的几点建议》，提出"废弃学年制，认真实行学分制"，"让学生选修外系的课程"，"允许入学后的学生在一定期间内可以转专业、转系甚至转校"，"认真贯彻因材施教的教育办法"，"建立高等教育自学考试制度"等建议，备受青年拥护。[①]他是青年可敬的导师，后辈及他的同辈们都尊称他为"季老"。

记得 1961 年我在南开大学上本科三年级时，季老为我们讲授经济学史课。他虽是南方口音，但讲课不快不慢，非常清晰；所讲内容广博，使我们了解到经济学说发展史上各色各样的人物和经济思想。季老还在我们年级组织了经济学史课的"因材施教"组，并亲自指导。他要求我们直接阅读一些经济学家的原著，写出读书笔记和心得体会。季老对我们每个人交的读书笔记都认真批阅，有的进行鼓励，有的指出一些理解上的问题，但很少直接说我们的见解是对是错，而是让我们去进一步思考。这使我们大大提高了学习能力，对许多理论问题加深了理解。

1964 年，我考取了季老的研究生，我研究的方向是马克思恩格斯经济学说的发展，而马恩著作多数以德文发表，所以季老要求我把德语作为第一外语来学习。当时系里请来外文系一位德裔教师任教。年过六旬的季老，也同我们一起从字母学起，跟着老师朗读字母、单词和句子，一起完成作业，在上课时回答老师的提问。更令我感动的是，每次上课，季老总是提前半小时到达，然后开始打扫地面、擦拭桌椅。他从不让我们动手，让我们抓紧课前时间，再多读几遍单词。

季老作为系主任，关心着全系每一位教师，特别是青年教师的教学和科研工作，也关心着全系学生，特别是高年级学生的成长。常有青年教师和高年级学生去季老家拜访或求教。无论谁到访，季老常常问起他们两件事：一是最近读什么书，一是正在研究什么问题。在谈起读书时，他常常强调读原著的必要性和重要性。他曾对人说，1927 年，他在苏联东方大学学习政治经济学时没有参考书，他说没有参考书也有好处，逼着自己硬着头皮去啃

---

① 参见季陶达：《季陶达文集》，南开大学出版社，2019 年，第 253—258 页。

原著，有充分的时间反复地精读、细读，久而久之，就会在理论深度和思维方法上有很大提高，许多人从季老这一指导中受益匪浅。

2004 年，南开大学庆祝百年南开暨南开大学建校八十五周年之际，恰逢季老的百年诞辰，南开大学经济学院编选了《季陶达文选》一书，收入他的学术论文和教育改革论文及讲话、谈话 25 篇，书末附有《季陶达教授部分著作目录》计 36 种（篇），包括他专著和编著的图书 7 种，译著 6 种，论文 23 篇。其中最主要的是《英国古典政治经济学》《重农主义》和由他主编的《资产阶级庸俗政治经济学选辑》《约·斯·穆勒及其〈政治经济学原理〉》。呈现了季陶达教授的学术成就。

而今，在南开大学建校一百周年之际，南开大学出版社再版季老的代表作《英国古典政治经济学》，不但惠及学林，也是对季老的最好纪念。

二、《英国古典政治经济学》的内容及特点

季老的代表著作《英国古典政治经济学》一书，对英国古典政治经济学的产生和发展，它的基本内容、科学成果和局限性，它的破产和被庸俗经济学代替的历史必然性，以及它对马克思主义政治经济学形成的意义等，做了分析，为经济学说史和政治经济学的教学和研究提供了很大帮助，受到读者的重视和赞许，几经再版，是研究英国古典政治经济学的一本好书。

对《英国古典政治经济学》一书的特点，吴忠观教授曾做了以下概括：第一，本书始终坚持社会存在决定社会意识的原理，对英国古典政治经济学的发生、发展和庸俗化过程的历史根源，做了深入的论述；第二，本书十分重视经济思想本身的继承性，从中可以看到这三个英国古典政治经济学代表人物在经济学说史

上的成就，及其承上的作用和启下的影响；第三，本书在分析英国古典政治经济学和马克思主义政治经济学的相互关系时，十分重视对"否定马克思是对古典政治经济学的批判继承"和"否定马克思主义政治经济学和英国古典政治经济学有本质区别"这两种观点进行批判和斗争。①

《英国古典政治经济学》除前言和结论外，主要阐述了英国古典政治经济学的产生、亚当·斯密的经济学说和大卫·李嘉图的经济学说等三部分内容，以下将对本书做一详细介绍。

（一）前言：英国古典政治经济学与马克思主义政治经济学的关系

该书前言从马克思主义三个组成部分及其三大思想理论来源（德国古典哲学、英国古典政治经济学、英法空想社会主义）开始，说明马克思主义政治经济学的理论来源为英国古典政治经济学。当然马克思主义学说在 19 世纪中叶创立，首先是它的实践来源已经成熟，那就是资本主义生产方式及其生产关系、无产阶级反抗资产阶级剥削压迫的阶级斗争实践的发展已经成熟。随着英、法、德等西欧国家资产阶级先后夺取政权和英国产业革命的完成，资本主义社会主要矛盾已由资产阶级反对封建地主阶级的矛盾和斗争转变为无产阶级反抗资产阶级的矛盾和斗争，并于 1848—1849 年达到高潮，无产阶级已由一个自在的阶级转变、成熟为自为的阶级。马克思创立无产阶级政治经济学，不但同那时代的工人革命运动有密切的关系，而且同马克思自己的革命活动也是分不开的。正由于马克思是伟大的无产阶级革命家，全世界无产者的领袖和导师，他才能在政治经济学中完成革命。

作为马克思主义政治经济学思想理论来源的英国古典政治经

---

① 参见吴忠观：《评介〈英国古典政治经济学〉》，《经济研究》，1979 年第 6 期。

济学，其产生发展经历了三个阶段。它从配第开始，中经斯密等人，到李嘉图结束。本书第一至第四章对这三个阶段分别加以阐述，认为其主要贡献是：（1）奠定了劳动价值论的始基，不自觉地发现了剩余价值，但他们被原有的经济范畴所限制，仍把它叫作地租（配第）或利润（李嘉图）；（2）正确指出资本主义社会存在三个阶级（斯密），即地主、资本家和工人阶级，并论证了这三个阶级之间的相互矛盾（李嘉图）。英国古典政治经济学反映了当时处于进步时期的资产阶级的利益，其进步性和科学成分也必然被资产阶级的阶级性所局限。随着资本主义生产方式的发展，无产阶级与资产阶级之间的矛盾上升为英国社会的主要矛盾，无产阶级反对资产阶级的阶级斗争成为英国社会的主要阶级斗争的时期到来，资产阶级便从有进步性的阶级变为反动阶级，代表资产阶级利益的政治经济学便丧失了科学性，成为为资本主义社会和资产阶级利益辩护的经济学说，逐步庸俗化，英国古典政治经济学的丧钟便响起来了。

英国古典政治经济学虽有一些科学成分，但也有不少错误和庸俗成分，马克思批判地吸收了其科学成分，完成了政治经济学的伟大革命，创立了无产阶级的革命的科学的政治经济学，对资本主义生产方式和资本主义剥削关系做了全面、细致、深刻的分析，从而发现了它的发展规律及其历史过渡性。以下对本书所述英国古典政治学产生和发展的三个阶段的观点和特征分别概述，以帮助读者理清脉络。

（二）英国古典政治经济学的产生与威廉·配第的经济学说

这一章从"对资本主义生产方式的最初的理论的考察——重商主义"开始。重商主义是在 15 世纪和 16 世纪初资本原始积累时期对资本主义生产方式最初的理论考察，它有经济政策和经济学说两重意义。它的产生、发展又分为前后两个时期。早期重商主义主张禁止金属出口和入口大量外国货币或金银，其代表人物为威廉·斯塔福德（1554—1612）；晚期重商主义则反对禁金出口，主张发展出超的对外贸易和利用货币资本来从事贩卖贸易。认为国家提高出口品价格要适当，以不影响销售市场为限。其代表人物为托马斯·曼（1571—1641）。早、晚重商主义者的目的一致，即增加国家的货币财富，只是达到目的的手段不同。

重商主义经济学说曾促进资本主义生产的发展，具有一定的进步意义。但它还不是关于资本主义经济的真正科学，不能把它看成一种政治经济学。原因是：（1）它只是从流通过程考察经济问题；（2）它没有价值理论，更无劳动价值论。随着资本主义生产方式的发展，发生了17世纪中叶的英国资产阶级革命，为英国资本主义发展创造了更有利的条件，由此改变了生产和流通的关系，流通过程从对生产过程的独立化变成为再生产过程的一个因素。在此情形下，对重商主义必须重新考察和批判，经济理论研究的出发点也随之从流通过程逐渐转移到生产过程，才能创立政治经济学。政治经济学的创立者便是威廉·配第。

威廉·配第（1623—1687），由从事商业开始，学习了数学、医学、解剖学等，成为爱尔兰总督小克伦威尔的医生，掠夺了爱尔兰农民五万英亩（约两万公顷）土地，成为大地主。在英国斯图亚特王朝复辟时期，他又投靠国王查理二世，获得男爵称号，成为英国贵族，他的著作有《税课论》（1662）、《爱尔兰政治解剖》（1672）、《货币试论》（1682）、《政治算术》（1690）等。在他早期著作中仍保留了重商主义思想，到他的后期著作《货币试论》中才得以完全克服。

配第的研究方法是透过现象而追求本质。他把自然科学的方法应用于政治经济学，用数学形式、统计数字来说明经济问题。

配第是劳动价值论的最初奠基者。他区分了自然价格与政治价格。他所说的政治价格就是时涨时落的市场价格；而自然价格就是这个政治价格涨落的中心，就是价值，其源泉就是劳动，即生产商品所耗费的劳动量，即"劳动时间"。这个"劳动时间"又是以生产商品的劳动生产率为转移，它同生产商品自身的劳动生产率成反比，同与之相交换的商品的劳动生产率成正比。配第又理解到"分工"是促进劳动生产率提高的因素，从而也会促使商品价值下降。配第认为，只有生产金银的劳动才能直接生产交换价值，其他劳动只有在当它们的生产物同金银交换时才能生产交换价值。但他未能区分开价值、交换价值和价格，更混同了价值和使用价值，认为生产的价值源泉有劳动和土地两个因素，还认为在这两个因素中存在一种均等关系，并将这两个因素都均等为在土地上劳动的劳动者所生产的粮食。配第的价值论具有这些严重缺点是由于他不理解生产商品的劳动之二重性，即抽象劳动和具体劳动，从而也不能区分价值和使用价值。

配第的地租论实际上是对剩余价值的猜想。他所研究的"地租"包含全部剩余价值，其地租论可以看作最粗略的剩余价值论。在阐明其地租论前有必要简述一下他的工资论。配第认为，工人的工资即"劳动的价格，常常由必要生活资料的价格决定"，不能高于也不能低于这个标准。若高于此标准工人就会每天少做工，资产阶级社会就会受损失；若低于此标准，工人便不能维持最低限度的生活而不能持续为资本家生产财富。从配第的工资论中可以看出，他已把工人劳动看作资产阶级社会财富的源泉，并把工人每日的劳动时间划分为必要劳动时间和剩余劳动时间，虽然他还不可能区分开二者。

配第以其劳动价值论为基础，以其工资论为前提建立起地租论，认为地租是农业工人所生产出的价值中超过工资和种子的价值之余额。可见，配第所理解的地租实为全部剩余价值。他把地租和剩余价值混为一谈，明显是错误的。他还不是真正地租论的建立者。

（三）亚当·斯密的经济学说

从配第到斯密经历了一个世纪的时间，即从 17 世纪后半叶到 18 世纪中叶，英国经过圈地运动，实现了资本原始积累，消灭了小农经济，形成资本主义大农业，英国经济从农业占主要地位发展到了工业（工场手工业）占主要地位，为产业革命创造了条件。斯密的经济学说是英国产业革命前夜即工场手工业时期的经济学说。他是英国古典政治经济学理论体系的建立者。

在从配第到斯密的一百年中，英国古典政治经济学经历了一个发展过程：（1）约翰·洛克（1632—1704）把地租和利息都归结为对劳动的占有，考察了利息的根源和利息发生的原因。（2）诺芝（1641—1692）已能区别资本和货币，认为利息率不是决定于货币供求而是决定于贷款资本的供求关系。（3）大卫·休谟（1711—1767）是斯密的老师和朋友，他注意到"利润"这个经济范畴，把利息和利润相联系，认为二者之间存在着相互关系，但他尚未认识到二者之间的因果关系。对此问题马希在 1750 年发表的《论支配自然利息率的原因》中认为为所借物支付的利息，是所借物能生产的利润的一部分。休谟是以货币数量论出名的经济学家，他以货币数量论来反对重商主义，主张自由贸易。（4）斯密还继承了法国重农主义者魁奈（1694—1774）、杜尔阁（1727—1781）的重要理论观点。

亚当·斯密（1723—1790），出生于苏格兰的克尔卡第城，十四岁考上格拉斯哥大学学习数学和自然哲学，1740 年 17 岁时被送往牛津大学学习了七年，在此期间他阅读了休谟的哲学名著《人性论》，受其影响很大。于 1776 年出版了《国富论》，即《国民财富的性质和原因之研究》这一划时代巨著，轰动了学界、政界。这部著作代表了产业资本利益，正符合当时英国资本主义发展的要求。该书中有些主张后来曾在英国实施。

　　自由主义是斯密的基本观念，也是贯串《国富论》全书的中心思想。自然秩序是斯密研究的出发点。他认为"自然秩序"是从人的本性产生又合乎人的本性的正常社会制度。他所理解的人的本性就是利己主义，认为社会是由许多追求个人利益的"经济人"构成的，社会利益也是由各个"经济人"的利益产生的。他坚持分析社会和社会利益应以分析"经济人"的本性和个人利益为基础。斯密所谓的正常社会制度实质上就是资本主义制度。他是一个二元论者，是一个唯心主义者，同时又是用形而上学方法研究经济问题的学者。他运用演绎法，有时又应用归纳法，揭示经济范畴间的内在联系和资产阶级体系的生理学结构，又对资本主义生产过程的外在现象加以归纳和叙述，把它安放在系统的概念之下，致使他的经济理论充满了矛盾。由于斯密运用的是二元方法，他对各种经济范畴的解释都是两种，甚至三种、四种概念。他对价值、工资、利润、地租都做了两种解释。他有两种价值论（劳动价值、收入构成论），甚至三种（加上购买劳动决定价值）、四种（再加上主观价值）价值概念。他有两种工资、利润、地租理论，认为这三种收入都是劳动生产的价值，又都是商品的生产费用。对于地租他甚至有四种说法。对于社会再生产问题，由于他忽视了年生产物价值中由生产资料转移过来的部分，未注意到年总生产物价值大于年劳动生产的新价值，成为"斯密教条"，这使他在社会再生产问题上必然发生很大的错误。他不懂劳动二重性，也不能说明劳动者在同一劳动过程中抽象劳动创造新价值，具体劳动把生产资料价值转移到新生产的商品价值中去这个问题。

　　（四）大卫·李嘉图的经济学说

　　李嘉图是英国资产阶级古典政治经济学体系的完成者。他处于斯密后几十年的英国产业革命时期，英国生产发展到机器大工业时代，英国成为"世界工厂"。机器大工业时代，劳动者不但在形式上而且在实质上也隶属于资本，真正的无产阶级形成了。英国遂发展成为比较典型的，由无产阶级、资产阶级和地主阶级构成的资本主义社会。阶级矛盾和阶级斗争也因而发展起来。但社会主要矛盾还是资产阶级和地主阶级之间的矛盾。这主要表现在此二阶级对"谷物条例"的态度上：资产阶级为获得更多利润，降低生产费用，主张取消它，让外国谷物可自由进口；地主阶级为自私的利益，坚决主张保留它，禁止外国谷物自由输入，以保持谷物的高价格。在这场斗争中，李嘉图始终站在工业资产阶级方面，与地主阶级及其代表人物马尔萨斯等人进行不懈的斗争。无产阶级那时虽已真正形成，已开始进行斗争，但还是自发的。因此，资产阶级还有进步作用，代表资产阶级利益的李嘉图才能发展斯密经济理论中的科学成分，从而完成英国资产阶级古典政治经济学理论体系的构建。

大卫·李嘉图（1772—1823），出生于一个富有的伦敦交易所经纪人家庭。受过两年商业教育后，李嘉图十四岁随其父进入交易所做事，利用其父的关系在交易所做职员，参加了交易所中的投机活动，从中发财，二十五岁已成为拥有巨资的富翁。其后他离开交易所去进修，并从事科研工作。起初他进修自然科学，但因早年的交易所活动而对政治经济学发生了兴趣，并阅读了斯密的《国富论》。他先是注意到货币流通问题，曾针对英格兰银行发行大量银行券并停止银行券兑现黄金，引起银行券贬值、商品价格上涨这一现象，在《晨报》上发表《黄金价格》等论文，主张金本位制度，用纸符号代替金币来流通，以缩减流通费用。李嘉图在关于货币流通和"谷物条例"的斗争中所写的论文、小册子为他的最重要著作《政治经济学及赋税原理》做了准备。

在研究方法上，李嘉图运用抽象法进行研究，他以商品价值由劳动时间决定的原理为研究的出发点和基础来研究其他经济范畴，看它们是否和这个原理相适应或相矛盾。但他应用抽象法时存在过于抽象和抽象力不足的缺点，暴露出他的方法之形而上学的性质。

李嘉图的资本、利润理论。他的资本理论分为资本的一般概念，固定资本和流动资本，剩余价值和利润三个方面。李嘉图有时把剩余价值与利润等同起来，有时又把它们机械地分离开，他把剩余价值规律扩及于利润规律，将二者混为一谈，他又把利润当作平均利润，没有考虑从利润到平均利润的历史和逻辑过程，割断了利润和剩余价值的一切联系，把它们很机械地分离开了。

分配论是李嘉图研究的中心问题。他根据社会存在着三个阶级论述了工资、利润和地租三者量的规定和它们之间的关系，指出工资由维持工人及其家属必要的生活资料的价值决定，利润是工人生产的商品价值中支付工资后的余额，地租是农产品价值超过工资和利润的余额，是由耕种较优的和中等的土地产生的。以此为基础，他认为工资增减不会影响商品价值，但会引起利润发生相反变化。他看到了工资和利润、劳动和资本之间的矛盾。他又认为，由于社会发展、人口增加，更劣的土地也须耕种，地租增加了，实际工资虽不变而货币工资则因农产品价值增大而提高，利润因而降低，由此他看出地租和利润、地主和资本家的矛盾，并为资本家的利益而积极进行反对地主的斗争。但他在具体论述三种收入及其矛盾时，不断陷入混乱与自相矛盾中。

（五）结论：英国古典政治经济学的发展、影响及其局限性

这是季陶达先生《英国古典政治经济学》全书的"结论"。阐述了英国古典政治经济学说产生发展的历史过程及其历史条件的变化，它的科学贡献和局限（主要是李嘉图经济学说的），它的崩溃和庸俗政治经济学的产生（包括萨伊、马尔萨斯及老穆勒的庸俗理论）。本章还简明扼要地阐述了"马克思完成了政治经济学中

的伟大革命"，其贡献主要体现在：（1）从物与物的关系中揭示出人与人之间的关系；（2）揭示体现人与人之间关系的各种经济范畴的历史性；（3）完成了劳动价值论；（4）创立了剩余价值学说，从而完成了政治经济学中的伟大革命；（5）论证了资本主义生产方式灭亡和社会主义生产方式产生的必然性。

值得指出的是，在今天研究英国古典政治经济学仍具有较强的现实意义：第一，可以帮助我们更深入地学习马克思主义政治经济学，因为英国古典政治经济学是马克思主义政治经济学的思想来源；第二，有助于我们研究经济科学发展的规律，因为政治经济学史从一定意义上讲，也就是人类认识经济过程的历史。[①]

众所周知，马克思主义政治经济学批判地继承了英国古典政治经济学的科学成果，而季陶达教授是具有坚定信念的马克思主义经济学家。季陶达教授说，他写作本书的目的就在于介绍英国古典政治经济学，并根据马克思主义的理论加以必要的分析批判，从而使人能对马克思主义政治经济学有更加深刻的理解。他以"马克思完成了政治经济学中的伟大革命"的论证结束全书，指出"马克思是英国古典政治经济学家事业的继承者。但是，马克思并不是简单地继承了古典政治经济学，而是通过细致而精密的科学分析，把政治经济学改造成为无产阶级的科学"[②]。季陶达教授常对人说，他晚年还要做两件事：一是研究"分享经济"，二是校正《马克思恩格斯全集》第 40 卷以后各卷中的文字错误。季陶达教授晚年身患疾病，但他一直在同疾病做顽强的斗争，而斗争的形式和方法就是坚持不断地进行研究和写作。

2019 年 6 月

---

① 参见吴忠观：《评介〈英国古典政治经济学〉》，《经济研究》，1979 年第 6 期。

② 季陶达：《英国古典政治经济学》，人民出版社，1978 年，第 226—227 页。

英国古典
政治经济学

季陶达编著

人民出版社

英国古典政治经济学

季 陶 达 编 著

*人民出版社*出版 *新华书店*发行

中国青年出版社印刷厂印刷

787×1092 毫米 32 开本 7.75 印张 163,000 字

根据三联书店 1960 年 9 月第 1 版重印

1978 年 2 月北京第 1 次印刷

书号 4001·335 定价 0.63 元

出 版 说 明

本书原由生活·读书·新知三联书店出版，经作者同意，现由人民出版社重印。

目 次

1

5

2

3

前　言

馬克思主义有三个构成部分：1.馬克思主义的哲学，即辯証唯物主义和历史唯物主义，它是研究自然、社会和认識发展的最一般规律的科学；2.馬克思的經济学說，它是研究人类社会在历史发展各阶段中支配物质資料的生产和交換的规律的科学；3.科学社会主义，它是研究无产阶級革命和社会主义、共产主义建設的一般规律的科学。

馬克思的經济学說，是馬克思主义的重要构成部分，"……是馬克思理論最深刻、最全面、最詳細的証明和运用"①。它論証了社会經济发展的一般规律，闡明了資本主义生产方式和資本主义生产关系之发生、发展过程及其灭亡和轉化为新的更高級的生产方式——社会主义生产方式之必然趋势，指出了无产阶級之极其偉大的历史任务：推翻旧的資本主义剝削制度和建立新的沒有剝削关系的社会主义社会。所以，馬克思的經济学說是无产阶級的、唯一科学的政治經济学。

在馬克思以前虽然曾經有过各种各样的經济思想和經济学說，但始終沒有出现过能够表达社会經济发展一般规律的眞正科学的政治經济学。这是因为在阶級社会里，剝削阶級只在很短促的时間內具有有限的进步性，它們总是

---

① "列宁全集"，第21卷，人民出版社版，1959年，第41頁。

力图証明剝削制度是永恒制度，以便自己长期統治下去。奴隶主阶級想証明奴隶社会是最好的社会，封建地主則妄想封建社会可以万古长存，而資产阶級又认为资本主义制度是最理想的，合乎自然秩序的。因此，它們誰也不能創立真正科学的政治經济学。

馬克思的經济学說是无产阶級的政治經济学，那末以前的被压迫、被剝削的阶級为什么也不能創立科学的政治經济学呢？我們知道，科学的政治經济学不是无条件地在任何历史时代都能产生的，它是历史发展的产物。在奴隶社会和封建社会都还沒有具备科学政治經济学产生的条件。只有在資本主义社会，随着资本主义的发展，生产力的迅速提高和生产規模的不断扩大，"……人数不絕膨大的，为資本主义生产过程自身的机构所訓练，所統一，所組織的工人阶級"①，从"自在的阶級"变成"自为的阶級"，对资本主义的剝削制度进行有組織有計划的反抗时，科学的政治經济学才有可能产生。

十九世紀三十年代初，法国里昂的无产阶級单独向資产阶級发动武装进攻，揭开了无产阶級作为一个自为阶級在历史政治舞台上进行阶級斗爭的序幕。从这时候起，英、法、德和西欧其它各国，工人的革命运动就蓬蓬勃勃地发展起来，而于1848—1849年达到高潮。十九世紀四十年代中叶及以后，馬克思不仅参加了工人革命运动，而且与恩格斯共同成了各国工人阶級革命运动的領导者。馬克思在十九世紀四十年代中叶到六十年代創制和完成了无产阶級政治經济学，并不是偶然的。这不但同那时代的工人革命运动

① 馬克思："資本論"，第1卷，人民出版社版，1957年，第964頁。

2

10

有密切的关系，而且同馬克思自己的革命活动也是分不开的。正由于馬克思是偉大的无产阶级革命家，全世界无产者的領袖和导师，他才能在政治經济学中完成革命。

然而，馬克思在政治經济学中所完成的革命，是和虛无主义者絕不相同的。虛无主义者狂妄地否定人类过去的一切，而馬克思則是人类进步文化的继承者。列宁曾說："馬克思是十九世紀人类三个最先进国家中三种主要思潮的继承人和天才的完成者。这三种主要思潮就是：德国古典哲学，英国古典政治經济学，同法国一般革命学說相連的法国社会主义"①。可見，在政治經济学方面，馬克思是继承了英国古典政治經济学的科学成分的。

英国古典政治經济学发生于十七世紀后半期英国資产阶級革命时期，而完成于英国产业革命以后的十九世紀初叶。在这一百几十年內，正是英国資本主义向上发展的时期；在这个时期中，英国資产阶級为了使資本主义的发展有更广闊的道路而进行着反对封建貴族地主的斗爭。所以，它在这期間有一定的进步性。从而代表資产阶級利益的英国古典政治經济学也有一定程度的进步性和科学成分。

英国的古典政治经济学从威廉·配第开始，到大卫·李嘉图結束②，而以亚当·斯密和李嘉图为最有代表性的人物。他們的主要貢献是：奠定了劳动价值論的始基；不自觉地发現了剩余价值，就是說，他們发現了剩余价值，但为原有的經济范疇所限制而不知其为剩余价值，而把它叫做地租（配第）或利润（李嘉图）；正确地指出資本主义社会的三个阶級（亚当·斯密）即地主、資本家和工人阶級，而且論

---

① "列宁全集"，第21卷，人民出版社版，1959年，第32頁。
② 参閱馬克思："政治經济学批判"，人民出版社版，1959年，第24頁。

3

11

証了这三个阶級之間相互的矛盾(李嘉图)。

英国的古典政治經济学是反映資产阶級的利益的，因此，它的进步性和科学成分也就必然为資产阶級的阶級性所局限。当英国社会的主要矛盾是資产阶級与封建地主之間的矛盾，英国的阶級斗爭主要是資产阶級反对封建地主的斗爭时，資产阶級以及代表它的利益的英国古典政治經济学才具有一定进步性。可是，随着資本主义生产方式的发展，无产阶級与資产阶級的矛盾上升为英国社会的主要矛盾，无产阶級反对資产阶級的阶級斗爭成为英国主要阶級斗爭的时期，資产阶級就从曾經有过进步作用的阶級变成了反动的阶級，代表資产阶級利益的政治經济学的科学性也就丧失了，英国古典政治經济学的危机也因而发生了。"法英二国的資产阶級，都已經夺得了政权。从此以往，无論从实际方面說，还是从理論方面說，阶級斗爭都愈益采取公开的威胁的形态。科学的資产阶級的經济学之丧钟，敲起来了"①。从这个时期起，为資产阶級利益辯护的庸俗政治經济学就发生、发展起来了。

英国古典政治經济学虽有一些科学的成分，但同时又有不少庸俗的成分。馬克思所继承的当然只是它的科学成分。然而，馬克思也不是单純的承襲，而是从无产阶級革命的利益出发，运用他自己和恩格斯所制定的哲学——辯証唯物主义和历史唯物主义这一鋒利的理論武器，对資本主义生产方式和資本主义的剝削关系作全面的細致的深刻的分析，从而发现了它的发展規律及其在历史上的过渡性。在这过程中，馬克思批判地吸收了英国古典政治經济学中

① 馬克思："資本論"，第1卷，人民出版社版，1957年，第2版跋，第11页。

4

的科学成分，完成了在政治經济学中的偉大革命，使政治經济学从資产阶級的科学成了无产阶級的科学。

英国古典政治經济学是馬克思主义的来源之一。

写这本小册子的目的是：介紹英国古典政治經济学，并且根据馬克思主义的理論加以必要的分析批判，希望通过它对于馬克思主义政治經济学能有比較深刻的理解。

个人見識有限而經济理論水平也低，錯誤必不能幸免，悬切地希望讀者提出批評与指正。

季陶达

1958，6，20。

第 一 章

英国古典政治經济学的产生

資产阶級古典政治經济学是資产阶級政治經济学中最进步的一个学派。它是在資本主义生产方式已經建立起来而无产阶級和資产阶級的阶級斗爭还不很明显的时期产生的。它代表产业資本家的利益进行反对封建制度的斗爭,成了資产阶級反对封建貴族的理論武器。古典政治經济学的代表人物,是資本主义生产关系的最早研究者,从而为政治經济学这門科学奠定了基础。馬克思曾說:"我所說的古典政治經济学,是指从配第开始的一切政治經济学,它曾研究資产阶級生产关系的內在联系……"①。

英国是資本主义发展最典型的国家。在十五世紀和十六世紀初就已开始封建經济解体和資本主义經济产生的时期,即所謂資本的原始积累时期。馬克思說过:"为資本主义生产方式創立基础的革命的前奏曲,是开演于十五世紀最后三十余年及十六世紀最初十数年間"②。大规模地圈占农民的耕地,对殖民地的强暴掠夺和新大陸、新航路的发現,差不多都是在这个时期內发生的。因此商业資本迅速地发展起来, 它在封建制生产方式的瓦解和資本主义生产

---

① 馬克思:"資本論",第1卷,人民出版社版,1957年,第65頁附注。这里的引文曾根据俄文譯本稍加添改。

② 馬克思:"資本論",第1卷,人民出版社版,1957年,第907頁。

关系产生过程具有积极的作用。商业的发展破坏了为封建制生产方式所固有的自然經济。而且商业的发展、貨币資本的积累、世界市場的形成，所有这些都是資本主义生产得以广泛地发展的前提条件。馬克思曾經說："商品流通是資本的出发点。商品生产与发展了的商品流通——商业——是資本依以成立之历史的前提。世界商业与世界市場是在十六世紀开始資本的近代生活史的"①。

就在这个时期內产生了对資本主义生产方式的最初的理論的考察——重商主义。

重 商 主 义

一般地說，重商主义有二种意义：第一，它是指在資本的原始积累时期所实行的經济政策；第二，它又是論証这种經济政策的經济学說。

从經济政策方面来看，重商主义可以分为前后二期：初期重商主义政策旨在禁金出口和尽可能使外国貨币或金銀进口；晚期重商主义政策則要发展出超的对外貿易和利用貨币資本来經营販卖貿易。它們的目的是一致的，就是要增加貨币财富。不过为达到这个目的而采取的手段有所不同而已。

从經济学說方面来看，重商主义也相应地可分为前后二个时期。初期重商主义經济学說可以威廉·斯塔福德（1554—1612）为代表②。晚期的可以托馬斯·曼（1571—1641）为代表。

---

① 馬克思："資本論"，第1卷，人民出版社版，1957年，第149頁。

斯塔福德认为由于貴金屬的缺乏，因而引起貨币貶值、商品价格的上漲，这对一切阶級都是不利的。所以，他主張禁止貴金屬出口。其次，他又认为国內商品价格昂貴固然对于各阶級不利，但出口品的价格则应当尽量提高，借以輸入大量外国貨币或金銀。初期重商主义者所以会有这种經济观点，是由于当时英国所輸出的原料（主要为羊毛）在世界市場上处于壟断的地位；这种論点又为国家的干涉經济活动，促进工商业的发展，防止外国商品侵入本国市場而采取的經济措施，作理論上的闡明。

到托馬斯·曼所处的时代，英国的經济情况已有明显的变化：工业（首先是毛織工业）比較发展了，对外貿易尤其是对殖民地貿易扩大了，由于輸出商品的結构的变化，英国的輸出品（工业品）在世界市場上并沒有占壟断地位。因此，曼虽然也同意出口品尽可能提高出售价格，但他认为这应当以不致影响銷售市場为限。在他看来，与其提高商品价格致使銷售市場受到不利影响，还不如适当地降低商品售价以扩大銷售市場更为有利。此外，曼也反对禁金出口的論断，而强調輸出金屬貨币以从事販卖貿易之利。他的中心思想是論証出超貿易的利益。为了扩大輸出，就必須发展国內为輸出而生产的工业。关于貨币、商业和工业之間相互关系的問題，他曾經这样説："貨币引起了商业，而商

---

② "关于十六世紀貨币貶值所及于社会各阶级的影响，可参照苏格兰一个紳士 W. S. 著："关于近来我国人各种常見的控訴的簡单考察"（倫敦，1581年）。因为这部书是用問答体写的，有一个长时期，人們相信是莎士比亚的手笔，至1751年，仍是用他的名字刊行新版。著者是威廉·斯塔福德"（"資本論"第1卷，人民出版社版，1957年，第940頁）。但现在一般人认为該书的作者是約翰·哈里斯。

8

业则增加了貨币"。毫无疑问，他在这里所說的商业，是指对外貿易而言的。接着他又說：凡是手工业繁荣的地方"商业当然会扩大而国家也就会富强"①。

前后重商主义者的經济观点虽然有些不同的地方，但在方法上和基本論点上則又是一致的。

第一，从方法論上看，他們都是从流通出发而以流通过程所发生的經济現象为其研究对象。这是因为在资本的原始积累时期，商业资本起着重大作用，而商业资本又是在流通过程发挥其职能的资本存在的最初形态之一。

第二，从經济理論方面来看，重商主义者最基本的原理是：貨币即金银是一国的眞正财富。重商主义是资本的原始积累时期资产阶级的經济理論体系，因此，重商主义者关于貨币的概念就不能超出粗率的水平。这就是把貨币和资本相混同所以会成为重商主义者經济观点的特征之原因。馬克思論述重商主义时曾說："这个学說用粗率而天眞的形式，吐露了资本主义生产的秘密，即它服从于交换价值的支配"②。

第三，重商主义者都认为国民财富的源泉是对外貿易。只有发展对外貿易才能增加一国的财富，出超的对外貿易会保证金银的进口而增加国民财富。他們所说的因出超貿易而增加和积累起来的金银，就是在流通过程产生的"让渡利潤"。他們所以会有这种見解，是为当时的历史条件所决定的。因为，在资本的原始积累时期，商业资本起过很大作用，而重商主义者是用商人的眼光来考察这些問題的。

————————

① 托馬斯·曼："英国从对外貿易致富"。这里轉譯自擘尔都霍維奇著"經济学說史綱"，国家政治书籍出版社，1957年，莫斯科，第103頁。

② 馬克思："政治經济学批判"，人民出版社版，1959年，第109頁。

第四，重商主义者主張由国家来干涉經济活动。他們认为国家为了发展对外貿易、为了保持貿易壟断，必須积极进行干涉。并且随着对外貿易的发展就需要更多的商品出口，因此，他們又建議国家应当千方百計地鼓励为輸出而生产的工业迅速发展起来。此外，他們还要求提高外国商品的进口税。另一方面，他們认为实行这些措施对国家也是很有利的。因为第一，商业和工业发达了，国家就可以通过征税的办法而取得所需要的貨币；第二，从軍事方面来看，工业发展也对国家有利。

重商主义的經济学說曾經促进資本主义生产的发展，因而具有一定的进步意义。但是，資本主义工业的发展、工場手工业的成长，必然会引向資本主义生产关系的发展和巩固。这就使得資本主义生产的最重要問題提到日程上来了。資本主义生产一旦成了中心問題，那末以流通为研究出发点的重商主义必然会趋于崩潰，而資产阶級的古典政治經济学也就在这个基础上产生了。馬克思曾經很明白地指出这个过程。他說："近代生产方式的最初的理論的考察——重商主义——必然会从流通过程及其独立化为商业資本运动时的表面現象出发，所以仅仅把握了一个外观。……現代經济的真正科学，是在理論考察由流通过程过渡到生产过程时开始的"[1]。

重商主义虽然是資本主义生产方式"最初的理論的考察"，但它还不是"現代經济的真正科学"，就是說还不能把它看作一种政治經济学。因为第一，它是从流通过程考察經济問題的；第二，重商主义者沒有关于价值的理論，更不

① 馬克思："資本論"，第3卷，人民出版社版，1957年，第416頁。

用說勞动价值論了。

只有随着資本主义生产方式的发展，生产成为資本主义关系的中心問题，理論的考察才能从流通过程过渡到生产过程，而且对价值的理論也必須加以研究了。只有在这种历史条件下，資产阶級的古典政治經济学才有可能产生。

到十七世紀时，英国的資本主义已发展到第二个阶段，即工場手工业阶段。产业資本已逐渐开始代替商业資本而占統治地位。資本主义生产方式不但在工业中而且在农业中也迅速地发展了。

由于資本主义成分的不断发展和扩大，因此，封建的生产关系和新的生产力之間的矛盾逐更加尖銳化了。结果，就发生了十七世紀中叶的英国資产阶級革命。1647—1648和1688年的革命，为英国資本主义的发展創造了更有利的条件。

資本主义生产的发展，改变了生产和流通的关系；流通过程从对生产过程的独立化变成为再生产过程的一个因素。在这种情形下，必須对重商主义重新考察，而加以批判，研究的出发点也跟着从流通过程逐渐轉移到生产过程了。只有从生产过程开始研究，才能創立政治經济学。所以，馬克思說："現代經济的真正科学，是在理論考察由流通过程过渡到生产过程开始的"。

前面曾經說过，英国古典政治經济学是从威廉·配第开始的。因此，我們就首先来着手研究配第的經济学說。

威廉·配第的經济学說

配第的生平、著作和方法

威廉·配第（1623—1687）出生于小手工业者的家庭。从十五岁起，他开始从事商业，同时又学习数学、医学、解剖学和其它自然科学。从 1652 年起，他是当时英国最高統帅奥里維·克倫威尔的儿子爱尔兰总督享利·克倫威尔的医生。由于参加了对爱尔兰农民的掠夺，他就成了一个在爱尔兰各地約有五万英亩土地的大地主。他是資产阶級革命的积极拥护者。可是，当英国复辟时期，他又投奔到国王查理二世的一边。查理二世不但承认了配第在爱尔兰的土地所有权，而且还給他以英国貴族的称号。关于配第的这种情况，馬克思曾經这样評論說："这个思想銳敏的、但是特别輕浮的軍医，既能带着克倫威尔之盾劫掠爱尔兰、又能为这种劫掠向查理第二跪求男爵称号，这样的祖像很不便拿来展覽"①。

威廉·配第是代表英国資产阶級革命以后取得政权的資产阶級利益的經济学家。他的有关政治經济学的著作有：1."稅課論"（1662）；2."爱尔兰的政治解剖"（1672）；3."貨币試論"（1682）；4."政治算术"（配第去世后，于 1690 年出版）。

威廉·配第是重商主义崩潰和古典政治經济学产生时期的經济学家。因此，他虽然是英国古典政治經济学的肇始人，但在他的著作中依然还有重商主义的思想。由于英

①　馬克思："政治經济学批判"，人民出版社版，1959 年，第 175 頁附注。

国从对外贸易获得巨量财富，配第遂在"政治算术"一书中发表了重商主义的见解："任何一个国家的财富，主要是在它与整个商业世界进行对外贸易的份额上，而不在于肉、酒、衣物等的国内贸易。因为国内贸易提供不出多少黄金、白银、宝石和其他财物"①。由于重视对外贸易，配第认为在海船上水手的劳动比农夫的劳动有三倍大的生产率。

威廉·配第的这种重商主义见解在他的后期著作"货币試論"中就完全克服了。馬克思在評論这部著作时說过："配第的充分完成与整齐的著作，是他的'货币試論'……。在这部著作上，他的以前其他著作內所包含的重商主义见解之最后痕迹，也都消灭了"②。

配第的方法 威廉·配第又是重商主义的反对者，这首先在他所运用的方法上表现出来。重商主义者由于从流通过程出发进行研究，因而只是把外表的經濟現象加以收集、整理、分类并說明这些现象之間的联系。配第則是要透过現象而追究其本质。"他說，他的方法'不是平常的'。他不是把一連串比較級和最高級的詞和空論拼凑在一起，而是立志要用数字、重量和尺度来說話，只利用那些以感官的經驗得出的論据，只研究在自然界中有可見的根据的原因"③。因此，配第在他的著作中往往用数学形式、統計数字来說明經济問題。他企图把自然科学的方法应用于政治經济学，以便通过现象查究出其本质来。例如，他在研究

① 轉引自尼·康·卡达拉耶夫："經济学說史讲义"上册，中国人民大学出版社，1957 年，北京，第 93 頁。

② 恩格斯："反杜林論"，人民出版社版，1956 年，第 242 頁。

③ 轉引自馬克思："政治經济学批判"，人民出版社版，1959 年，第 174 頁。

13

地租时曾說："但我們在詳論租金以前，我們必須嘗試把它的秘密的性质拿來說明，而在这样說明时，我們不僅要就土地和房屋来說，幷且要就货币来說。货币的租金，便是我們叫做利息的"①。馬克思引証了这段話以后紧接着就指出："这里所論的，是現象的基础，不是現象自身"②。既然要研究現象的基础，或如配第自己所說的，要研究它的"秘密的本质"，那当然就得应用自然科学中所常用的抽象法了。

这里，我們必須指出，配第把自然科学的方法应用于政治經济学，这只是最初的尝試。这种方法的应用还有待于以后的古典經济学家，特别是大卫·李嘉图进一步的发展。

馬克思所以說资产阶級古典政治經济学在英国从威廉·配第开始，因为他是劳动价值論的最初奠基者。現在，就让我們来开始闡述他的劳动价值論吧。

威廉·配第的劳动价值論

威廉·配第的著作，特别是"政治算术"一书，有很多統計資料，而且他也时常用統計的数字来說明經济問題。因此，看起来，他的著作好像不过是关于統計学的著作。其实，他是利用"数字、重量和尺度"来說明各种經济問題，因此，他的著作也是政治經济学的著作。

威廉·配第的劳动价值論可以从下述各方面来闡明和分析批判：

自然价格与政治价格　配第首先注意到政治价格。他

① 轉引自馬克思："剩余价值学說史"，第1卷，三联书店版，1957年，第4頁。

② 同上书，第4頁。

所說的政治价格就是有时比較昂貴有时又比較便宜的，时常会发生漲落的市場价格。他要解决的第一个問題是，这种市場价格的漲落有没有一个中心点呢？如果有的話，那末它又以什么为中心呢？他认为市場价格的漲落是有中心的，这个中心就是自然价格。所以，配第所了解的自然价格不是根据时常漲落的市場价格所計算出来的平均价格，而是市場价格所依以漲落的中心。我們又知道，价格是依据价值而漲落的，因此，配第所說的自然价格其实就是价值。

价值的源泉是劳动 配第的貢献是，他所着重研究的不是政治价格而是自然价格；也就是說他所致力研究的不是会經常发生波动的价格，而是价格所依以波动的价值。

那末，价值的源泉是什么呢？他认为是劳动，即在商品生产时所耗費的劳动时間。他在"稅課論"中曾經举出下面的例子来說明这一点。他說："假使有一个人，他从秘鲁（在南美洲，是一个銀矿很丰富的国家，当时是西班牙的殖民地——引者）地里取得一盎斯銀带到倫敦来所費的时間，恰好和他生产一蒲式耳（合八加侖或約三斗六点三七升——引者）小麦所要的时間相等，前者便成了后者的自然价格"①。即一盎斯白銀成了一蒲式耳小麦的自然价格。我們可以从这个例子看出，配第认为一种商品的价值，例如一蒲式耳小麦的价值，是由生产该商品和銀子的劳动量来决定的。但是，生产一定数量的某种商品究竟需要耗費多少劳动又是以劳动生产率为轉移的。劳动生产率高生产某单位商品所耗費的劳动时間就比較少，反之，如果劳动生产率低，则生产同数量商品所耗費的劳动时間就比較多了。因

---

① 轉引自馬克思："剩余价值学說史"，第 1 卷，三联书店版，1957 年，第 4 頁。

15

此,配第得出一个結論,商品的自然价格即价值以劳动生产率为轉移。关于这一点,他仍以上述的例子加以說明。他說:"现在假設有新的更丰饒的矿坑发現了,以致二盎斯白銀的获得,和以前一盎斯銀的获得,是同样便易,则在其它情形相等的条件下,现在小麦一蒲式耳十先令的价格,和以前一蒲式耳五先令的价格,是一样便宜"[①]。就是說,如果生产小麦的劳动生产率沒有变化,而生产白銀的劳动生产率則提高了——耗費同以前相等的劳动时間能够生产加倍的白銀,因此小麦的自然价格也就加倍了。

由此可見,配第已理解到,商品的自然价格是与开采白銀的劳动生产率成正比例,即采銀的劳动生产率提高一倍,小麦的自然价格也就提高一倍。同时,他又理解到商品的自然价格又是与开采每盎斯白銀所耗費的劳动时間成反比例的,即采取每盎斯白銀所耗費的劳动量如果减半了,小麦的自然价格就会貴一倍。

此外,配第又是指出商品的价值量同生产該商品的劳动生产率之間具有反比例关系的第一个人。他曾說:"原来一百个人就能完成的工作,现在要二百个农夫才能完成,那末小麦就将貴一倍。"[②] 也就是說,在配第看来,如果农业劳动生产率降低了一半,以前一百个人的工作现在必須有二百个人才能完成,則小麦的自然价格就会貴一倍,同时在农业劳动生产率下降一半的情形下,生产每单位小麦所耗費的劳动量也就增加一倍,小麦的价值也因而增加一倍。所

---

① 引文根据馬克思:"剩余价值学說史",第1卷,三联书店版,1957年,第4頁。

② 参閱 Л. М. 摩尔都霍維奇:"經济学說史綱",俄文本,1957年,第165—166頁。

以，在他看来，小麦的价值是同农业的劳动生产率成反比例，而同生产小麦所耗費的劳动量成正比例的。

配第又理解到分工是促进劳动生产率提高的因素，因而也会促使商品价值下降的。他曾經以制呢为例說明了这一点。他說：如果制呢的各种工作由几个人来分工操作，一人梳毛、另一人紡毛綫、第三人織呢、第四人染色、第五人修飾、第六人把呢压平和包装，那末呢的生产要比一个人单独从事这些操作的时候要便宜些了①。

价值的概念起源很早，但是以耗費的劳动量来闡明价值·自然价格），这是威廉·配第的巨大貢献。他的出发点是价值决定于商品生产时所耗費的劳动量。他并且把这一論点扩及到貨币上去，因而作出一个結論：耗費在一蒲式耳小麦生产和一盎斯白銀生产上的相等的劳动实为价值得以比較的基础。在他看来，这就是决定商品自然价格的有效的办法。

价值、交换价值和价格 配第自己提出所应当解决的問題是：价值是什么？价值量由什么决定的？这是关于价值实体和价值量問題。由于配第不理解价值的社会性，因而也就不能正确地解决这个問題。实际上，他所力图說明的是为什么某种数量的商品要以一定数量的黄金或白銀出售。以他自己的例子来說，那就是为什么一蒲式耳小麦值十先令或五先令。这已經不仅是价值問題，而且还是在价值基础上的价格問題了。

我們知道，价值的基础或实体是抽象劳动，而决定价值大小的是在生产时耗費掉的社会必要的抽象劳动量。但是

---

① 参閱 Л. M. 摩尔都霍維奇："經济学說史綱"，俄文本，1957年，第165頁。

包含在商品中的价值不能直接由劳动时間表現而必須由其他商品来表現。这种表現包含在商品中价值之必要形式就是交换价值。这一切都是为资产阶级学者所不知道，当然也为配第所不知道而且也是他所不能知道的。这是因为他还没有完全克服重商主义的影响。重商主义者是以流通为出发点来进行各种经济問題之研究的。交换价值恰好是在流通过程表現出来，因此，配第也就不能从交换价值中抽取出价值，而是把交换价值看做价值，结果逐把二者混同了。

其次，价值形态历史上发展的结果，使全部商品分裂为二：一方面是許多普通商品，另一方面是由商品界中分裂出来的特殊商品——一般等价物。当一般等价物由金、銀来充当时，就产生了金屬貨币。所以，货币是价值形态发展的必然结果。在商品的价值用貨币来表现时，则表现此商品价值的一定货币量，就成为該商品的价格。交换价值是价值的表现形态，而商品价值由貨币来表现时货币就成为此商品的价格。所以价格与交换价值虽然有密切关系，但在它們之間究竟也有区别。有多少其他性质不同的商品来表现某种商品的价值，这种商品就可以有多少交换价值。例如，一斗小麦的价值可以用一丈棉布、半斤絲、两双鞋等等来表现，它就可以有各种不同的交换价值。但是，当它用貨币来表现时，它却只有一种价格，比方說，一斗小麦值三元錢，这三元錢就成了一斗小麦的价格。这种区别也是为配第所不了解的。他只是告訴我們，一蒲式耳小麦的自然价格（即价值）为什么是一益斯白銀。可是他没有告訴我們，小麦的价值为什么要由白銀来表现。唯其如此，所以他不但没有从交换价值抽出价值来，而且也没有从价格抽出价值来。由

18

26

于他不知道交换价值和价格的区别，而是把它們混同了①，因而他不但以交换价值去代替价值，而且以价格去代替价值了。結果是，他把价值、交换价值和价格这三个虽然彼此有密切关系但究竟又彼此不同的概念，混为一談了。

因此，在配第面前就摆着一个极其困难的問題：一方面他既不能从交换价值、价格抽取出价值来，把价值归結为劳动；另一方面他又不以說明时常发生波动的市場价格为滿足，而要寻求藏在他背后的东西。簡言之，藏在价格背后的究竟是什么东西呢？在这个問題上也表現出他的天才。他把劳动分为二类：一类是生产金、銀的劳动；还有一类是生产其它普通商品的劳动。在他看来，并不是一切劳动都能直接生产交换价值的。只有开采金、銀的劳动才能直接生产交换价值，至于其它一切劳动，只有当他們的生产物与金銀交换的时候，才能生产交换价值。

价值与使用价值的混同 威廉·配第不但把价值、交换价值和价格混为一談，而且由于他不了解价值的社会性，又把价值和使用价值混同了，我們知道，价值是由劳动而且仅仅是由劳动創造的，而在使用价值的生产中則不仅有劳动并且还有自然力参加。因为配第把价值和使用价值混同了，遂違背了我們上面所闡述的他自己关于价值的源泉是劳动那种比較正确的論点，宣称价值的源泉不止是一个而是有两个因素：劳动和土地。他曾說：劳动是財富之父，土地是財富之母。在他看来，一切生产物都是由土地和劳动这二个因素构成的。他曾經以船和上衣为例加以說明："……

① 关于这一点，馬克思曾說："他把交换价值看成就是貨币……而把貨币本身看成就是存在着的商品，就是金銀"（見馬克思："政治經济学批判"，人民出版社版，1959年，第24頁）。

19

一只船或一件上衣, 是值这許多土地和这許多劳动, 因为这二样东西……都是土地和人类劳动的創造物"①。

要知道, 土地和劳动是不能相互比較和測定的二个性质完全不同的因素。因此, 在配第面前又发生一个很困难的問題: 旣然生产物的价值是由土地和劳动这二个因素共同决定的, 那末, 究竟其中有多少归之于土地? 又有多少归之于劳动呢? 就是說, 劳动和土地这二个因素如何使之均等化呢? 配第自己也已注意到了这个問題, 他幷且认为它們之間的均等关系是同元和角、分之間的关系, 同鎊和先令、便士之間的关系是一样的。他曾經說:"……因为在土地和劳动間存有一种自然均等关系, 所以我們用两个要素中的一个要素去表示价值, 是和同时用两个要素去表示一样妥当, 甚至更妥当; 像便士容易还原为鎊一样, 我們容易把其一还原为其他"②。

旣然价值的一个因素轉化为另一个因素是同便士轉化为先令或角轉化为元一样容易, 那末, 究竟如何轉化呢? 配第用下面的例子說明了这个問題:

假如一只剛断奶的小牛在二英亩大的一块圈起来的草地上放牧, 經过一年, 这只小牛长大了, 它的肉在一年中增加了一担, 可供一个人五十天的粮食。这五十天粮食所构成的价值就成为这二英亩土地的年地租, 它是土地所賜予的。现在再假設一个人在同一块土地上工作一年, 故在农产物生产上不仅有土地而且还有劳动参加, 结果, 这些农产物不止可供一人五十天的粮食, 而是要更多些, 例如可供六

① 引文根据馬克思:"剩余价值学說史", 第 1 卷, 三联书店版, 1957 年, 第 13 頁。

② 同上。

20

28

十天的粮食。其中五十天的粮食为这块土地的年地租，是土地的份额；而其余十天的粮食则为这个人的工资，是劳动的份额。这样，他就用粮食作为共同单位来说明土地和劳动之均衡关系了。从这个例証中，我們可以很明白地看出来，配第既然把由牧草所喂大而增长的牛肉和劳动的生产物都还原为同一单位——粮食，因此，就把使用价值和价值混为一談了。由此可见，他是不理解价值只是物化于商品中的商品生产者之抽象劳动，不理解价值之社会性的。

根据配第的意見，既然由土地和劳动共同生产的价值以每日的粮食来表現，那末，价值量也就不是由每日的劳动而是由工人的每天的食物来决定了。关于这一点，他自己曾經說："价值的普通尺度，是一个成年男子每日平均的滋养料，不是每日的劳动。一个成年男子每日的平均滋养料，是和他的銀的价值，一样規则的，一样固定的。……所以我是用小屋建筑者在建筑过程中每日消費掉的口粮的数量，来估计一所爱尔兰小屋的价值"①。

配第既然认为价值的源泉是劳动，商品的价值应当由等量劳动来衡量的，为什么现在又說价值的尺度不是每日的劳动而是每天的平均口粮呢？这是因为他不理解价值的社会性，把价值和交换价值混同了，因此应用他自己的上述理論时就必然会发生不易克服的困难；同时又由于他混同了价值和使用价值，认为创造价值的不仅是劳动这一个因素，而是除劳动以外，还有土地也是价值的共同创造者。这样就必然会发生土地和劳动的均等关系問題。正如馬克思

① 引文根据馬克思："剩余价值学說史"，第 1 卷，三联书店版，1957 年，第 5 頁附注。

所說，他"必須在土地和勞動之間，找出一種自然的平价，使得价值可以随意表现于'其中之一，比之表现于二者之上同樣妥当，或者更好'"①。這就是他所以不以勞动而以每日平均口粮作为价值尺度之原因。

不理解生产商品的劳动之二重性　配第的貢献是他发现了，商品的价值是由生产商品和金銀时所耗费的劳动时間来衡量。但如上面所述，他的价值論有不少的缺点：他不明白价值的社会性，把价值和交换价值、交换价值和价格都混为一談，混同了价值和使用价值。他的价值論所以会发生这些严重的缺点，是由于他不理解生产商品的劳动之二重性。

我們知道，包含在商品中的劳动的二重性，是由馬克思第一个予以論証的。馬克思的关于劳动二重性的理論是理解政治經济学的枢紐②，是极其重要的。根据这一理論，生产商品的劳动具有二重性质：生产价值的抽象劳动和生产使用价值的具体劳动。正如商品是价值和使用价值的矛盾統一体，抽象劳动和具体劳动也統一在生产商品的劳动中。劳动二重性决定了商品二重性而且又由商品二重性体現出来。因此商品不是简单的劳动生产物而是商品生产者之間生产关系的物的体現者。价值幷不包含自然物质的因素而只是体現商品生产者的物化劳动，所以它具有社会的性质。又由于劳动二重性本身的矛盾决定了商品二重性的矛盾，所以一种商品的价值必须由另一种商品的使用价值来表現，就是說交换价值乃是价值之表現形态。最后由于

① 恩格斯："反杜林論"，人民出版社版，1956 年，第 241 頁——"反杜林論"第二編第十章"'批判史'論述"是馬克思写的。

② 参閱馬克思："資本論"，第 1 卷，人民出版社版，1957 年，第 14 頁。

价值形态的发展，发生了货币，因此交换价值也就发展为价格。

配第既然不理解劳动二重性，当然也就不能把价值和交换价值、交换价值和价格、价值和使用价值加以区别了。他把作为价值源泉的抽象劳动和創造使用价值的具体劳动混同起来，因此就认为对土地实行耕种的劳动（即农夫的劳动，这是具体劳动）是价值的創造者了。馬克思在指出配第学說的缺点时曾提到这一点。馬克思說：配第"当作交换价值源泉的劳动和当作使用价值源泉的劳动被混同。在这场合，劳动是以自然物质（土地）为前提的"①。

其次，配第曾經明确地指出，价值的源泉是劳动——劳动时间的消耗，即劳动一般。在"稅課論"中他曾說："假使銀的生产，比谷物的生产，需要更多的熟练，冒更多的危險，那在結果上，仍会互相归于均衡的。我們假設，100个人生产十年谷物，另100个人在同样长的时间內从事銀的生产；这样，銀的純收益，将成为谷物的純收益的全部价格，前者一个相等的部分，将成为后者一个相等的部分的价格"②。所以，馬克思說："配第明白注意到了，在这个問題上面，劳动的差別性，是毫无关系的；在这里，成为問題的，只是劳动时間"③。由此可見，配第已理解到，价值的源泉是劳动时間的消耗，是劳动一般。但是，由于在他的經济学說中还保存有重商主义的殘余，或如馬克思所說："他为貨币主义观念所迷惑"④，因此，他就把抽象劳动同生产金銀的特殊形

---

① 参看馬克思："剩余价值学說史"，第1卷，三联书店版，1957年，第14頁。
② 同上书，第7頁。
③ 同上。
④ 馬克思："政治經济学批判"，人民出版社版，1959年，第24頁。

式的具体劳动混同起来，并且"把实在劳动的特殊的一种即采掘金银的劳动，称为生产交换价值的劳动"①。

总而言之，威廉·配第认为劳动是价值的源泉；商品的价值与开采金、银的劳动生产率成正比例，与开采金、银所耗费的劳动量成反比例；反之，它与生产商品的劳动生产率成反比例，而与商品生产时所耗费的劳动量成正比例。而劳动生产率的高低又是同分工有密切关系的。因此，他把价值、劳动生产率，分工联系起来考察，而说明了他们之间的关系。这一切都可以说是他在政治经济学上的贡献。

可是，他的劳动价值论是有很多缺点和错误的。他既没有从交换价值抽出价值来，也没有从价格抽出价值来，而且把价格和交换价值混同了，结果，他就不能把价值、交换价值和价格这三个彼此有密切关系但又各不相同的经济范畴区别开来。他把一切劳动分成二类，能直接生产价值的，即生产金、银的劳动和不能直接生产价值的，即生产所有其它商品的劳动。这虽然是他的天才的表现，但这种劳动分类与马克思的劳动二重性的学说是毫无共同之处的。不但如此，他并且把生产一种特殊使用价值（金、银）的具体劳动和生产价值的抽象劳动混同起来。由于他不理解价值和使用价值的区别，结果，就以为决定商品价值的不仅是劳动一个因素，而是有劳动和土地这二个因素了。为了要说明劳动和土地的均等关系，又不能不以口粮代替劳动作为测度标准。这一切都是他的劳动价值论的缺点和错误。

威廉·配第的劳动价值论虽然有许多缺点和错误，但是这个理论究竟能使他比较正确地猜想到剩余价值的性质。

---

① 马克思："政治经济学批判"，人民出版社版，1959年，第26—27页。

24

不过，他为当时已經有的經济范疇所限制，虽然已經猜想到剩余价值，也是不自觉的，因而他并不知道剩余价值这个經济范疇（所有古典政治經济学家都是不知这个經济范疇的）。他所着重研究的是地租，其次則为利息。我們知道，地租和利息都不过是剩余价值的轉化形态。所以威廉·配第（以后的亚当·斯密和李嘉图也一样）沒有透过剩余价值的轉化形态而深入地把剩余价值作为一个独立的經济范疇来加以研究。事实上，他所研究的地租是包含全部剩余价值的，因此，我們可以把他的地租論看作最粗略的剩余价值論。

工資、地租和利息

上面曾經提过，配第所着重研究的是地租。他的利息論也是以其地租論为根据的。但是，在闡明他的地租（即剩余价值）論以前，有扼要地說明一下他的工資論之必要。

配第的工資論　在配第的时代，英国工人的工資是由法律規定的。国家規定了工資的最高限额，如果違背这个規定，即工資如果超过了最高限额，那末无論支付者和領受者都要受处罰，而以对領受者的处罰更重些。配第就是想根据他自已的劳动价值論，从理論上来論証这种法定工資的。他說：

"法律（指法律規定的工資率——馬克思）要使劳动者剛好有生活的資料；如果加倍了，他就只做了他能够做或者說本来会做的劳动之一半；这就表示，社会已經損失这許多劳动"①。这段話的意思，可以用下述的例子来作簡单的說

① 引文根据馬克思："剩余价值学說史"，第 1 卷，三联书店版，1957年，第 5 頁。

明：假設工人每天維持最低限度生活所必須生活資料的价值为六元，再設，工人每小时劳动所生产的新价值为一元，如果工人每小时劳动都得到充足的报酬，即每劳动一时得一元工資，那末他一天只做六小时工作得六元工資就足以維持其一天的生活，而无須多劳动了。配第认为社会財富的源泉是工人的劳动，在这种情形下，工人不能对社会提供什么，因此就无异于使社会遭受很大的损失了。为了使工人的一部分劳动能够給社会生产財富，就必須使工人从事更多的劳动而支付比較少的工資。例如，倘若支付每小时劳动的报酬不是一元而是五角，那末，工人为了获得每天六元的最低生活費，就必須工作十二小时了。在这种情形下，社会——其实就是資本家——才能从每个工人每天所生产的新价值中获得六元的收入。

另一方面，配第认为法律也不应把工資規定的低于为維持工人最低限度生活所必須的生活資料的价值。他曾經指出：假使由于貨币价值降低了，工人的生活資料的价格上漲了，如果还不增加貨币工資；那末，这不但不公平，而且也是作不到的，因为这样一来，工人的生活就不能維持，不能保证。他在"愛尔兰政治解剖"一书中曾說："劳动的价格（即工資——引者），常常由必要生活資料的价格决定"[1]的。

从配第的工資論中可以很明白的看出他的經济学說的阶級性。他处处在为資本家着想：工資不能低于工人的必要生活資料的价格，因为这会使工人不能維持最低限度生活，即不能替資本家继續生产財富；工資高于这个水平也不

① 引文根据馬克思："資本論"，第1卷，人民出版社版，1957年，第372頁注1。

行，因为会使资本家遭受损失。看！他替资本家想的多么周到！

威廉·配第根据他自己的劳动价值論，把工人的劳动看作社会財富——資本家財富的源泉，因而論証了，工資只是維持工人最低限度生活所必要的生活資料的价值。当然，配第的工資論是有錯誤的。因为工資是劳动力价值的变形，它是由劳动力的价值决定的。而維持工人最低限度生活所必需的生活資料的价值，只是构成劳动力价值的主要因素，但不是唯一因素，所以它只是"劳动力价值的最終限界或最小限界"①。如果工資只在这个最低限界內，劳动力就不能在正常形态下維持，所以馬克思指出："只要劳动力的价格低到这个最低限界时，它就降到劳动力价值以下"② 了。

配第的工資論虽有錯誤，但也有非常值得我們注意的地方，那就是在实质上我們可以从他的工資論看出把工人的每日劳动划分为必要时間和剩余时間。馬克思在評述他的工資論时就曾經說过："劳动者所以必須生产剩余价值，供給剩余劳动，不过因为有人强迫他，利用他的全部可以利用的劳动力，但使其所获，剛好够維持他自己的生存"③。

威廉·配第根据他自己的工資論和劳动价值論粗略地提出了他的地租論。上面曾經說过，他所說的地租实际上是包含全部剩余价值的，因此我們可以把他的地租論当作他的剩余价值論来研究。

① 馬克思："資本論"，第1卷，人民出版社版，1957年，第183頁。
② 参看同上书，第184頁。这里引文是根据"資本論"，第1卷，1949年，俄文譯本第179頁重譯的。
③ 馬克思："剩余价值学說史"，第1卷，三联书店版，1957年，第5頁。

27

配第的地租論　配第的地租論是在他的劳动价值論和工资論的基础上建立起来的。我們已經知道，他认为商品的价值是决定于包含在商品中的劳动时間，即决定于商品生产时所耗費的工人的劳动的。他又认为工资等于工人的最低限度生活資料的价值，这种工资論虽有錯誤，但它使配第有可能把工资看作工人劳动生产物价值的一部分。他又认为农产物的生产費用是由工资和种子的价值构成的。因此，如果从农产物的价值中扣除掉生产費用，那末，余下的那部分价值就成为地租了。所以根据配第的地租論說来，地租实质上就是农业工人所生产出来的价值中超过工资和种子的那部分余額。也就是說，配第所理解的地租实系全部剩余价值。可見，他把地租和剩余价值混为一談了。这当然是錯誤的。馬克思曾經于科学上論証了，地租是剩余价值中超过平均利潤的那部分余額，即額外剩余价值，它是剩余价值的一种特殊現象形态。由于配第不知道利潤这个經济范疇，因此，也就不可能更正确地理解地租的本质了。

既然在配第看来地租是农产物价值超过工资和种子价值的余額，那末某一块耕地的地租究竟如何规定的呢？在这个問題上，配第认为应当首先确定这块地的自然地租即产物地租，然后再根据自然地租和他的劳动价值論来求出貨币地租。关于前者，他曾經这样說：

"我們假設，一个人用他自己的手，可以把一定面积的土地耕耘种植收获好，把谷物搬進、打脱、簸净，把种种必要的工作做好；并且有充分的种子，可以播在地里。这个人，在收获中扣下他的谷种，以及他所消費的东西，他为交换衣着物和其他自然需要品而給予他人的东西，其余額便形成这一年的自然的眞正的地租。七年的平均，或許多年的平

28

36

均, 形成普通的谷物地租。因为在許多年內, 歉收和丰收可以归于均衡"①。

我們可以从这个例子中, 很明白地看出, 配第所确定的地租等于在这块耕地上生产出来的农业品总额减去工資和种子, 用馬克思的話来說即"……等于剩余劳动所依以对象化的剩余生产物, 所以, 地租包括着利润, 利润也还沒有和地租分开"②。

这种自然地租即谷物地租如何轉化为貨币地租呢? 即构成地租的这些谷物究竟值多少貨币呢? 关于这个问题, 配第答道: "它能值多少貨币, 就看在相等时间內, 別一个完全从事生产銀的人, 能够在費用之上, 剩下多少貨币来。我們且假設, 这別一个人到生产銀的国家去, 在那里开采銀, 把它提净, 送到前者耕种小麦的地方来, 把这种銀鑄造等等。再假設, 这个人用他生产銀的时间, 也能求得维持生活所必要的滋养料和衣着物等等。这样, 一个人的銀, 就必須在价值上, 和別一个人的谷物相等了。假設前者約为 20 益斯, 后者約为 20 蒲式耳, 则一蒲式耳谷物的价格, 就是一益斯銀"③。

配第还从他自己的地租論得出二个比較正确的結論。第一, 根据他的理論, 谷物的价值决定于在劳动生产率一定水平之下生产谷物时所耗費的劳动时间, 而地租又是谷物价值超过工資和种子价值的余额。所以, 在劳动生产率不变, 谷物的价值从而谷物的价格不变化的情形下, 工資的变

---

① 引文根据馬克思: "剩余价值学說史", 第 1 卷, 三联书店版, 1957年, 第 6 頁。

② 同上书, 第 6 頁。

③ 同上书, 第 6 — 7 頁。

化，必然会引起地租之相反的变化。他自己曾經举例加以說明。他說，假設小麦的价格为每蒲式耳60便士，再設小麦所借以生产的那块土地的地租等于收获总額的三分之一，那末，在60便士中就以20便士作为地租归地主，40便士作为工資归农业工人。现在，倘若工資增加八分之一，则一蒲式耳小麦的价格中，农业工人所得的工資就会由40便士增加到45便士，结果，地租就相应的由20便士减少为15便士了。因此，他就得出結論："农业劳动者的工資……提高，从而地租必然会减落"①。配第的关于地租和工資相对立的这一重要論点，是李嘉图的关于工資和利潤相对立的論点之先趋者。区别只是在于：配第混同了地租和剩余价值，他的这一論点反映出在十七世紀后半期英国地主与劳动人民之間的利害冲突，李嘉图则混同了利潤和剩余价值，他的关于利潤和工資相矛盾的論点，则反映出十九世紀初叶英国資本家和工人阶級之間的矛盾。

第二，配第认为地租量（即剩余价值量），在其它情形皆相等的条件下，是以所雇用的工人人数之多少为轉移的。也就是說，假使土地的肥沃程度、气候、劳动生产率等皆相同的条件下，雇用的工人人数越多，就能获得更多的地租。

配第的地租論中虽然有这些比較正确的論点，但同时，也有与这些論点相矛盾的、錯誤的见解。由于他把价值与使用价值混同了，因此，他又把地租看作土地恩賜而不是把它看作工人耗費剩余劳动时間的结果，而且把谷物的增加和价值的增加混同了。这一切，我们可以从他說明土地和劳动的均衡关系时所举的小牛例子中看出来。

_____

① 引文根据馬克思："剩余价值学說史"，第1卷，三联书店版，1957年，第10頁。

3C

威廉·配第的关于级差地租的见解也是值得我們注意的。他曾說："……养活倫敦人或一个軍队的谷物，必須由四十英里远的地方运来，那么，仅距倫敦或軍队駐扎地一英里的地方所生长的谷物，也会同样把它的自然价格提高起来，好像它也要出39英里的运輸費一样。……結局，因为人口較密的地方，需要一个更大的地域来供給食物，所以邻近这种地方的土地和那些在本质上一样良好但位置更远的土地比較……要提供較大的地租……"[①]。这里是指由于位置不同而发生的級差地租。配第也提到由于土地肥沃程度不同从而投在面积相等的土地上的劳动生产力不同而发生的級差地租。虽然配第有这些关于級差地租之正确的見解，但由于他混同了地租和剩余价值，从而就不能了解地租的本质，因此他不能被认为是地租論的建立者。

配第的利息論　除地租（剩余价值）外，配第还論証了利息。

我們知道，利息是利潤的派生部分，是利潤在机能資本家和借貸資本家之間瓜分的形态。即利潤划分为归机能資本家所获得的企业利潤和归借貸資本家所获得的利息。因此利息率决定于平均利潤率和在金融市场上借貸資本供求关系这二个因素。配第既不知道利潤这个經济范疇，当然也就不可能有正确的利息理論。他是从地租引导出利息的。

在他看来，既然土地出租可以收取地租，那末貨币貸放也就应該收取利息。不然，貨币所有者就不会貸出他的貨币，而要用其貨币去购买土地了。他就是这样以地租的合法性来論証利息的合法性的。

---

① 引文根据馬克思："剩余价值学說史"，第1卷，三联书店版，1957年，第11頁。

那末貨幣貸放究竟应当收取多少利息呢？即利息率如何决定呢？配第认为这是由利用这些貨幣所购得的土地能够收取多少地租这一点来决定的。假設某人有 10,000 元貨幣，再設利用这些貨幣所购买的土地每年能够提供500元地租。那末，把这 10,000 元貨幣貸出去也就应当有 500 元的利息了。而利息率則为 $\dfrac{500 \times 100}{10,000}$ %＝5%。配第并且进一步认为，购买土地的錢比之貸放出去的錢，毫无疑問地要安全得多，因此他主張，如果貨幣貸放要冒一种風險，那末利息率还要比較高些，因为其中还包含有保險獎。

配第旣然认为利息率等于用土地价格去除地租，即 $\dfrac{\text{地租}}{\text{土地价格}}$＝利息率，所以他反对国家于法律上规定利息率。他曾說："与自然規律相反（那就是与资产阶级社会相适应的規律相反──馬克思）的实际民法,是无用的、无效的"[①]。

土地价格 馬克思曾經敎导我們說：土地价格是地租的資本化。即土地价格等于用利息率去除地租所得的商数。假設某块耕地每年提供地租 100 元,而年利息率为 5 %,那末，这块耕地价格即等于100 元除以 5 % 即 2,000 元（100÷5%＝2,000）。所以,要决定土地价格必须先知道地租数量和年利息率这二个因素。可是威廉·配第則剛好相反,他认为利息率由地租和土地价格这二个因素决定的。因此就必然会发生一个問題：那末土地价格究竟如何决定的呢？

关于这个問題,配第是这样解釋的：土地价格应当等于一定年数的地租之总和，或若干年的地租总額。这一定年数就"是一个50岁的人、一个28岁的人，和一个 7 岁的人，有希望可以共同活下去的年数。那就是, 祖父、父亲和儿子, 有

----
① 引文根据馬克思："剩余价値学說史",第 1 卷,三联书店版, 1957 年,第10頁注。

32

希望可以共同活下去的年数"①。他又根据英国的統計資料，这样的年数大約是 21 年，因此，他作出一个結論："……我假定，一块土地自然值得的年租总额，是等于这样三种人自然可以共同活下去的年数。假設在英格兰这样三代可以共活 21 年罢，土地的价值也大約与 21 年的年租总额相等"②。

馬克思曾經指出，在这个問題上表現出配第的天才。因为根据劳动价值論来說，土地价格是地租的資本化，即它眞的只是若干年的年地租总额，或年地租的若干倍。上面曾經指出，假定某块土地的年地租为 100 元，年利息率为 5%，则土地价格为 100 元÷5%＝2,000 元。也就是說，土地价格为地租的20倍。因为配第把地租当作剩余价值存在的眞正形态，把这二者混同了，不明白利潤这个經济范畴，所以他就不能把資本的利息作为已知的前提，来說明土地价格是怎样决定的；却只好把利息当作特殊形态，倒过来，从地租和土地价格来决定利息率了。

①　引文根据馬克思："剩余价值学說史"，第 1 卷，三联书店版，1957 年，第 8 頁。
②　同上。

33

第 二 章

亚当·斯密的經济学說

英国古典政治經济学肇始于威廉·配第，在亚当·斯密的著作中，它已成为資产階級的一个規模宏偉的政治經济学体系了。

从威廉·配第到亚当·斯密大約經过了一世紀的时間。在这段时期內，英国資本主义有显著的发展。在十七世紀后半期，农业在英国的国民經济中还占着重要的地位，到十八世紀中叶，工业——工場手工业已占据首要的地位了。从十八世紀初开始，圈地运动由国会所通过的法律来大規模地进行。到十八世紀中叶，英国的小农制已被消灭，所經營的都是資本主义的大农业。就是說，到这个时代，英国的所謂"原始积累"已經完成其历史任务，而要让位給資本主义积累了。資本主义經济已在迅速地发展着，但还不能說是一帆風順的。因为一方面，工場手工业的基础太狹隘，不能滿足資本主义生产发展的需要。从經济上看，实行产业革命的时机已經成熟了。而且工場手工业的分工，也已为产业革命在組織上和技术上准备了前提条件。另一方面，从前那种在英国資本主义发展上曾經起过一定促进作用的重商主义政策，不但不能再起积极作用，而且会变成英国資本主义进一步发展的絆脚石。因此，自由貿易的观念就随着經济形势的变化而发生，而且到亚当·斯密手中，它就被发展为一般的經濟自由观念而貫穿在他的經濟著作中。

亚当·斯密的时代，英国正处在从工場手工业到机器制造业的过渡时期。就是說，斯密的经济学說是在英国产业革命的前夜形成的。因此，可以說，亚当·斯密是产业革命前夜的工場手工业时期之英国的經济学家。

把英国古典政治經济学建成一个完整的体系，这固然是亚当·斯密的劳績。但是在他以前，从配第以来的将近一百年間，英国的經济学說也有所发展，而且在十八世紀五十年代建成的法国重农主义的經济学說对亚当·斯密的經济理論也有一定的影响。因此，我們有必要在闡明斯密的經济理論以前，来扼要地說明一下在这时期內經济学說的发展情况。

第一节　从威廉·配第到亚当·斯密
經济学說的发展

馬克思說过："在洛克和諾尔斯(即"資本論"和"剩余价值学說史"上所譯的諾芝——引者)的例子上，我們可以确信，配第在差不多一切政治經济学的領域上所作的最初的勇敢試驗，以后——为他的英国的后继者所把握，而作了进一步的研究。在 1691 年到 1752 年間，这一过程的痕迹，就是对于最浮面的观察者，也是显然在目的，因为这个时期中比較重要的經济学著作，无論对配第贊成与反对，总是从配第出发的，这就是为什么这个出现很多特出思想家的时期，是研究政治經济学漸次发生的最重要的时期"[1]

---

[1]　恩格斯："反杜林論"，人民出版社版，1956 年，第 246 頁。

35

43

紧接着配第之后的特出思想家是洛克和諾芝，我們就从他們的經济思想来开始說明吧。

約翰·洛克 約翰·洛克(1632—1704)是十七世紀末有名的哲学家，十八世紀法国唯物主义的先驅者。他又是1694年設立的英格兰銀行的創办人之一和大股东。馬克思曾說："約翰·洛克是一切形式的新兴資产阶級的代表人，代表工厂主反对工人阶級与貧民，代表商人阶級反对旧式高利貸者，代表金融貴族反对作为债务人的国家，在自己的一本著作中甚至把資产阶級的理智指为人类的正常的理智"①。他的关于經济学方面的最重要的著作就是于1691年出版的"減低利息和增加貨币的考察"一书。

洛克代表資产阶級利益的思想，在利息問題上表現得最为明显。在这个問題上，洛克的思想虽然是从配第出发的，但也有所发展，这主要的表現在下述二方面：

1. 利息的根源——前面曾經讲过，配第把利息和地租并列起来，认为出租土地旣然可以收取地租，则出貸貨币就应当收取利息。但是出貸的貨币不能象出租的土地那样能生产某种东西，因此就必然会发生这样一个問題：利息究竟是从哪里来的？即利息的根源究竟是什么？配第并没有研究过这个問題。而洛克却对这个問題作了这样的解释："我們現在要研究，它(貨币)是怎样得到和土地一样的性质。它会提供一定的年收入，那就是我們叫做利子或利息(use or interest) 的。但土地自然会生产某种新的有用的东西，即对于人类十分有价值的东西。反之，貨币是一种不生产的东西，是不能生产什么的。它不过經由一种同意，从一个人

---

① 馬克思："政治經济学批判"，人民出版社版，1959年，第43頁。

手里，把那当作他的劳动报酬的利益，移轉到别人的錢袋中"①。我們可以从這段話中看出，根据洛克的意見，利息的根源是剩余劳动。因为借用貨币的人，利用借来的貨币經营生产事业，把作为他的劳动报酬的利益，当作利息交給貨币貸放者。这部分"利益"显然是他的剩余劳动生产物所轉化的貨币形态，即剩余价值。

2.利息发生的原因——配第只說明了貸放貨币应取得利息，正如出租土地应收取地租是一样的。他沒有說明借入貨币的人和租地农夫为什么要支付利息和地租。而且如馬克思所指出，在配第看来，农夫耕种自己的土地也可能发生地租，因而地租和利息所以会发生的原因，就更弄不清楚了。

在这个問題上，洛克的見解比配第的明确些，而且是比較正确的。他說："这是貨币分配的不等引起的，是一种不平等；这种不平等，在土地上面和在貨币上面，会发生相同的影响。……当你所有的土地，比你愿意耕作或能够耕作的土地更多，别人所有的土地却比他愿意耕作或能够耕作的土地更少时，这种不平等的土地分配，就会为你的土地，引起一种租借；同样，不平等的貨币分配，……也会为我，为我的貨币，引起一种租借人（tenant）；这样，我的貨币就由借者的勤劳，得到一种可以为借者生产六厘利息以上的东西的能力；好比，你的土地，会由租者的劳动，生产出地租額以上的生产物一样"②。由此可見，在洛克看来，借者所以

---

① 这里的引文根据馬克思："剩余价值学說史"，第1卷，三联书店版，1957年，第20頁。重点是根据俄文本"資本論"，第4卷——"剩余价值論"，第1册，第347—348頁加上的。

② 馬克思："剩余价值学說史"，第1卷，三联书店版，1957年，第20頁。重点是根据俄文本"資本論"，第4卷，第1册，第348頁加上的。

37

要支付利息是由于貨币分配不均，这如同租者所以要支付地租是由于土地分配不均，其原因是完全相同的。

我們可以从洛克对于上述二个問題的观点上看出，他是代表新兴資产阶級的利益而反对地主的。由于他把地租和利息都归結为对劳动的剥削，因此，在他的經济思想中已有剩余价值論的萌芽了。

諾芝　諾芝（1641—1692）"不仅是一个第一流的英国商人，并且也是他那时候最著名的理論經济学家之一" ①。他的主要著作是1691年出版的"貿易論"。这部著作一方面攻击在当时尚占支配地位的重商主义，另一方面則积极主張自由貿易。他的这部著作也是继承并发展配第的經济学說的，这在利息問題上表現得最为明显。

馬克思曾經指出，配第和洛克都把利息和地租并列起来，而諾芝則进一步把利息和地租对立起来。他論証利息不外是資本的租金。他說："如同地主出租他們的土地一样，他們出租了自己的資本（stock），他們有經营商业所必要的資本，但沒有經营商业的才能，或者不愿忍受經商的麻煩。他們因此所得到的东西叫做利息，但这不过是資本的租金。正如同地主的收入是土地的租金一样" ②。很明显，諾芝的这种把利息和地租对立起来的见解，实际上是当时資本家同地主之間矛盾的反映，也"……就是資本对于土地所有权实行頑强反抗的最早形态" ③。

在利息率問題上，諾芝不但比配第而且也比洛克都有

---

① 馬克思："資本論"，第3卷，人民出版社版，1957年，第795頁。

② 引文根据馬克思："資本論"，第4卷——"剩余价值論"，第1册，俄文本，第350頁。

③ 馬克思："剩余价值学說史"，第1卷，三联书店版，1957年，第22頁。

較正確的見解。配第在这个問題上的錯誤观点，我們已經在第一章中分析批判过了。洛克认为利息率是由在流通界的貨币数量决定的，这是他混同貨币和資本的结果，也是他的思想还有重商主义殘余的証明。諾芝則已經能够区别資本和貨币，他认为决定利息率的不是貨币而是借貸資本的供求关系。他說："如果貸者多于借者，利息率就会下降，……并非低利息率使商业活跃，而是随着商业发展，国內資本丰裕使利息率降低"① 。正由于他对利息率有这种比較正確的見解，所以馬克思說："很明显，諾芝是正確地理解利息的第一个人"② 。

諾芝是坚决反对重商主义政策而主張自由貿易的。初期重商主义者是主張禁金出口而把金屬貨币保存在国內的。諾芝反对这种見解，他认为把貨币貯存起来并不能增加国民财富，只有把貨币当作資本来运用才能使财富增加。他說："虽然每一个人都希望有它（貨币），但沒有一个人或仅有少数人願意保留它。他总想立即把它用出去，因为人們很知道，死藏着的貨币，不能希望有利潤，而是一种確实的損失"③ 。在他反对初期重商主义的論証中，他已发现了作为储藏手段的貨币和作为价值增殖的貨币（資本）之间的矛盾。这是他的一个貢献。馬克思說过："資本是自行增殖的价值，而在貨币储藏的場合，这个交换价值結晶化形态自身就是目的。所以，古典政治經济学最早的发现之一就在于，

---

① 引文根据馬克思："資本論"，第 4 卷——"剩余价值論"，第 1 册，俄文本，第 351 頁。

② 同上书，第 350 頁。

③ 引文根据馬克思："資本論"，第 4 卷——"剩余价值論"，第 1 册，俄文本，第 352 頁。

它考察了貨幣儲藏和貨幣自行增殖……之間的矛盾"①。

　　晚期重商主义者是主張发展对外貿易，借出超的貿易以增加金屬貨幣的。諾芝坚决反对这种見解而且提出他自己的自由貿易观念。他认为一个国家的貨幣流通量是决定于商品流通量的。如果貨幣不足，必然会从貨幣多余的国家流入；如果有余，也必然会有一部分貨幣退出流通界。因此，不必借对外貿易而勉强求得貨幣之增加。其次，他积极主張，无論国內貿易或对外貿易都应該自由地进行，无須国家来干涉。他曾經說："就貿易关系說，一个国家对于世界的关系，是和一个城市对于国家的关系、一个家庭对于城市的关系一样"②。在諾芝看来，一个家庭决不能生产为自己所必須的一切物品，而必須与同城市的其他居民进行自由买卖；一个城市也决不能生产为本城市居民所必須的一切物品，而不能不与其他城市进行自由貿易；同样的，一个国家也有同世界上其他国家进行自由貿易的必要。

　　自由貿易观念的提出反映出英国資本主义生产的发展。这表明英国的資本主义已經强大到这样的程度：它无須国家保护就能在世界市場上可能取得支配地位了。随着英国資本主义的继續发展，这个观念也就更加为英国以后的經济学家所继承和发展。

　　大卫・休謨　大卫・休謨(1711—1776)是英国的哲学家、历史学家，同时又是一个代表資产阶级利益的經济学家。他曾于1752年出版"經济論文集"一书，其中包括"貨

① 引文根据馬克思："資本論"，第4卷——"剩余价值論"，第1册，俄文本，第352頁。

② 引文根据馬克思："剩余价值学說史"，第1卷，三联书店版，1957年，第25頁。

40

幣論"、"貿易論"、"貿易平衡論"等論文。

由于英国資本主义的发展，使得休謨注意到利潤这个經济范疇，而且把利息和利潤联系起来研究，认为在它們之間存在着相互的关系。他說："假使把資本貸給他人可以要求高的利息，誰也不会以低的利潤为滿足。假使把資本拿来运用可以求得高的利潤，誰也不会以低的利息为滿足"①。那末，究竟是由利息决定利潤还是由利潤决定利息的呢？休謨认为在它們之間虽然有相互关系，但幷沒有因果关系。在这个問題上，馬希(生年不詳，死于 1784 年)的見解就比較正确的多了。馬希于 1750 年匿名发表了"論支配自然利息率的原因"一书。馬克思对这部著作評价很高，认为这是一部"划时代的匿名著作……休謨就是从……这部著作取得他的利息學說"②。他在这部著作中断然地說："因为人們为使用所借物而当作利息支付的东西，是所借物能够生产的利潤的一部分，所以这个利息是不断由利潤来规定"，"自然利息率是特别地由营业的利潤来规定"③。

大卫·休謨是一个以貨幣数量論出名的經济学家，他的名字同貨幣数量論密切地联系着。他的貨幣数量論是他用来反对重商主义和主張自由貿易的理論武器。

休謨沒有研究貨幣和商品的价值。他只认为貨幣是商品和劳动的代表，是决定价格的手段，即待卖的商品的价格是由貨幣流通量决定的：如果在流通界的貨幣数量增加了，商品价格必然会上涨；反之，如果貨幣数量减少了，商品价格

---

① 引文根据馬克思："剩余价值学說"，第 1 卷，三联书店版，1957 年，第 27 頁。

② 馬克思："資本論"，第 1 卷，人民出版社版，1957 年，第 632 頁注 7。

③ 引文根据馬克思："資本論"，第 3 卷，人民出版社版，1957 年，第 448、449 頁。

41

也必然会相应地下降。他认为,在国內来說,貨币数量的增减既不会引起某种利益也不会发生什么害处。因为货币增加,从而价格上漲,这不过是以比較多的货币来代表商品,好象用罗馬数字来計数,只是笔划較多而已;如果貨币减少、因而价格下降,这也只是以比較少的货币来代表商品,好象用阿拉伯数字来計数,只是笔划比較少些罢了。但从国际貿易方面来說,一国的貨币数量特别多,则是不利的。因为貨币多的国家的商品价格,必然会高于貨币比較少的国家的商品价格。在这种情形下, 貨币多的国家的商品出口就比較困难,因其价格比較高;反之,货币少的国家的商品出口就比較順利,因其价格比較低。結果,貨币多的国家必然会由于对外貿易的入超而使貨币外流, 所以休謨认为重商主义者主張增加貨币并使之保留在国內的见解是沒有根据的。

休謨的貨币数量論是錯誤的。这主要由于他不知道,貨币不仅仅是商品和劳动的代表,是决定价格的手段;貨币本身如同商品一样也是有价值的。商品的价格决不是由貨币数量来决定,而是由商品价值和貨币价值的关系决定的。如果它們的价值都不变,则貨币数量的增加决不会引起商品价格的提高, 而只会使一部分超过为流通所必要的貨币量退出流通界。

休謨是在1691年到1750年間从配第出发的最后一位著作家,同时,他又是亚当·斯密的老师和朋友,所以他在英国古典政治經济学发展中的地位是相当重要的。馬克思說过:"更后在經济学眞正大殿的入口, 出现了大卫·休謨"①。这个"眞正大殿"是由亚当·斯密建立起来的。可是,

---

① 恩格斯:"反杜林論",人民出版社版,1956年,第246頁。

斯密建設这座"大殿"多少也受了法国重农主义的影响，因此，我們在研究斯密的經济理論以前，实有必要簡述一下法国重农主义者的經济学說。

重农主义者　法国重农主义者最主要的代表人物是魁奈和杜尔閣。

魁奈(1694—1774)的专业是行医。他在哲学上是一个唯心主义者，在政治上是君主专制制度的拥护者。他研究經济問題是从1753年开始的，这时候他已将近六十岁了。在十八世紀五十年代，經济問題尤其是其中的粮食問題已成为法国公众所热烈討論的問題，魁奈医生就是在这种气氛下来研究經济問題的。1757年他在"百科全书"上发表过二篇文章："农民論"和"谷物論"。他在这二篇文章中說明了农业之所以雕敝和农民之所以困苦，是由于租税負担太重和谷物价格太低。他的最主要著作是1758年发表的"經济表"。

魁奈經济学說的核心是"純产品"論。

魁奈区别了財富的扩大和財富的相加(addition)。所謂財富的扩大，就是財富数量的增多。他认为只有农业才能使財富扩大，工业是沒有这种可能性的。因为只在农业中有自然力参加，因而具有特别的生产力，在工业中是沒有的。工业中所用的材料都是由农业供应，工业只能使原有的材料变形，使之更适合人們的使用，但决不能使它增多起来。因为只有农业才能使財富扩大，所以就只有农业才能生产"純产品"。

所謂"純产品"就是在农业生产出来的新产品超过在生产时所花費掉的产品的余額。但是生产农产品不但要种子，而且还必须有其他花費，那么这种余額如何計算呢？这从产品的物质形态上是无法計算的。因为在各种花費和产

43

品之間在物质形态上是沒有共同的标准的。这种余额只有从价值方面来計算，那就是农产品的价值超过一切生产费用的余额。魁奈认为，这各种生产費用不外是种子和工資；不但种子而且工資也是一个已知量。因为他把工資归結为工人的最低生活资料。他并且认为，只有资本主义的大农业才能生产"純产品"。很明显，魁奈所說的"純产品"，其实就是剩余价值。他认为只有农业才能生产剩余价值，这当然是不正确的。但他认为剩余价值起源于生产过程，这是他的一个貢献。馬克思說过："重农主义派，把剩余价值起源的研究，由流通領域推移到直接的生产領域，并由此立下了資本主义生产的分析的基础"①。

魁奈认为社会由三个阶级构成：生产者阶级、土地私有者阶级和不生产者阶级。他所謂的"生产者阶級"是由生产劳动者构成的阶级。在重农主义者看来，只有生产剩余价值（即他們所說的純产品）的劳动是生产的，而剩余价值又只能在农业中被生产出来，作为地租归地主所得。"所以，农业劳动是唯一的生产劳动，因为只有这种劳动創造剩余价值，而他們（指重农主义者——引者），所認識的唯一剩余价值形态，就是地租"②。重农主义者所说的"土地所有者阶級"，不仅仅指地主而言，連僧侶、貴族、国王及其侍从和各級官員等也都包括在这个阶级內。因为这些人有一个共同点，那就是他們都和地主一样，直接或間接依靠在农业中所生产出来的"純产品"即剩余价值为生的。这样，如馬克思所說的，"土地所有者被視为眞正的资本家，那就是剩余劳动的占有者。封建制度当作资本主义生产的姿态来再生产，来

① 馬克思："剩余价值学說史"，第 1 卷，三联书店版，1957 年，第 38 頁。
② 同上书，第 39 頁。这里的重点是引者加上的。

44

說明了；农业就表现为资本主义生产即剩余价值生产所依以表现的唯一的生产部門了。所以，封建主义被资产阶級化时，资产阶級社会也取得了一个封建的外观"①。所謂不生产者阶级是由一切不从事农业而担負其他职务和工作的市民，主要由在工商业部門工作的人員构成的。这些人是不能生产"純产品"的，他們都只是从前述二个阶級領取工資为生。魁奈曾說："土地所有者及生产者是工資支付人；商人是工資領受人"②。由于一切"純产品"都作为地租归土地所有者所得，重农主义者因而得出一个經济政策上的重要結論，那就是如馬克思所指出的，"一切課稅，都要課加在地租上，或者局部的，把土地所有权沒收——法国的革命立法……就曾經要这样做"③。

魁奈关于社会阶级分类的学說是錯誤的，他的生产劳动的学說则是具有局限性的。但是它們同魁奈的"純产品"学說在邏輯上是一貫的，而且也反映出当时資本主义經济还沒有充分地发展。

魁奈既然认为只有农业是生产的，因此，他就以为只有在农业上使用的資本才是唯一现实的生产資本。在工业上使用的資本是不生产的，因为它不能提供"純产品"。魁奈所着重研究的是农业資本，这是很可以理解的。他把农业資本划分为原垫支和年垫支。前者多年(比方說十年)周轉一次，后者则每年周轉一次。他說："年垫支是由每年的耕作劳动上的支出构成；这种垫支必须与原垫支相区别。这

① 馬克思："剩余价值学說史"，第 1 卷，三联书店版，1957 年，第 43 頁。
② 引文根据馬克思："資本論"，第 2 卷，人民出版社版，1957 年，第 140 頁注 11。
③ 馬克思："剩余价值学說史"，第 1 卷，三联书店版，1957 年，第 46 頁。

45

所謂原墊支，就是开办农业的基础资本"①。魁奈沒有把貨币算在年墊支内，因为他所說的墊支是生产资本，而生产资本是与貨币相对立的。

魁奈关于生产资本分类的学說，后来为亚当•斯密发展为固定资本和流动资本的分类。

魁奈最大的貢献是他对于社会总资本再生产的分析。馬克思說过："重农学派在魁奈的'經济表'中留給我們一个謎，对于这个謎，以前的政治經济学批判家和历史家，总是无效地苦思焦虑着"②。这个"謎"就是魁奈在"經济表"中关于社会总资本再生产和流通的分析，一直沒有被揭破，直至一百余年后，才由馬克思第一个人明确地揭露出来。

魁奈的"經济表"有三个前提：1.等价交换、价格不变；2.简单再生产；3.不考虑国外市场。此外，在該表中，"无数个别的流通行为，被綜括成为它們的特征的社会的大量运动，成为几个大的机能上规定了的社会阶級間的流通"③。

魁奈的"經济表"的主要内容是这样的：生产者阶級用二十亿里佛尔（当时法国的貨币单位）向土地私有者阶級租种一年的耕地；因此，土地私有者就有二十亿里佛尔貨币。生产者阶級在这年中生产出来的农产品，按其价值构成来說，是年墊支20亿里佛尔，原墊支折旧部分10亿里佛尔，"純产品"即剩余价值20亿里佛尔；按其物质形态来看，则为40亿里佛尔粮食和10亿里佛尔原料。不生产者阶級则有20

---

① 引文根据馬克思："資本論"，第2卷，人民出版社版，1957年，第218頁注28。

② 恩格斯："反杜林論"，人民出版社版，1956年，第253頁。

③ 馬克思："資本論"，第2卷，人民出版社版，1957年，第438頁。

46

亿里佛尔工业品。

在經济表中以农产品收刈完毕作为社会总资本流通的起点。所以, 馬克思說: "W(指商品——引者)——W′ 是魁奈'經济表'的基础"①。在社会总产品实现时, 都是有货币同时跟它对流的。全部流通过程分为五个步驟, 如下图所示。

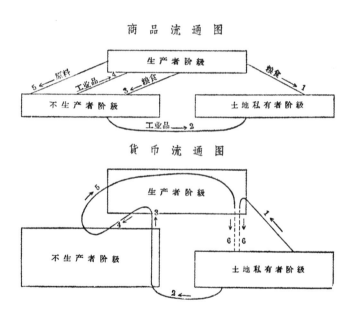

商 品 流 通 图

货 币 流 通 图

——图中 "→" 表示商品或货币之流通的方向, 1, 2……表示流通的步驟, 实綫 "——" 表示商品和货币同时对流, 虛綫 "……" 表示光是货币流通, 即生产者阶級在生产

① 馬克思: "資本論", 第2卷, 人民出版社版, 1957年, 第99頁。

年度开始时給土地所有者阶級的 20 亿里佛尔地租；此外，每条綫所表示的一次流通都指 10 亿里佛尔。而在商品流通的场合是等价交换的。

社会总产品是这样分为五个步骤实现的：

1. 土地所有者以 10 亿貨币向生产者阶級购买 10 亿粮食；

2. 土地所有者以 10 亿貨币向不生产者阶級购买 10 亿工业品；

3. 不生产者阶級用因出卖工业品給土地所有者阶級而获得的 10 亿貨币，向生产者阶級购买粮食；

4. 生产者阶級用出卖这批粮食所得的 10 亿貨币向不生产者阶級购买工业品；

5. 不生产者阶級用出卖这批工业品所得的 10 亿貨币向生产者阶級购买 10 亿原料。

社会总产品实现的结果是：土地所有者阶級有 10 亿里佛尔粮食和 10 亿工业品；

生产者阶級有 10 亿工业品和 20 亿粮食（这些粮食沒有在各阶級之间流通，而是留在生产者阶級手里作再生产时用），此外还有 20 亿貨币。这些貨币于下生产年度开始时当作地租給地主；所以在貨币流通图中用二条虚綫表示；

不生产者阶級有 10 亿粮食和 10 亿原料。这样，这个阶級也可以进行再生产了。

杜尔阁(1727——1781)是大政治活动家和經济学家。曾任路易十六的财政大臣(1774——1776)。他的經济学名著是于 1766 年写成的 "财富的形成与分配的考察"。他在这部著作中发展了重农主义的經济理論。馬克思曾說："在杜尔

48

56

閣手上,我們看見了重農主義學說的最高发展"①。

杜尔閣发展重農主义学說,首先表現在他的工資理論上。魁奈认为劳动者的工資只限于維持他們最低生活所必要的資料,但他沒有說明其原因,而且在魁奈看来,"劳动者"这个概念也是非常广泛而模糊不清,他甚至把农业资本家和工商企业家的收入都当作工資,而这些人也就成为領受工資的劳动者了!杜尔閣則认为所謂劳动者是除掉自己的劳动能力以外一无所有的人,就是說,他所理解的劳动者是同生产資料相分离的生产者。这种人除掉出卖自己的劳动力以外,是别无其他谋生办法的。其次,他把竞爭原理应用到劳动者和雇主之間的关系上。由于在劳动者之間为了力图受雇而展开的竞爭比雇主之間的竞爭更为激烈,所以工資就不能只限于維持其生存所必需的資料了。他說:"除了手臂和手艺就沒有别的东西的普通劳动者,要到他把他的劳动出卖于他人之后,方才有些东西。……无論他的劳动屬于何种,他的工資总要受限制于、实际上也受限制于他維持生存所必需的物品"②。

可見,在"劳动者"的理解上、在工資水平的說明上,他都发展了魁奈的学說。虽然他沒有說明在劳动市場上,劳动者之間的竞爭更为激烈,即沒有說明劳动的供給会大于对它的需求;但是当时法国资本主义经济中这种现实情况已在他的著作中比較正确地反映出来了。

在社会阶級的划分问题上,杜尔閣也发展了魁奈的学說。

① 馬克思:"剩余价值学說史",第 1 卷,三联书店版,1957 年,第 51 頁。
② 引文根据馬克思:"資本論",第 1 卷,人民出版社版,1957 年,第 373 頁注 1。

魁奈是否认企业家的利潤的。杜尔閣却并不否认企业家获得利潤的可能。他从地租引出利息，再从利息引出利潤。在他看来，由于交换的发展，貨币出現了而且有了貨币的积累，并且土地也参加流通成为卖买的对象。因此，一定数量的貨币就代表一定面积的土地，反之也如此。所以，土地既然可以带来地租，那末，可以购买这块土地的貨币至少应該带来不少于其地租的利息。貨币既然可以带来利息，那末不把貨币出貨而是把它投入工商业的企业家，也就应該获得利潤了。

虽然杜尔閣把利潤和利息之間的关系弄顛倒了，这是他的理論的一个重大缺点和錯誤。但他提出利潤这个經济范疇，从而指出了企业家和劳劲者之区别（即前者有可能获得利潤，而后者则没有这种可能），因此，就使重农主义学說发展了一大步。

前面已經說过，魁奈把社会划分为三个阶級：土地所有者，生产者和不生产者即工資領受者。可是根据上述的杜尔閣的观点，"受工資的工业者阶級（即魁奈所說的不生产者阶級——引者）又分为'資本家企业者和单純劳劲者'。农业企业家的情形，和这种企业家的情形，是一样的。他們也要在利潤之外，收回一切的垫支"①。

这样，根据杜尔閣的意見，社会阶級可以划分为五个：

1. 土地所有者阶級；

2. 农业企业家阶級；

3. 农业劳劲者阶級；

4. 工业企业家阶級；

① 馬克思："剩余价值学說史"，第 1 卷，三联书店版，1957 年，第 59 頁。

50

5. 工业劳动者阶级。

第一个阶级显然就是地主阶级；第二和第四两个阶级合并起来就可成为資本家阶級；第三和第五两个阶级合并以后就可成为劳动者阶级。这样，魁奈关于社会阶級分类的学說，通过杜尔閣的发展，再进一步就会形成亚当·斯密关于社会阶級划分的理论了。我們可以从这一点上很明白地看出，杜尔閣是处在从魁奈到亚当·斯密之中介的地位。

第二节　亚当·斯密的生平和著作

家庭出身与求学时期　亚当·斯密是苏格兰的克尔卡第人，于 1723 年出生于一个富裕的海关职員家庭。他的父亲在斯密出生前数月已去世。但是他依然受过很好的教育。

斯密在克尔卡第城受完中等教育以后，在十四岁时就考上格勒斯哥大学校。在这里努力学习数学和自然哲学。由于斯密自己的努力学习和成績优良，于 1740 年当他十七岁时，被送往貴族学校——牛津大学攻讀。

斯密在牛津大学学习了七年。他就在这个时期，閱讀休謨的哲学名著"人性論"，很受其影响。后来斯密和休謨之間建立了很深的友誼。斯密在大学时代的同学于斯密去世后，說到他对休謨的友誼之深和尊敬之篤时，曾經这样說："……休謨說的每一句話，他（指斯密——引者）都相信。如果休謨对他說，月亮是一片綠乾酪，他也信的"[1]。这种說法，当然是有些夸大。我們知道，当斯密闭門著书时，并沒有接受休謨的忠告。不过，我們可以从此看出斯密与休

---

[1]　引文根据馬克思："資本論"，第 1 卷，人民出版社版，1957 年，第 777 頁注。

51

59

謨友誼之深和他受休謨的影响之大了。

教授生活　斯密于牛津大学毕业后，1748 年接受爱丁堡大学的聘請，在該校讲授修辞学和文学。这时候，还看不出他对研究政治經济学的兴趣。

1751年在他的生活史上开始了一个新的阶段。就从这一年起，他到格勒斯哥大学去任教。起初是担任邏輯学的，后来改讲道德哲学一課。他所讲的道德哲学范圍非常广泛。他的讲义共分四部分：1. 神学；2. 倫理学；3. 法学；4. 政治学。讲义的第二部分即倫理学，經过斯密自己的专心研究，后来改著成"道德情操論"，于 1759 年出版。斯密的声望也因此而大著。讲义的第四部分，虽名为政治学，其实，举凡貿易、价格、国家收入、税收等等有关經济理論和财政問題都包括在內。因此，我們可以說，亚当·斯密是从这个时期开始研究政治經济学方面的科学的。所以，这是在斯密一生中极其重要的时期。但是，在这十几年內，斯密的科学兴趣是多方面的，研究的范圍也很广泛，政治經济学还没有成为他专心研究的专业。一直到 1764 年以后，即亚当·斯密辞去教授职务以后，才开始专門政治經济学方面的科学研究和著作。

大陆之行　1764 年斯密辞去教授职务，改就青年公爵柏克里的私人教师，陪同后者去欧洲大陆旅行，而以在巴黎的时間为最久。在巴黎时，亚当·斯密与当时知名之士頗多来往，同他友誼最深的则是重农主义的建立者魁奈和重农主义經济政策的实行者杜尔閣。因此，斯密的經济学說也就很受重农主义的影响，关于这点，以后还要讲到，現在只是指出二点：第一，亚当·斯密对于重商主义见解的批判是极其严励的，而对于重农主义的批判则很客气；第二，

52

更重要的是，在斯密自已的学說中还包含有重农主义的因素。

亚当·斯密在欧洲大陆旅行时，已开始从事著作了。他曾从巴黎写信給朋友說："为了消磨时間，我已在开始写书了。"这大槪就是他著述有关政治經济学著作的开始。

閉門著作 1766年，从欧洲大陆回国以后，亚当·斯密即辞去私人敎师职务，返归故乡，閉門钻研，从事著作者凡十年。在这期間，他的朋友，多不了解他为什么要过这种离群的孤僻生活，而劝他出来工作。与他友誼最深的休謨也曾写信劝他放棄那种孤独的生活。可是斯密始終不曾接受朋友的劝告。十年之后，即1776年，他的划时代的巨著"国富論"（严复譯为"原富"，原书全譯应为"国民财富的性质和原因之研究"）出版了。

这部著作的出版，曾經轟动一时。不仅經济学界极为重視。即当时在国会里进行辯論时，議員們也以能引証这本书内的文句为荣，而且一經引証，反对者也多不再反駁。

由于斯密的这部著作是代表产业资本的利益的，这正符合当时英国資本主义发展的要求。所以即使在与拿破崙作战的年代里，亚当·斯密的有些主張，也曾經由小彼得（1759—1806）付之实施。

晚年生活 1777年，亚当·斯密被任为苏格兰的海关税务司长，定居于爱丁堡。他于奉公守职之余，仍继續研究，从事著作。从1787年至1789年，斯密担任格勒斯哥大学校长职务。1790年7月亚当·斯密与世长逝。临終前他将所有尙未完成的著作都焚毁了。

亚当·斯密的著作——"国富論"的內容和結构 亚当·斯密曾經写过十几种有关社会科学的著作，但在他临

53

61

终以前都焚毁了。他的遗著只有"道德情操論"和"国富論"这二部书。第一部书是以道德世界为研究对象。第二部书则系研究人們的經济活动，或如他自己所說，是研究国民财富之性质和原因。所以斯密所遗留的有关政治經济学的著作，只是"国富論"这一部书。

"国富論"共分五篇

第一篇是"論劳动生产力改良的原因，并論劳动生产物分配給各阶級人民的自然順序"。在这一篇內，他从分工开始研究，說明了分工与一个国家的国民财富之关系，即分工之作用。他論証了分工能够促进劳动生产率，从而能够增进国民财富。其次闡明了分工之原因。他认为分工与交换有密切关系，因此在研究了分工之后，接着就研究交换了。但交换必須要有借以使交换能够順利进行的工具，这种工具就是貨币。因此，斯密跟着就闡明了貨币的起源及其机能。在这里他主要的把貨币当作流通手段来研究。由于商品和貨币的交换，就必然会发生价值和价格問題。所以斯密又用三章的篇幅来研究商品的价值和价格。最后，他又以四章的篇幅研究了分配問題：工資、利潤和地租。在这里值得我們特别注意的是，斯密是在資产阶級經济学家中提出正确的社会阶級构成的第一个人。他根据人們与生产資料的关系及其收入的特点，把社会上的人們划分为三个阶級：1.没有生产資料、依靠工資为生的工人；2.占有生产資料因而能取得利潤的資本家；3.占有土地从而能获得地租的地主。

第二篇是"論資本的性质、积累和使用"的，其实，这就是他的有关資本的理論。在这一篇內，他首先說明了資本是积累的一部分，同时又是国民财富发展的主要因素。其

54

次，他指出資本的构成：固定资本和流动资本。借貸資本和资本的各种用途也都在这一篇內闡明了。在这一篇內当他討論資本积累时，他提出了生产劳动和非生产劳动的理論。在这个問題上，他克服了重农主义者认为只有从事农业的劳动才是生产劳动的偏见，而认为从事工业的劳动也是生产劳动。所以，他在这个問題上比重农主义者前進了一大步。当然在这个問題上斯密的理論也还是有缺点和錯誤的。

在第二篇內，斯密又談到了貨幣。但是与在第一篇內所研究的不同，在这里，他把貨幣作为資本来研究了。

第三篇"諸国民之富的增進"。事实上在这一篇中，斯密是在研究国民經济发展史。他論述了从罗馬帝国崩潰直到他所处时代之經济发展过程。在这一篇中他又提出分工問題。不过与第一篇中所論証的分工不同，在这里，他主要的是說明城市和乡村的分工及其与城市兴衰之关系。

第四篇"論政治經济学上的諸体系"。亚当·斯密在这一篇中所討論的都是經济学說史上的問題。在这一篇內，亚当·斯密主要的是批判重商主义，他用八章的篇幅对重商主义进行全面的分析批判。只是在最后一章論述了重农学派。他对重商主义和重农学派的批判态度是不同的，对前者极其严峻而对后者則比較宽恕。这是因为他自己的理論在有些方面是很受重农主义的影响的。

第五篇"論君主或国家的收入"，其实就是財政学。这一篇共分三章：第一章討論国家的支出；第二章論述国家的收入；第三章則为公債論。

从上面的簡单叙述，可以很明显地看出："国富論"五篇实在是有关經济科学的百科全书。其中只第一、第二两篇

55

是屬于政治經济学研究范圍的。第三篇是經济史，第四篇是經济学說史，而第五篇則为财政学。由此可見，經济科学的各門学問还沒有严格地划分开来。在亚当·斯密以后，資产阶級的經济科学体系才逐渐建立起来。

亚当·斯密的"国富論"虽然是經济科学的百科全书，但他在全书五篇中所研究的对象則系前后一致的。他的基本观念——自由主义，也是在全书中首尾一貫的。

斯密在"国富論"中所研究的始終是国民财富的性质和原因。第一、二篇研究促进一个国家的国民财富增进之原因：分工和資本。

斯密认为分工进步能提高劳动生产力，从而能够增进一国的国民财富。所以，分工是增加国民财富的一个积极因素。但分工的发展必須以合理的交换，即根据商品的自然价格（即价值）进行交换为前提。因此，交换、貨币、价值和价格的理論就都与他的分工論密切联系起来了。可是，根据斯密的理論，只在原始社会，商品的价值是由劳动决定的。在土地私有权和資本出現以后的社会中，价值是由工資、利潤和地租这三种收入决定的（这种理論当然是錯誤的，下面再来分析批判）。因此，他把分配論也跟价值論和工分論联系起来，成为第一篇的研究对象。

第二篇是研究資本的。斯密认为資本也是增进国民财富的一个积极因素，因为"有用的生产的劳动者人数，无論在什么場合，都会按照比例于推动劳动的資本量的大小……"①。就是說，在他看来，資本量多，劳动人数也因而增加，一国的国民财富必因此而增进。这不但因为有更多

① 亚当·斯密："国富論"上卷，郭大力、王亚甫合譯，中华书局版，1949年，第2頁。

的劳动者可以生产更多的财富，而且由于劳动者人数多可以使分工发展，从而提高了劳动生产率，增加更多的国民财富。所以资本同分工一样，也是增进国民财富的一个积极因素。

第三篇虽然是經济史，但实质上，亚当·斯密是根据历史事实来論証一个国家所实行的政策正确不正确对于分工和国民财富之关系。他认为最好的經济政策是国家不要去干涉个人的經济活动。就是說，国家应采取放任态度，让每个人的經济活动得以自由。在这种意义上說第四篇可以說是第三篇的继續。他在第四篇中严峻地批判了重商主义的經济思想和經济政策，认为它們妨害了个人經济活动的自由，从而妨害了国民财富之增进。如果說，第一、二篇是研究国民财富增进之积极因素，那末可以說，第三、四篇是研究其消极因素了。

第五篇虽然是财政学，但亚当·斯密在这一篇中論証了国家收支对于資本积累的影响，他认为一个国家的财富只有在收入超过支出的情形下才能发展。因为只有在这种情形下，才能促进資本积累，从而增进国民财富。

总而言之，全书五篇的研究对象是前后一致的。

經济活动的自由即自由主义这个中心思想，也是貫穿着"国富論"全书的。

亚当·斯密的出发点是自然秩序。他所了解的自然秩序是从人的本性产生而又合乎人的本性的、正常的社会制度。他所理解的人的本性就是利己主义；他所理解的正常的社会制度其实就是資本主义制度。既然自然秩序，从而資本主义制度必须合乎人的利己本性，并且在斯密看来，每个人只有他自己最关心个人的私利。所以，每个人的經济

57

活动的自由，也就成为十分必要的了。

"国富論"第一、二篇所研究的分工、交換、貨币、价值、工資、利潤、地租、資本等經济范疇都是自然秩序的表现。在他看来，分工、交換和貨币都是很自然地发生的；而价值則叫做自然价格；工資、利潤和地租則研究其自然率，即所謂自然工資、自然利潤和自然地租；資本、資本的构成及其各种用途也都是合乎人的利己主义本性之自然秩序的表现。

第三第四两篇虽然是研究屬于經济史和經济学說史的課題，但是亚当·斯密在这二篇中說明了自然秩序的斗争史。他不否认在人类历史上除开自然秩序即資本主义制度外，还有其它經济秩序的存在。但是他认为那种非自然的經济秩序不合乎人类利己的本性。例如在第三篇內，他事实上要証明，只有克服那种非自然的經济秩序，并且建立起自然的經济秩序，才能促使国民财富发展。第四篇內也貫彻了这种精神。如果說在前两篇內，亚当·斯密从正面說明了自然的經济制度，那末可以說，在第三、第四两篇內，他从反面論証了自然秩序为自己的发展而清除道路的斗争过程。因此，在他看来，只有自然秩序才是永恒的經济秩序。这样，他就把資本主义的經济制度絕对化、永久化了。

在第五篇內，虽然斯密所研究的是国家的财政收支和公債，事实上，他依然是以自然秩序为基础来論証国家經济活动的范圍和财政收支的規模的。

由此可見，在形式上看来，"国富論"五篇是具有經济科学的百科全书性质的，而从研究对象及其主导思想——經济自由观念来看，则全书五篇是首尾一貫的。

亚当·斯密的研究方法　从方法論上来看，亚当·斯密是一个二元論者，是一个唯心主义者，同时又是一个用形

58

而上学的方法来研究經济問題的学者。

斯密一方面从一定的原则出发来研究各种經济現象，而且把研究的结果构成为一般的规律，以便在解釋这些现象时加以使用。这就是邏輯学上所謂的演繹法。另一方面，他又是一个观察家，他研究个别事实，而且加以細心地叙述。就是說，他有时又应用归納法。馬克思在提到斯密的二元論方法时曾說："斯密自己以大的朴素性，活动在一个不断的矛盾中。一方面，他要研究諸經济范疇的內部的关联，或者說，要研究資产阶級經济体系的內部构造。在別方面，他又依照这种关联在竞争的现象中，在一个不科学的观察者眼里，幷且在一个对資产阶級生产过程实际抱有私利的人眼里表现出来的模样，加以叙述。这两种研究方法的一种，是走向內部的关联，或者說，走向資产阶級体系的生理学；別一种，却只把那些在生活过程中表露出来的事情，照它們外表上显出来的样子，記述下来，抄写下来，列举下来，安放在系统的概念规定之下。这两种研究方法，在斯密手里，不仅无选擇的被列在一处，幷且互相交錯着，不断地自相矛盾着"①。斯密同时使用而又不正确地使用这两种方法。他把前一种方法轉化为內在的方法，即揭露"內在联系"和"資产阶級体系生理学"的方法；把后一种方法轉化为外在的方法，即把外表现象加以归类和叙述的方法。结果，遂时常发生矛盾。斯密經济理論充滿着矛盾，其原因之一就是他在方法上的二元論。

亚当·斯密在他运用"內在"的方法来研究"資产阶級体系的生理学"时，是一个唯心主义者。他的出发点是自然

---

① 馬克思："剩余价值学說史"，第2卷，三联书店版，1957年，第4—5頁。

秩序和自然法。在他看来,所謂自然秩序和自然法,就是从人的本性产生而又适应于人的本性的秩序和法。他认为:人是利己主义者,这就是人的本性。斯密在"国富論"中到处都讲到利己主义、讲个人利益。依照他的意见,既然个人利益是从人的本性产生的,所以它是合法的,有存在的权利。每个个人的利益只受其他个人的利益的限制,此外再不受别的限制了。

亚当·斯密幷不否认社会和社会的利益。但他以为,社会是由許多个人构成的,社会利益也是由各个个人的利益产生的。这样就发生了他的方法論上的原則:分析社会和社会利益,应当以分析个人、个人本性和个人利益为基础。斯密的思想过程是这样的:人的本性是利己主义,人作为利己主义者必須在互利的基础上互相帮助。人們互相帮助的最合理的办法就是交换。既然交换是从人的本性产生的,所以它也是自然的现象。从交换又发生了分工。

可見,斯密所説的人的本性,其实就是具有一定特性的"經济人"的本性。具有这种本性的人是历史上一定生产方式的产物。馬克思説过:"在这个自由竞争的社会里,单个的个人似乎已經从过去历史时代使他成为一定狹隘人群的附屬物的自然联系之类解脱出来了。这种十八世紀的个人,一方面是封建社会形态解体的产物,一方面是十六世紀以来新兴生产力的产物"① 。在資本主义社会中,个人即"經济人"的本性是由資本主义的生产关系决定的。所以馬克思把資本家看作資本的"人格化"。这就是說,資本家的本性是由資本的"本性"所决定。这是对人之本性之唯一正确

---

① 馬克思:"政治經济学批判",人民出版社版,1959 年,第 134 頁。

的辩証唯物主义的理解。但在斯密眼里，事物的本来关系被上下倒置了。本来是由資本主义关系决定人的本性的，可是在他看来，恰好相反，好象資本主义关系是由人的本性即資本家的本性所决定了。他的唯心主义观点，也就在这里很明白地表現出来。

亚当·斯密的方法是形而上学的。他把为資本主义关系所决定的人的本性理解为一般的抽象的人的本性，即把"經济人"的本性絕对化了。因此，在他看来，由人的本性所决定的資本主义关系也被絕对化、永恒化了。資本主义經济的范疇也被他視为超历史的范疇。斯密是知道历史的，不但知道，而且研究过历史。但他对于历史的解释也是形而上学的。在他看来，历史是人的本性同防害它的障碍物作斗爭的历史，只有在自由竞爭的社会中，人的本性才能得到正常的发展。这样，过去的被他絕对否定，而现在的则被他絕对肯定。这是他所以把資本主义生产关系絕对化的原因。

从亚当·斯密对个人与社会、个人利益与社会利益的关系上，也可以看出他的方法是形而上学的。斯密认为社会是由个人构成的，社会的一切现象是各个个人活动的结果。但是斯密不理解，他的"經济人"即商品生产者同时也就是在社会整体中独立的个人，是社会整体的一分子。馬克思說过："到十八世紀，在'市民社会'中，社会结合的各种形态，从个人看来才只是达到他私人目的的手段，是外来的必需。但是，产生这种独立个人观点的时代，恰恰是具有空前发达的社会的关系（从这种观点看来是一般的关系）的时代。人是最严格字义上的社会动物，不仅是合群的动物，并且是只有在社会中才能独立的动物"①。

① 馬克思："政治經济学批判"，人民出版社版，1959年，第134頁。

由于斯密采用形而上学的方法，偏面地强調个人及其活动的作用，他就不能理解个人的独立和社会的联系之对立的統一。在资本主义社会中，社会的联系被个人当作达到他私人目的的手段，当作外来的必需——这个事实是为亚当·斯密所看到的，但由于唯心主义的观点和形而上学的方法，他錯誤地把社会联系当作个人活动的結果了。

第三节　分工与交换

亚当·斯密是从工埸手工业到机器大工业过渡时期的經济学家。工埸手工业对他的影响很大。在工埸手工业內进行着劳动分工。这就是斯密所以重視分工（认为分工是增进一国国民财富之因素）的客观原因。

斯密研究的出发点——劳动是一切财富的根源

亚当·斯密在"国富論"中的第一句話就是这样說的："一国国民每年的劳动，原本就是供給这国民每年消費一切生活必需品方便品的資源。构成这种必需品方便品的，或者是本国劳动的直接产物，或者是用这类产物从外国购进来的物品"①。

斯密的貢献是肯定地指出，一切财富的本源是劳动。重农主义者认为只有农业劳动才能生产财富，斯密则把作为财富本源的劳动的范圍扩大了。

但是，一开始，他就犯了严重的錯誤。我们知道一国国民一年所消費的生活必需品和安适品固然是由劳动生产出

① 亚当·斯密："国富論"上卷，中华书局版，1949 年，郭大力、王亚南合譯，第 1 頁。

62

来的,可是在劳动时还必须要有生产资料。因此,年总生产物的价值和一年中由劳动所創造出来的新价值是不等的。在年总生产物的价值中除开由这一年的劳动所創造的新价值外,还包含有从生产資料轉移过来的价值,这部分轉移过来的价值决不是由这一年的劳动生产出来,而是由一年以前或者甚至是多年以前的劳动生产出来的。例如,在一年中生产出来的粮食价值中除掉由这一年的农民劳动新生产的价值以外,还包含有种子的价值和农具价值的一部分。前者是由一年以前的劳动、后者可能由多年以前的劳动創造的。亚当·斯密把年总生产物的价值和一年中劳动所創造的新价值混同了。在这里,他没有注意到,年总生产物的价值大于年劳动所生产的新价值,因而也就忽视了包含在年总生产物价值中之原有价值部分的轉移。

由于斯密对这个問題的提法发生了片面的錯誤,因此,在再生产问题上必然会发生更大的錯誤和困难。

亚当·斯密为什么会没有注意到年总生产物的价值大于年劳动新生产的价值,而把二者混同起来呢?这是由于他没有分别劳动二重性:抽象劳动和具体劳动。抽象劳动生产新价值,具体的有用的劳动则創造使用价值,并把生产資料的价值轉移到新生产的商品里去。年总生产物是一年中支出有用的具体劳动使用一定的劳动工具对劳动对象加工的结果。但該年中抽象劳动所生产的新价值则只是这些年总生产物价值中的一部分。亚当·斯密片面地只注意到有用劳动,因而正如馬克思所指出的:"……他忘記了,若沒有以前逐年留下的劳动手段和劳动对象作为帮助,这就是不可能的;他还忘記了,'年劳动'形成价值,但决沒有創造那由它完成的生产物的价值全部;他又忘記了,新生产的价值比生产物价值是更小的"①。

增加国民财富的条件——劳动生产率——分工

在亚当·斯密看来，每个国民的需要的生活必須品和安适品的供应状况取决于該国国民年劳动的总生产物对該国人数的比例。而这个比例又由劳动生产率和参加生产的劳动者人数这二个条件来决定的。如果劳动生产率高，参加生产的劳动者人数众多，就能生产更多的年生产物，从而上述比例就增大，可以用更多的生活必須品和安适品供給每个国民了。

斯密并且进一步指出，增加国民财富的这二个条件以第一个条件即提高劳动生产率更为重要。他曾举例說明：在古代野蛮时代，凡能劳作的人都投身于有用的劳动上，但他們所生产的财富极为贫乏，他們的生活非常困苦。在文明社会即在资本主义时代，虽然有許多人完全不从事劳动，但因社会的劳动生产品非常丰富，因此，人們所消費的劳动生产物很丰裕，"就連最下等最貧穷的劳动者，也……可以比較野蛮人，享受更多量的生活必需品方便品"②。这是因为在文明社会的劳动生产率远比野蛮时代的为高。

文明社会的劳动生产率所以能够提高，这完全是分工的结果。斯密举出了分工所以能够提高劳动生产率的三个原因：第一，分工能使劳动者的熟练程度增进，因而提高了劳动生产率，或如斯密自己所說"劳动者的技巧，可因业专而日进"③。第二，分工使每人专門从事某項作业，可以

---

① 馬克思："資本論"，第2卷，人民出版社版1957年，第463頁。

② 亚当·斯密："国富論"上卷，中华书局版，1949年，郭大力、王亚南合譯，第2頁。

③ 同上书，第8頁。

64

节省与生产没有直接关系的时间，从而即使在不延长工作日的情形下也可以增加与生产直接有关的时间。这是因为"通常由一种工作轉到他种工作，须损失不少时间，有了分工，就可以省免这种损失"①。第三，分工使专門从事某项作业的劳动者比较容易改良工具和发明机械。斯密认为当时在手工制造业上应用的机械，大部分都是普通工人发明的。他曾举出一个很有意思的例子来說明这一点。他說："最初的蒸汽机，原须雇用一个重工，按照活塞的开降，不断开闭汽壺与汽筒間的通路。有一次担任这项工作的某童工，因为爱和朋友游玩，看到了把开闭通路的舌門的把手，用一条绳，系在机械的别一部分，舌門就可不用人力而自行开闭。原为貪玩想出来的方法，就这样成了蒸汽机大改良之一"②。而机械的发明和应用则是可以提高劳动生产率，使一个人能够成就許多人的作业的。

关于分工能提高劳动生产率的学說，并不是由斯密創始，在他以前，已經有許多学者看到了这一点。例如，我們前面讲到威廉·配第的学說时，就曾提起配第已知道分工能提高劳动生产率了。在这个问题上，亚当·斯密的功績在于他比其先輩更系統地說明了这个问题，而且由于他的学說引起后来学者的注意，促使他們寻求正确的解决这个问题的方法。

亚当·斯密的分工理論虽然比他的先輩更有系統。但是其缺点也还是很多的。

第一，斯密所研究的其实是在资本主义生产方式之下

---

① 亚当·斯密："国富論"上卷，中华书局版，1949年，郭大力、王亚南合譯，第8—9頁。

② 同上书，第11頁。

的分工。但是他又把分工一般化了。在他看来，无論在那种社会，只要有分工，就能提高劳动生产率。因此，他把分工的历史性忽視了。我們知道，在不同的生产方式之下有不同的分工。例如，在封建社会內，行会組織不許有手工制造业的分工，虽然行会本身是由于社会分工的結果按照各行业組織起来的。在資本主义社会里，社会分工是无政府状态而企业內部分工則是有組織的。这些都是为亚当·斯密所不了解。由于他不理解分工的历史性，遂把他实际上所研究的資本主义社会內的分工当作沒有历史內容的一般的分工，因而就把資本主义生产方式一般化，永久化了。这是他的分工理論以及他的全部經济理論之最重要的缺点。

第二，亚当·斯密把社会看作一个大工場，把各个企业看作在这个大工場內的各个小部門。因此把社会分工当作在这个大工場內的分工，企业內部分工当作各小部門的分工。就是說，他把社会分工和企业內部分工混同了。例如，他一方面以制針业为例說明：如果一个人单独制針每日最多只能制造二十枚，也許一枚也制不出来。如果把制針的全部过程分为十八种作业，由十个工人各司一、二項作业，分工制造，就可以每日共制造四万八千枚，平均每人每日制造四千八百枚。即比一个人单独制造时，劳动生产率至少提高到二百四十倍。在这个例子中他所說的当然是企业內部分工。另一方面，他又以毛呢外套为例說明一个人的生活必須品是由数千人分工合作的結果。这里他所指的明明是社会分工。可是亚当·斯密把这两种不同的分工同样看待了。

工場手工业內部分工同社会分工虽然有类似之处，即他們都是以一定数量的劳动者为前提，在工場手工业內只有在有一定数量的工人时才能进行分工，同样的，也只有在有一定数量人口和人口密度时才能进行社会分工。其次，这二种分工虽然有密切联系，一方面，工场手工业内部分工是以社会分工有一定程度的发展为前提，另一方面，工场手工业内部分工又会发生反应作用，促使社会分工进一步的发展。但是在这二种分工之间不仅有程度的不同，而且还有本质上的差别。第一，就社会分工来说，使彼此有关联的各企业或生产者能够联系的是它们（或他们）的生产品作为商品来卖买这一事实。例如有三个企业，一个专门纺纱，第二个专门织布，第三个从事染色。第一第二两个企业之间的联系是由卖买棉纱来完成的，第二第三两企业之间的联系是由棉布卖买来完成的。而企业内部从事各项作业的劳动者之间的联系则并不是以他们的生产品当作商品卖买来完成，而是由企业主按照一定的操作程序来进行的。假设有一工场手工业，在其内，既有纺纱工人，也有织布工人，又有染色工人分别从事各项工作。在纺纱工人和织布工人之间的联系不是由卖买棉纱来完成，在织布工人和染色工人之间的联系也不是用卖买棉布来完成，在他们之间的联系都是按照生产的一定程序直接由生产品（棉纱和棉布）的转移来完成的。简单地说：在社会分工的范围内，使各企业发生联系的是生产品作为商品来卖买这一事实。在企业内部分工的范围内，使从事各项工作的工人彼此联系的是生产品本身的转移，这是因为在企业内从事各项工作的劳动者都把他们的劳动力出卖给同一个资本家，被这个资本家作为结合劳动力来使用了。第二，从生产资料分配上来看，这二种分工也是不同的。社会分工是以生产资料分散为许多彼此独立的商品生产者所有这一事实为前提，而工场手工业的分工则以生产資料集中在一个資本家手里这一事实为前提。第三,就社会分工来說,商品生产者及其生产資料之分配于各种不同的社会劳动部門是自发的,在資本主义商品生产的条件之下,劳动力和生产資料在各生产部門之間的轉移是为价值規律所支配的。而在工塲手工业內,則一定人数的工人归屬于一定的机能都由比例的鉄則决定的。第四,就社会分工来說,社会生产毫无計划可言,完全由生产无政府状态規律在发生作用,而工塲手工业內部的分工,則有一种預定的有組織的規律。第五,社会分工使独立的商品生产者互相对立,而工塲手工业的分工,却是以資本家对于他們雇佣的工人在工作的时間內之絕对的权力为前提的。第六,社会分工是为各种經济社会形态所共有的,而工塲手工业的分工則是資本主义生产方式所特有的創造物①。

　　社会分工和工塲手工业分工的这些差别都是由馬克思所指出来的。我們要問:亚当·斯密为什么会不明白这些差别呢? 这是因为:第一,他只是从量的方面研究分工与劳动生产率,从而与国民財富生产之間的关系,并沒有从质的方面去研究分工所体现出来的生产关系。而且从量的方面来看,无論工塲手工业分工或社会分工都能提高劳动生产率,从而都能增进国民財富的生产。因此,他就把这二种分工混同了。第二,他把工塲手工业分工单純地理解为技术分工,因而忽視了它的历史性和社会性,结果遂把这种分工同为各种經济社会形态所共有的社会分工混同了。第三,社会分工同工塲手工业分工既有类似之处又有相互的关

------

① 关于社会分工同工塲手工业分工之差别,請参看馬克思:"資本論",第 1 卷, 人民出版社版, 1957 年, 第 427--433 頁。

联，这也是使亚当·斯密看不出这二种分工之差别的客观原因。

分工与交换 亚当·斯密非常重視交换，认为交换之有无乃是人同其他动物的一个分界綫。关于这一点，他自己曾经明确的說：交换的"……傾向，为人类所共有，也为人类所特有，在其它各种动物中，是发现不出来的"①。至于人类为什么会有这种傾向？他并沒有科学的說明，而只指出，这是必然的但极緩慢逐漸地形成的。斯密所要着重研究的是交换同分工的关系。在他看来，分工是由人类交换的傾向所引起的。他說："……当初唤起分工的根本理由，也正是人类要求互相交换的傾向"②。

这种由人类要求互相交换的傾向引起分工的見解，无論从历史上或理論上来看，都是錯誤的。从历史上来說，在原始共同体内早已經发生年岁分工和性別分工，但是在那时候并沒有发生交换。最早的交换是在原始社会末期，在共同体与共同体之間发生的。至于在某个社会内部各成員之間的交换，則在私有财产发生和发展过程开始的。可見，从历史发展过程来看，是先有分工然后才发生交换，并不是像亚当·斯密所說的那样由交换的傾向引起分工的。再从理論上来說，如果沒有分工，則人人都从事相同的劳动，生产同样的产品，就根本沒有发生交换和交换傾向的可能。只有在有了分工以后，各人生产不同的产品，才能发生以自己所生产而又用不完的产品去交换由别人生产而又为自己所沒有但很需要的产品之可能和必要。所以，分工是交换所

① 亚当·斯密："国富論"上卷，中华书局版，1949年，郭大力、王亚南合譯，第15頁。

② 同上书，第17頁。

以发生的一个条件,决不是由交换倾向所引起的结果。

亚当·斯密既然认为分工是由交换所引起的,因此,"分工的范圍,也往往受限制于交换的范圍,换言之,常为市場范圍所局限"①。在他看来,只有在人口众多的大都市才能促进分工,使人終身从事于某項专业。其次,他又认为水、陆交通运輸的发达,可以开辟更广大的市場,从而也能促进分工。这种見解,在现在看来,虽然不过是人所共知的常識,但在一百八十余年以前,也可以說是一种創見了。

第四节　貨币的起源及其作用

貨币是一般等价物,是价值形态发展的必然产物。因此,只有研究了价值、价值形态及其发展以后,才能闡明貨币发生的原因以及貨币的本质。可是,亚当·斯密只是把貨币同分工和交换联系起来,还没有弄清楚有关价值的各种問題,就着手闡述貨币的起源及其作用了。这在方法論上来說,无疑是錯誤的。这也是他所以不能說明貨币的起源及理解貨币本质的一个原因。

貨币的起源　上面曾經說过,在亚当·斯密看来,人类所以同其它动物不同的一个特征,就是互相交换的傾向。由于人类交换的傾向引起分工。在交换的局面确定以后,每个人都不能完全生产为他自己所需要的一切物品,而只能生产其中的一部分。因此,一方面,他所需要的生活品大部分是由别人生产的,而另一方面,他自己所生产的物品, 自

---

① 亚当·斯密:"国富論"上卷,中华书局版,1949年,郭大力、王亚南合譯,第21頁。

己也用不完而有多余。在这种情形下，每个人都用自己用不完的多余生产物去交换为自己所需要而由别人劳动生产出来的生产物。所以斯密説："一切人都要依賴交换而生活，或者説，在相当限度內，一切人都成了商人，同时，社会本身也就成了所謂商业社会"①。

既然每个人都要依賴交换而生活，那末交换究竟如何进行呢？斯密认为在分工发生的最初阶段，交换是很困难的。他説："假設甲持有的某种商品，为自己消費不了，乙所持有的这种商品，却不够自己消費。这时，甲当然乐于出卖，乙当然乐于购买甲手中的剩余物品的一部。但若乙手中并未持有甲目下希求的物品，他們两者間的交易，就依然不能实行。比如，屠戶把自已消費不完的肉，置于店內，酿酒家，面包师固可各自购取其所需要的一份。但这时，假設他們除了各自的制造品，就没有别种可供交换的物品；同时，又假設屠戶对于麦酒和面包，都已有充分供給，那么，他們彼此之間，就会完全没有进行交换的可能"②。

亚当·斯密进一步指出，貨幣就是在每个人都要克服这种困难的情形下发生的。他説："自分工确立以来，各时代各社会中，都不乏深思远虑之人，他为避免这种不便起见，自然而然的要在自己劳动生产物以外，随时身边携带着一定数量的特殊物品；这种特殊物品在他想来，拿去和任何人的生产物交换，都不会见拒絕。"③

这种拿去和任何人的生产物交换都不会被拒絕的特殊

---

① 参閲亚当·斯密："国富論"上卷，中华书局版，1949 年，郭大力、王亚南合譯，第 27 頁。

② 同上。

③ 同上书，第 27—28 頁。

物品，就是貨币。

这里，我們要特别指出的是：亚当·斯密所說的"深思远虑的人"幷不是什么特殊聪明的人，而只是从事經济活动的普通人，也就是斯密所說的利己主义者、經济人。因此，货币幷不是某个人或某些人所发明，而是随着社会生产的发展和交换的頻繁，从事經济活动的人，为了克服交换的困难，自然而然地形成的。所以，货币是人民大众經济活动的結果，是在克服交换困难的过程中自发地产生的。

可是这里发生了一个問題，那就是，深思远虑的人用来交换而不致为任何人所拒絕的特殊商品究竟是些什么商品？关于这个問題，斯密幷没有在理論上加以闡明。而只是指出历史的事实。例如，他指出这种特殊商品在荷馬① 时代是牛，阿比西尼亚（即现在的埃塞俄比亚）是盐，印度沿海某地是某种貝壳等等。接着，他叙述了货币的发展过程，說明了由于金屬有不易摩損，久藏不坏，易于分合等特点，所以各国都以金屬为克服交换困难的特殊商品。然后他又指出：一方面，在各种金屬中最先用鉄，其次用銅，而在商业发达的国家则用金銀；另一方面，最先使用的是金屬的条块，后来由于秤量和檢驗成色的不便，遂发展为鑄币。

由此可見，亚当·斯密是从一般价值形态开始說明貨币起源的。我們知道，货币是商品本身的二重性——价值和使用价值——矛盾发展的结果。它的胚胎早已蘊藏在单純的偶然的价值形态中，經过扩大价值形态，发展到一般价值形态时，全部商品界就分裂而为二：一方面是所有的普通商品，别一方面则由商品界分裂出来的特殊商品。这种特

① 荷馬，古希腊詩人，据傳說，古希腊有名的史詩，"伊利亚特"和"奧德賽"，就是他的作品。他系紀元前九世紀人。

72

殊商品就是一般等价物，实质上就是货币。所以，事实上，亚当·斯密是以货币在事实上的存在去说明货币起源的。斯密所以会发生这种错误，其原因之一就是他尚未研究商品二重性、价值等问题之先，就着手说明货币起源了。因此就不可能从商品二重性内在矛盾的发展，从价值形态及其发展，去追寻货币产生的原因。

其次，由于斯密认为货币的产生是从事经济活动的人之深思熟虑的结果，因而又发生了另一个错误。既然货币的产生是经济人合理活动的结果，就必然会否认偶发性的作用。固然商品生产和交换发展的结果，必然会产生货币，这是不以人们意志为转移的客观规律。但是客观规律并不排斥偶然性的作用。正如马克思所教导我们的："它（指一般等价物——引者）固定着在何种商品上面，当初是偶然的。但大体说，有二种事情有决定性的影响。货币形态或是附着于最重要的外来的交换品，那在事实上就是内部各种生产物交换价值之自然发生的现象形态。或是附着于家畜一类的使用对象，那是内部各种可以让渡的财产的主要要素。货币形态最先是在游牧民族发展起来的，因为一切他们的所有物，都是在动产的形态上，都是在直接可以让渡的形态上；并且因为他们的生活方式，不断使他们与其他的共同体接触，因而引起生产物的交换"[1]。

这种使某种生产物成为特殊商品、成为一般等价物、成为货币的真实原因是为亚当·斯密所不了解的。唯其如此，他当然也就不能说明为什么某个地方以牛、别的地方以盐、第三个地方以某种具壳为交换媒介物了。

---

[1] 马克思："资本论"，第1卷，人民出版社版，1957年，第75页。

货币的作用 亚当·斯密既然认为货币是由于深思远虑的人为克服商品交换的困难而发生的一种特殊商品——交换媒介物。因此，他也就不能理解由货币所体现出来的人与人之间更广泛更复杂的生产关系，而首先把货币看作交换的媒介物——流通手段了。关于这一点，斯密自己曾在"国富論"第二篇第二章内这样写道："货币是流通的大輪毂，是商业上的大工具"①。

把货币当作流通手段的见解，并不是斯密所首創的。在他以前，早已經有其他的学者看到这一点了。例如，我們上面說到休謨的货币論时，就曾經說过，休謨是把货币当作流通手段的。但是我們决不能因此就以为斯密同休謨一样，也是一个货币数量論者。货币是流通手段这一点，虽然是斯密和休謨相同的见解，但斯密事实上是反对休謨的由货币数量决定商品价格的理论。在斯密看来，不是货币的流通量决定商品价格，而是相反地，由一国内劳动年产物的流通，即全年流通的商品总价格决定货币流通量的。如果货币数量超过为商品流通所必要的货币量，那末，超过部分，必然会自动地退出流通界。所以在他看来，剛剛与休謨相反，不是货币数量决定商品价格，而是由商品价格决定货币流通量。

亚当·斯密既然认为货币只是流通手段，他就不能把金屬货币和紙币加以区别。这是因为紙币同金屬货币一样，也可以当作流通手段，促进商品流通。他并且进一步指出，用紙币代替金屬货币更为方便、更为有利。他自己曾經这样說过："以紙币代替金銀币，即以比較更低廉得多的通商

① 亚当·斯密："国富論"上卷，中华书局版，1949年，郭大力、王亚南合譯，第330頁。

74

器具代替昂贵的，但其便利却有时几乎相等。有了紙币，流通界无异有了一个新輪，它的建立费、維持费，比較旧輪，都更輕微得多"①。

我們知道，紙币是价值标志或符号，它本身可以說并没有价值，只是代表金屬币执行流通手段的机职。亚当·斯密既然认为貨币是流通手段，而且又认为本身没有价值的紙币也可以同金屬币一样方便地促使商品流通。如果把这种見解貫彻到底，那末，本身具有价值但价值不完全的重量減輕或成色降低了的金屬貨币，也可以作为价值标志同有完全价值的貨币一样地流通了。但是，亚当·斯密又是非常反对这种使金屬币的重量減輕把旧的有完全价值的貨币改鑄为劣币的办法的，他认为这是各国君王欺騙其臣民的办法。实行的結果，不但政府的債权人会受到損失，甚至国內所有的債权人都会蒙受損失。其害之大，甚于洪水猛兽。他曾說："君王操制币之权，所为若此(指把貨币最初所含的金屬眞实重量，不断削減——引者)，原不过要用較小量的銀，償还債务，并履行各种契約。但实行結果，不仅使政府的債权人，因此被夺了一部分应得的权利；影响所及，国內一切債务人，都取得了和君王相等的特权，他們同样能以新的劣币，償还貨币改鑄前借来的金額。所以，这种措施，常有利于債务人，而有損于債权人；結果，对于个人财产，它們所招致的革命，眞是巨大，眞是普遍。像这样巨大普遍的革命，就連极大的公共災禍，也不能引得起來"②。

从形式上看来，亚当·斯密的主張使用紙币和反对改

---

① 亚当·斯密："国富論"上卷，中华书局版，1949年，郭大力、王亚南合譯，第331頁。

② 同上书，第32頁。

铸劣币这二种见解是前后矛盾的。因为，一方面，如果本身没有价值的紙币可以使用，那末本身有价值但价值不完全的劣币也当然可以使用了。另一方面，如果反对劣币流通，那末就更应当反对本身没有价值的紙币流通了。但是，斯密自己是没有觉察到这种矛盾的。因为第一，当他主張使用紙币时，他所着重研究的是流通手段，而当他反对铸造劣币时，他所注意的是作为特殊商品的货币。他认为金屬货币如同其它商品一样，应当具有完全价值的。而每单位货币的价值则决定于它所包含的一定重量的金屬物的价值。在他看来，以重量减輕的劣币去償还以有完全价值的货币所借到的债务，这就无異于以較少的白銀去償还較多的白銀的债务。这是极不公平的，所以他要积极反对。第二，斯密又不知道紙币和作为信用货币的銀行兑换券之区别。他所主張使用的紙币，其中是包括銀行兑换券的。其实紙币和信用货币(例如銀行兑换券)之間是有严格的区别的。其中最重要的区别是：1. 銀行兑换券是从货币的支付手段职能产生，而紙币则是从流通手段职能产生的；2. 銀行兑换券是銀行信用的票据，它的发行是以商业信用，归根到底，以商品流通为基础；紙币是国家根据财政上的需要，为弥补亏空(即赤字預算)而发行的；3. 在普通的情形下，銀行兑换券是随时可以向发行它的銀行兑换为金屬货币，而紙币则是不能兑换的；4. 銀行兑换券的流通规律和紙币的流通规律是根本不同的。銀行兑换券的流通量不会超过为流通所必要的货币量，这是因为：第一，它的发行根本上是为商品流通所引起的；第二，即使在它的发行量，由于各种原因(例如工商业資本家，彼此之間为克服一时的困难，并没有以商品卖买为基础而互相发出融通的商业票据向銀行去贴现)，超过

76

了为流通所必要的货币量,其超过部分也会通过兑现,回到銀行里去。因此,在銀行兑换券作为信用貨币来流通时,是不会引起通货膨脹的。紙币则不是如此的。一旦,它的发行量超过为流通所必要的货币量,超过部分决不能回到它的发行机关去,因而必然会引起紙币贬值,一般商品上漲,一句話,必然会引起通货膨脹。由于紙币和信用貨币都是用紙印成的,在形式上看来,并没有什么区别,这是斯密所以把它們混同的客观原因。斯密一方面把銀行兑换券当作紙币,另一方面在他主張用紙币代替金屬貨币流通时,只考虑到貨币的流通手段职能,沒有考虑到紙币发行量超过一定限度时,也会引起对債务人有利、对債权人不利的后果,实质上他又是以为紙币是根据信用貨币的流通規律来流通的。所以,他一方面主張紙币流通,另一方面则强烈地反对劣币流通。

順便提一下：資产阶級經济学家和貨币学家一直到今天,也还是认为紙币和信用貨币沒有什么区别的呢!

第五节 价值理論

亚当·斯密研究了有关貨币問題以后, 接着就研究价值問題。他的思路是这样的：分工自然发生了,交换自然发展了,貨币也由于深思远虑的人要克服交换的困难而产生了；但是这种交换的比例根据什么来决定呢？或如他自己所説："……当世人以貨币交换貨物,或以貨物交换貨物时,究竟遵循何等法則呢?"①

---

① 亚当·斯密:"国富論"上卷,中华书局版,1949年,郭大力、王亚南合譯,第32頁。

在这里，亚当·斯密所說的货物其实就是商品。我們知道，用货币购买商品，即以货币同商品交換，这一定量的货币就成为所购得的商品的价格；以商品交換商品，則后一种商品即在交換中获得的商品，就成为前一种商品即用来交換的商品之交換价值。例如，織布者出卖二丈布得到六元錢，这六元錢就是二丈布的价格；假使他用这二丈布交換到三十斤大米，这三十斤大米就是二丈布的交換价值了。在亚当·斯密看来，旣然货币交換商品是同商品交換商品一样，当然，他就不知道交換价值同价格的区别了。

亚当·斯密不仅混同了交換价值和价格，而且还把价格归結为交換价值。这是跟他的货币論有密切联系的。第一，斯密把货币看作流通手段，因此就把商品流通(商品——货币——商品)和物物交換(商品——商品)等同起来。因为货币旣然不过只是流通手段，則商品——货币——商品的流通，其結果依然是商品——商品，所以它与物物交換的区别也就看不出来了。第二，他认为货币也是一种商品，那末，货币对商品交換也就同商品对商品的交換一样了。

亚当·斯密以为一国国民财富的根源是劳动，因此，"劳动是一切商品交換价值的眞实尺度"[1]。在这种意义上可以說，他是威廉·配第的劳动价值論之继承者和发展者。第一，这两位学者都认为价值的根源是劳动。但是，配第认为只有开采金銀的劳动才能直接生产价值，而斯密則以为不但开采金銀的劳动，就是生产一切其它商品的劳动都能

---

[1] 亚当·斯密："国富論"上卷，中华书局版，1949年，郭大力、王亚南合譯，第35頁。

直接生产价值。第二，他們都认为交换价值是由劳动决定的。但是配第以为一切商品只有在同貨币交换时才有交换价值，因此，他所研究的是商品同貨币交换时之数量的关系。斯密则以为不但商品同貨币交换，即使商品同商品交换，都有交换价值，因此，他所注意研究的是商品同商品交换时的数量关系。第三，这二位学者都把价格和交换价值混同了。但是，威廉·配第由于受重商主义經济思想的影响，过于重视价值的貨币形态，认为这是价值的唯一形态。因此，他把交换价值归結为价格了。就是說，在他看来，除非体现在金屬貨币中，交换价值是不存在的。而亚当·斯密则剛好相反，他把价格归結为交换价值，他认为商品的价值是否由貨币来体现，这是没有多大重要意义的。在他看来，一种商品的价值固然可以由貨币来体现，但是不由貨币而由其他商品来体现也未嘗不可以。因此，他就不明白，商品价值只有在貨币形态上才能最充分地表现出来。在这里我們可以看出，从威廉·配第到亚当·斯密劳动价值論发展的痕迹。

亚当·斯密在价值論方面曾經为他自己規定三大任务：

"第一，什么是交换价值的眞实尺度？换言之，构成一切商品眞实价格的，究竟是什么？

"第二，构成眞实价格的，究竟是哪几个部分？

"第三，什么事情，使价格某部分或全部，有时高于其自然率或普通率以上，有时又低于其自然率或普通率以下？"[1]

---

[1] 亚当·斯密："国富論"上卷，中华书局版，1949年，郭大力、王亚南合譯，第33頁。

亚当·斯密所說的"真实价格"其实就是价值。他所研究的第一个問题其实就是商品价值大小由什么决定的問題。他认为这是由劳动决定的。他所研究的第二个問題是价值构成問題，这是同他的分配理論有密切联系的。第三个問題则是說明市場价格为什么涨落于自然价格。現在按照他自己所規定的次序分別說明于下。

价值由劳动决定　亚当·斯密是由分工导引出交换价值。他认为一个人的貧富是由他所享受的生活必需品、安适品之多寡决定的。但自从分工完全确立以后，每个人所需要的物品，只有一小部分是用他自己的劳动生产的，大部分都要仰給于別人的劳动生产物。因此，在他看来，商品同商品的交换也就是劳动同劳动交换，而商品的交换价值，也就由劳动决定了。但是决定商品价值的究竟是什么劳动呢？在这个問題上，斯密的理論是很混乱的，其中既有科学的成分，也有庸俗的成分。

价值由耗費劳动决定——亚当·斯密曾說："一切物的眞实价格，即欲得此物的眞实費用，也即获得此物的辛苦勤劳"①。在这里，亚当·斯密认为商品价值是由在生产这种商品时所耗費的劳动决定的。这是一种比較正确的見解，也是他的劳动价值論中之科学的成分。但是有时斯密对这种耗費劳动又作了主观主义的解释。例如，他曾說："等量劳动，无論在什么时候，什么地方，对于劳动者都持有同等的价值。劳动者如果精力如常，熟练程度和技巧程度如常，那要提供等量劳动，就非牺牲等量的安乐、自由与幸福不可"②。可見，斯密在这里把劳动当作劳动者牺牲安乐、自由

①　亚当·斯密："国富論"上卷，中华书局版，1949年，郭大力、王亚南合譯，第35頁。

80

88

和幸福，因此，就从劳动者对于劳动之主观态度引出交换价值。这当然又是不正确的。

价值由购得劳动决定——亚当·斯密有时又认为一种商品的价值是由用这种商品所能购买或支配的劳动量来决定的。他自己曾說："对于占有其物，但不願自己消費而願以之交换他物者，这物究有多少价值呢？那等于它所能购买所能支配的劳动量"③。又說："……一物，对于已有此物但願以之交换新物者，所值恰等于这物所能购得的劳动量"④。这里，亚当·斯密又认为商品的价值由它所能购得的活劳动来决定的。而活劳动则是用工資购得的，所以斯密又以为商品价值是由工資决定的。但是工資是劳动的价值——其实更正确的說是劳动力价值的变形。所以，斯密的意见可以归结为由劳动力价值决定商品的价值。可是劳动力价值同其他商品价值没有什么区别，因此，說劳动力价值决定了商品价值，无異于說由价值决定价值，这很明显的是一个循环論。所以馬克思在批判斯密的这种见解时曾說："价值成了价值的标准尺度和說明理由，那是一个有缺陷的循环論法"⑤。

总而言之，亚当·斯密有时认为商品的价值是由生产該商品时所消耗的劳动决定，有时又以为商品的价值是由它所能购得的劳动决定。他把这两种劳动——耗費劳动和购得劳动混为一談了。这是他的劳动价值論的一个重大

② 亚当·斯密："国富論"上卷，中华书局版，1949 年，郭大力、王亚南合譯，第 38 頁。
③ 同上书，第 35 頁。
④ 同上书，第 36 頁。
⑤ 馬克思："剩余价值学說史"，第 1 册，三联书店版，1957 年，第129頁。

缺点。

假設在簡单商品生产的条件下，一切劳动者都是商品生产者，他們不但生产商品，而且由于他們所生产的商品为他們自己所有，所以他們还出卖商品。他們所生产和出卖的商品的价值是由在生产它們时所耗費的劳动量、即它們所包含的劳动量决定的。再設交换是按照等价进行的。那末，每个劳动者出卖他們耗費一定量劳动(例如十小时)所生产的商品时，就会得到包含等量劳动(即十小时)的其他商品。在这种情形下，耗費劳动和购得劳动在量上是相等的。从我們的例子来說，都为十小时劳动。可是，在资本主义商品生产的条件下，由于劳动者同生产资料相分离，生产资料为资本家所占有并且成了资本家用来剥削劳动者的工具。劳动者则除掉劳动力以外，一无所有，因此，他們就不能不出卖自己的劳动力以勉强维持生活，他們所生产的商品或商品价值也不是为他們自己所有而为资本家所占有。在这种情形下，资本家就以比較少量的物化劳动(即包含在商品或货币中的劳动)购得比較多的活劳动；或者說，劳动者以比較多的活劳动购得了比較少的物化劳动。所以，耗費劳动同购得劳动在量上就不相等了。可见，亚当·斯密把购得劳动和耗費劳动加以混同的见解是錯誤的。

商品价值的构成因素　我們已經知道，亚当·斯密有时以为商品价值由耗費劳动决定，有时又以为是由购得劳动决定。同时，我們又已經明白，在簡单商品生产的条件下，当一切劳动者都是商品生产者，他們都占有自己的劳动生产品，并以之出卖的时候，耗費劳动同购得劳动在量上是相等的；可是，当资本同劳动(其实是劳动力)交换时，耗費劳动和购得劳动在量上就不等了。因此，亚当·斯密认为他的劳

82

动价值論、价值規律只适用于簡单商品生产的社会, 即斯密所說的初期野蛮社会。他曾說:"无資本积累也无土地私有制的初期野蛮社会, 获得各种物品所必須的各种劳动量間的比例, 就是这各种物品相互交换的唯一标准","在初期蒙昧的社会状态下, 劳动的全部生产物, 皆属于劳动者自己。一种物品通常应可购换支配的劳动量如何, 只取决于生产这物品一般所需的劳动量"①。可是, 一旦資本已积累, 土地已成为私有財产, 当資本和劳动相交换时, 斯密就发現了, 現在在物化劳动和活劳动的交换上, 价值規律已經不再适用了, 这个規律被破坏了, 也就是說, 耗費劳动和购得劳动在量上不再相等了。他說, 在資本家雇用工人来进行生产的情况下, "劳动的全部生产物, 不单属于劳动者了, 劳动者大都須与供給資本雇用他的雇主共分。于是, 一种商品一般所应交换、支配、或购买的劳动量, 已不仅仅取决于生产这种商品或者获取这种商品一般所投下的劳动量了。对于支付工資提供材料的資本, 也要付以利潤。所以, 添上一个追加量"②。当土地已为地主所占有, 劳动者在地主所占有的土地上耕种或采集自然生产物时, 劳动者就"不能不把他所生产所采集的物品的一部分, 貢献于地主。这一部分, 或者說, 这一部分的代价, 就是土地的地租。在大多数商品价格中, 我們于是有了第三个构成部分"③。

　　总而言之, 在亚当·斯密看来, 当資本积累和土地私有制发生以后, 无論什么商品的价值, 不再由劳动决定, 而是

---

①　亚当·斯密:"国富論"上卷, 中华书局版, 1949 年, 郭大力、王亚南合譯, 第 55—56 頁。

②　同上书, 第 57 頁。

③　同上书, 第 58 頁。

由工資、利潤和地租这三个因素构成的。他并且进一步指出，不但就个别的商品說是如此，即就一国的年生产物来說，也是这样的。他自己曾說："分开来說，一件商品的价格或交换价值，既可分为三个部分，……全体看去，构成一国劳动年产物全部的一切商品价格，也同样可以分为三个构成部分"①。

因此，就必然会得出这样的結論：在资本主义生产方式（即斯密所說的资本积累和土地私有制已发生的社会）之下，商品的价值已不再由劳动决定，而是由工資、利潤和地租这三种收入决定了；劳动价值論已不再适用，这时候已由三种收入的构成論在起作用了。工資当然是一种生产費，可是斯密又认为利潤也是生产費，他曾說，"商品出卖，若不能給他以利潤，那就等于說，他沒有从这商品的出卖，取回他自身的实际費用"②。他并且认为地租也是一种生产費，因此，亚当·斯密又由收入构成論发展到庸俗的生产費論，即认为商品价值是由生产費决定的了。

这里，我們应当特别指出下列各点：

第一，亚当·斯密认为在资本主义生产方式之下，价值是由三种收入构成的，而工資、利潤和地租这三种收入又是属于分配的范疇，因此，斯密在这里把价值論和分配論联系起来，或者說，从价值論轉向到分配論了。

第二，亚当·斯密所指的初期野蛮社会，其实就是原始共产社会，可是斯密把它当作劳动者完全占有并出卖自己劳动生产物的簡单商品生产的社会了。这当然是錯誤的。

① 亚当·斯密："国富論"上卷，中华书局版，1949年，郭大力、王亚南合譯，第60頁。

② 同上书，第66頁。

但是，他指出，在簡单商品生产和資本主义商品生产的不同条件之下，价值规律不能一样地发生作用，这一点无宁說是正确的。亚当·斯密的錯誤不在于他指出了这种区別，而在于他研究資本主义商品生产时完全抛棄了劳动价值論。他不知道（后来的李嘉图也同样不知道）在資本主义生产方式之下，价值规律依然适用，不过它并非像在簡单商品生产条件之下那样直接发生作用，而是变形为生产价格规律发生作用的。

第三，工資、利潤和地租这三部分收入原来是由劳动者所生产出来的新价值之分解因素，可是亚当·斯密把它們当作价值的构成因素了。这样就必然会发生双重的錯誤：第一，这三种收入由价值的分解因素轉化为价值的构成因素，即变果为因了。比方說，只有在知道劳动者生产的新价值（例如一百元）以后，才能根据各种条件把它划分为这三种收入（例如工資四十元，利潤四十元，地租二十元）；如果不知道这新价值的总额，那末，它的分解各部分也就无法决定了。可是，根据斯密的意見来說，是由这三种收入共同来决定价值量，因此就必然会发生这三种收入的量如何决定的問題。这个問題在价值量还没有决定时是无法解决的。第二，由收入决定价值或者說由生产費决定价值的見解其实是一种沒有出路的循环論。因为三种收入也好，生产費也好，他們本身都有一定量的价值，因此，說由收入或生产費决定价值，事实上无異于說由价值决定价值了。

第四，亚当·斯密认为劳动生产品的价值由收入决定，而又把商品的价值只划为三种收入：工人的工資、資本家的利潤和地主的地租。这就是亚当·斯密的教条。在这里，斯密又忽視了包含在劳动生产品价值中的生产資料价值之轉移部分，他把劳动生产品的总价值和工人在生产这种商品时所創造的新价值等同起来，不知道前者是大于后者的。这个敎条妨害了亚当·斯密对于再生产的分析。关于这点，以后再来詳加闡述。

自然价格与市场价格　亚当·斯密所說的自然价格或实际价格其实就是价值，他所說的名义价格或貨币价格也就是市場价格。在他看来，由于各种商品在市場上的供求关系时常变动，因此使它的市場价格有时高于自然价格，有时又低于自然价格，市場价格虽然由于受供求关系的影响而高于或低于自然价格，但是它是受后者的調剂而傾向于同自然价格相一致的。

<h2 style="text-align:center">第六节　社会上的三个阶級与
三种收入</h2>

上面我們曾經提起，亚当·斯密把資本主义社会划分为三个不同的阶級：工人、資本家和地主。这是他的一个大貢献。他认为这三个阶級各有不同的收入：工人的收入为工資，資本家的收入是利潤，而地主的收入则为地租。他以为这三种收入是最基本的，其他的收入都是从这里派生的。他自己曾說：“工資、利潤、地租对于一切交换价值，可以說是三个根本源泉，同时，对于一切收入，也可以說是三个根本源泉。一切收入，結局，都是这三种收入的派生”①。

这三种收入旣然是一切交换价值的根本源泉，即它們

———————

① 亚当·斯密：“国富論”上卷，中华书局版，1949 年，郭大力、王亚南合譯，第60—61頁。

既然是一切商品价值的构成因素，那么这三种收入又是如何决定的呢？这就是亚当·斯密在"国富論"第一篇最后四章中所研究的问题。我們根据他自己所安排的順序，分别闡述如下。

工资論 工资是在資本主义生产方式之下的一种經济范疇，它体现出資本家与工人之間的生产关系——雇佣关系。因此它是以生产資料被資本家所占有而劳动者則一无所有，因而不能不出卖劳动力这一事实为前提的。这一点已为亚当·斯密所意識到，因为他曾說："……我一說到劳动工資，大家都会以为我所說的情形，是劳动者为一人，雇用他們的資本所有者另为一人"①。可是，另一方面，他又把工資这个概念抽象化、絕对化了，认为在原始社会也有工資。他自己曾經說过："在土地尚未私有、資本尚未积累的原始社会状态下，劳动的全部生产物，皆屬于劳动者，沒有地主分配，也沒有雇主坐享"，这种全部皆屬于劳动者的"劳动生产物，构成劳动的自然报酬或自然工資"②。可見，斯密是不理解工資的历史性的。

劳动生产物是劳动的自然报酬或自然工資，这是斯密的第一种工資理論。这种理論是同他的劳动价值論相一致的。既然一切商品，从而一切商品的价值都是由劳动生产出来的，所以劳动的全部生产物也就成为劳动的自然工資了。用这种理論来說明原始社会的"工資"是不会发生困难的。問題是，在資本主义社会里工資究竟如何决定？斯密认为在資本主义生产方式之下，劳动者只能获得他自己劳动

① 亚当·斯密："国富論"上卷，中华书局版，1949年，郭大力、王亚南合譯，第79頁。
② 同上书，第77頁。

生产物的一部分作为工资。因为第一，"土地一旦成为私有财产，劳动者想由土地生产或采集物品，就不能不在所产物品中，以一定份额，分給地主，而称为地租，因之，曾使用土地的劳动生产物，就不得不第一次扣下一部分来作为地租"①。第二，在资本已經积累以后，"不拘在什么工艺或制造业上，都有大部分劳动者，在作业完成以前，需雇主为他們垫支材料、工资与生活費。雇主就对于他們的劳动生产物，换言之，对于劳动附加在材料上的追加价值部分，享有一份，而构成利潤"②。

可見，在亚当·斯密看来，一旦資本已积累，土地已成为私有财产以后，劳动者只得到他自己劳动生产物的一部分作为工资；他的劳动生产物的其余部分则构成地租和利潤分别为地主、资本家所占有。从这里可以看出，亚当·斯密实质上已了解到剩余价值的眞正根源了。

可是，在这里又发生一个问题，既然劳动者作为工资而取得的不过是他自己劳动生产物的一部分，那末，这一部分究竟有多少？它是怎样决定的？这个问题是不可能用斯密的第一种工資論来解决。因为他的第一种工資論只能说明工資根源问题，就是說，它只能說明工資不过是劳动者的劳动生产物的一部分，其余部分劳动生产物为地主和资本家剥削去了。但它不能說明，劳动者自己所得的这一部分究竟有多少？因此，亚当·斯密又有第二个工資論。

工資是劳动的自然价格。根据亚当·斯密的意见，劳

① 亚当·斯密："国富論"上卷，中华书局版，1949年，郭大力、王亚南合譯，第78頁。

② 同上书，第79頁。

动是一种商品，同其他商品一样，也有市場价格和自然价格。劳动的市場价格是由资本家和工人双方所訂立的契約規定的。这里，他把资本家同工人的关系当作普通商品的买者同卖者之間的关系。因此，由工資所体现出来的资本家对工人的剝削关系就被掩盖起来了。亚当·斯密以为由契約所規定的工資是劳动的市場价格，它是以劳动的自然价格即劳动的价值为基础，而且稍微高于劳动的自然价格的。他所了解的劳动的自然价格就是劳动者的生活維持費。他曾說："凡依劳作而生活的人，其工資至少須足維持其生活。在許多场合，工資还得多少超过此种限度。否則，他将无从贍养家室，无从延續劳动者族类至一代以上"①。

我們知道劳动者的生活維持費，其实就是再生产劳动力的費用。劳动力的价值正是由这种費用决定的。所以亚当·斯密所說的"劳动的价值，其实就是劳动力的价值"②。工人所出卖，资本家所购买的不是劳动而是劳动力。当工人在资本家的企业中开始劳动时，劳动已經不是属于工人自己，因此也不能为他所出卖。劳动虽然能創造价值成为价值的实体，但劳动本身是沒有价值的。本身有价值的不是劳动，而是劳动力。由于亚当·斯密不理解劳动与劳动力的区別，遂錯誤地以为工资是劳动价格，是由劳动的价值决定的。

亚当·斯密的这两种工資論是前后矛盾的。根据他的第一种工資論来說，工資既然是劳动生产物的一部分，当然也就为劳动生产物价值的一部分了，所以，工資是商品价值

① 亚当·斯密："国富論"上卷，中华书局版，1949年，郭大力、王亚南合譯，第81頁。

② 馬克思："資本論"，第1卷，人民出版社版，1957年，第663頁。

89

的分解因素。如上所述，这种工資論是和他的劳动价值論相一致的。但是，根据他的第二种工資論来說，工資既然是劳动的价格，那末，它已經不是劳动生产物或其价值的一部分，而是生产費的一部分，成为生产物价值构成因素之一了。所以，这第二种工資論是同斯密的价值构成論相一致的。其次，根据他的第一种工資論来看，工資不过是劳动生产物或其价值的一部分，其余部分则分解为利潤和地租。所以，利潤和地租都是工人劳动的结果而为資本家和地主所剝削去的。根据他的第二种工資論来說，则資本家和地主对于工人的剝削关系就完全被掩盖起来了。如果說，他的第一种工資論是比較科学的，那末，他的第二种工資論就完全是庸俗的了。

亚当·斯密认为劳动的市场价格即貨币工資是决定于在劳动市场上的供求关系。这种供求关系主要取决于一国国民的收入和資本之是否增加。他把国家分为三类：第一类是国民财富不断增加的国家，第二类是国民财富虽然沒有增加但也沒有减少的停滞的国家，第三类是国民财富不但沒有增加而且甚至减少的衰退国家。他指出：在第一类国家，由于国民财富不断增加，收入和資本都会日漸增多，对劳动的需求因而增加，貨币工資也就会提高了；在第二类国家，因为国民财富沒有增加，对劳动的需求也不会增加，因此，工資也不可能提高；在第三类国家，由于国民财富的减少，对于劳动的需求也会减少。因此，工資不但不能增加反而会降低了。当他說明工資之变动及其与一国国民财富增减之关系时，曾說："……对工資劳动者的需要，必随一国收入及資本之增加而增加。收入及資本沒有增加，对工資劳动者的需要决不会增加。但收入及資本的增加就是国富

90

98

的增加。所以，对工资劳动者的需要，又必随国富增加而增加。国富不增加，对工资劳动者的需求，也不增加"①。

斯密由于他自己的教条(这个教条是：价值由收入构成而又划分为收入，因而忽视生产资料在生产过程的作用及其价值的轉移)，不能正确地理解在資本主义生产方式之下国富增加、从而資本增加与工資变动之間的眞实关系。在斯密看来，好像全部增加的資本都是用来购买追加劳动力的，因而得出工資随着資本之增加而增加的錯誤結論。其实，在增加的資本中只有一部分用来购买劳动力，而且由于生产技术的进步，資本有机构成的提高，这部分資本的比重随着資本总额的不断增加而降低，就是說，购买劳动力的这部分可变資本，随着总資本的增加，由于資本有机构成不断提高而益趋于相对减少了。工人所得到的工資正是由这部分益趋相对减少的資本决定的。所以，事实上，并非工資随着資本增加而增加，而是工人的生活随着資本增加而日益貧穷。馬克思曾經教导我們說，在資本主义生产方式之下，"在一极有財富的积累，同时在对极，那个把自己的生产物当作資本来生产的阶级，就有穷困、劳动折磨、……的积累"②。亚当·斯密为他自己的資产階級本性所局限，是不懂得而且也不可能懂得資本主义积累的这个絕对的普遍的规律的。

利潤論　亚当·斯密有二种价值論，二种工資論，同样的，他也有二种利潤論。

第一种利潤論——利潤是由劳动生产出来的价值的一

① 亚当·斯密："国富論"上卷，中华书局版，1949年，郭大力、王亚南合譯，第82—83頁。

② 馬克思："資本論"，第1卷，人民出版社版，1957年，第813頁。

91

部分。他曾說："……与貨币、劳动或其他貨物交換的完全制成品的价格,除了足够补偿原料代价和劳动工资,还须剩有一部分,作为企业家冒险投資的利潤"①。这里說明了利潤是因劳动生产物之出卖而实现的。但是,这种利潤的根源是什么?是由于提高商品价格?或者这是让渡利潤?在这里是不明确的。可是亚当·斯密接着說道:"……劳动者附加在原料上的价值,这时,就須分作二个部分。一部分支給劳动者的工资,又一部分支給雇主的利潤,来报酬他垫付原料代价和工资的那全部資本"②。可見利潤是劳动在生产过程所生产的价值的一部分。

这是亚当·斯密的第一种利潤論。这种利潤論是同他的劳动价值論,第一种工資論相一致的。根据这种利潤論来說,利潤是劳动所生产的价值的一部分,是劳动所生产的全部价值超过工資的余額。这是由于全部劳动时间分为二部分:一部分必要时间,和一部分剩余时间;劳动在必要时間內生产出与工資相等的价值,在剩余时間內生产利潤。所以,斯密在这里所說的利潤,其实就是剩余价值,它是由工人的无偿的剩余劳动生产出来的。因此,馬克思曾說:"……亚当·斯密是已經把剩余价值的眞正起源认識了"③。

把利潤当作一种独立的經济范畴、剩余价值的一种轉化形态来研究,这是亚当·斯密的一个貢献。但是,当他說明利潤的根源时,他所說的利潤,其实就是剩余价值。可是,

---

① 亚当·斯密:"国富論"上卷,中华书局版,1949年,郭大力、王亚南合譯,第56頁。

② 同上。

③ 馬克思:"剩余价值学說史",第1卷,三联书店版,1957年,第141頁。

亚当·斯密同时又以为利润是给资本家"垫付原料代价和工资的那全部资本"的报酬,这里所指的又是成为剩余价值一种转化形态的利润了。我们知道,剩余价值是由工人的无偿的剩余劳动所生产,是工人在生产过程所生产的全部价值对工资的超过额。而利润则是依照全部资本来计算的剩余价值。剩余价值和利润这二个经济范畴性质是不同的,而且当利润转化为平均利润时,在量上也是有差别的。可是亚当·斯密却把它们混同起来了。

由于亚当·斯密混同了剩余价值和利润,同时又把利润理解为平均利润,就必然会发生剩余价值生产的规律同平均利润规律之间的矛盾。亚当·斯密在批判认为资本利润不外是特种劳动的报酬那种见解时,曾说:"利润的多少,与资本的大小,恰成比例。比方,假定某处制造业资本的普通年利润率为百分之十。那里,有二种不同的制造业,各雇用劳动者二十人,工资每人每年十五镑,即每年各需支出工资三百镑。又假定一方所制造掉的粗糙原料,所值不过七百镑;另一方的精良原料,值七千镑。合计起来,前者逐年投下的资本,不过一千镑,后者却有七千三百镑。结局,前一企业家的利润,每年仅及百镑;后一企业家的利润,每年却可预期七百三十镑"①。这二个企业,既然所雇用的工人人数相等,每个工人的每年工资也相等。因此,我们可以假定,他们每天的劳动时间、在劳动过程所生产的价值从而他们所生产的剩余价值也必然相等了。那末为什么在一个企业内二十个工人每年只生产出百镑的利润,而另一企业中的二十个工人每年却能生产七百三十镑利润呢?从亚当·斯密

① 亚当·斯密:"国富论"上卷,中华书局版,1949年,郭大力、王亚南合译,第56—57页。

所举的这个例证中可以看出，剩余价值或利潤（因为他是把这二个范畴混同了的）由剩余劳动生产的这个规律同利潤的多少比例于资本总量的规律之間是存在着矛盾的。这个矛盾，亚当·斯密自己并没有觉察到而輕輕地放过了。李嘉图虽然已經觉察到这个矛盾，但是不能予以解决。能給这个問題作科学論証的第一个人就是馬克思。这一切，待下面讲到李嘉图的經济理論时，再作較詳細的闡述。

　　第二种利潤論——利潤是生产費的一部分。除掉利潤是劳动生产物价值的一部分这种比較正确的利潤論以外，亚当·斯密还有另一种庸俗的利潤論。他說："……他（指资本家——引者）的利潤，就是他的收入，也就是他生活資料的眞正資源。他在完成商品，把它送往市場去的当中，不但要垫付劳动者的工資或生活資料，且須垫付他自身的生活資料。他自身的生活資料，大体上說，与他出卖商品所可期待的利潤相当。商品出卖，若不能給他以利潤，那就等于說，他沒有从这商品的出卖，取回他自身的实际費用"①。

　　可見，亚当·斯密在这里又把利潤当作生产費的一部分了。这种利潤論是同他的价值由三种收入构成的理論——生产費論以及工資是劳动价格的理論相一致的。但是，它同斯密自己的第一种利潤論則是矛盾的。因为根据这种利潤論来說，利潤既然是生产費的一部分，它当然就不是价值的分解因素而是价值的构成因素。因此，资本家对工人的剝削关系也就被掩盖起来了。

<hr>

　　① 亚当·斯密："国富論"上卷，中华书局版，1949年，郭大力、王亚南合譯，第65—66頁。

亚当·斯密认为"利息常常是一种派生的收入"①，那是借入资本的人，利用所借资本获得的利润的一部分。因此，利息也不过是剩余价值的一种派生形态。既然利息只是利润的一部分，所以利息率也必然随着利润率的变化而变化。或如斯密自己所说："使用貨币所获較多的地方，通常对于貨币使用权，皆支給多額的报酬；在使用貨币所获較少的地方，通常对于貨币使用权，也支給少額报酬"②。就是說，利潤率高利息率也必然随之而高；反之，利潤率低則利息率也必随之而降低。这种理論可以說是休謨和馬希关于利潤同利息之間关系的見解之发展。

根据亚当·斯密的理論，利潤率会由于一国国民财富之增加而下降。因为一国国民财富增加，則投在同一部門或各部門企业內的資本也必增加，結果，随着資本家間的竞争，利潤率必然会下降。所以，他說："資本利潤的腾落，与劳动工資的腾落，同样取决于社会财富的盛衰。但财富状态及于两者之影响，頗不相同"③。就是說，社会财富增加，則工資必提高而利潤率必下降。如上所述，亚当·斯密是不理解工人是随着資本积累之增进而愈趋貧劳化的。同样，他虽指出利潤率随着資本主义生产之发展而下降，但是由于他沒有正确的資本及其有机构成的理論和剩余价值論，因此也就不能理解利潤率下降的眞正原因。

地租論 亚当·斯密有二种价值論、二种工資論和二种利潤論。同样地也有二种相应的地租論。

---

① 亚当·斯密："国富論"上卷，中华书局版，1949年，郭大力、王亚南合譯，第61頁。

② 同上书，第104頁。

③ 同上书，第103頁。

第一，从他的劳动价值論出发，旣然一切生产物及其价值都是由劳动生产出来的，工資不过是其中的一部分，其中的另一部分构成利潤为資本家所占有，而其第三部分就构成地租为地主所得了。地租是劳动生产物或其价值的一部分，这是亚当·斯密的第一种比較正确的地租論。根据这种地租論来說，地租是剩余价值的一种形态，是由工人的剩余劳动生产出来而为地主所剝削去的。

但是，这种比較正确的地租論，也还是有很大的缺点的。在亚当·斯密看来，土地成为私有財产以后，地租也就发生了。因此，他就不明白地租的历史性，不理解封建社会的地租与資本主义地租之区別了。在封建制社会，地租包括农民剩余劳动的全部剩余生产物。而在資本主义生产方式之下，地租并不包括农业工人的全部剩余劳动所生产的全部剩余价值，而只包括这种剩余价值超过平均利潤的余額。就是說，在資本主义生产方式之下，地租是資本主义农业中額外利潤的轉化形态。斯密所研究的实际上是資本主义地租，但是他把它一般化了。

第二，亚当·斯密认为地租是使用土地的价格，"是租地人按照土地实际情况，所能付納的最高价格"①。这种地租論是同他的第二种价值論、工資論和利潤論相一致的。根据这种地租論来看，地租同工資和利潤一样，都是商品价值的构成部分，从而也是一种生产費。这种地租論显然跟他自己的第一种地租論矛盾。这正如他的二种价值論之間的矛盾，二种工資論、二种利潤論之間的矛盾是一样的。

但是把地租当作农产品生产費的一部分，究竟是很勉

① 亚当·斯密："国富論"上卷，中华书局版，1949年，郭大力、王亚南合譯，第171頁。

强的。因为，第一，地主和經营工商业的資本家毕竟不同，他并没有从事任何經营企业的活动。第二，地主和貸放資本家也有所区别，因为他的土地出租并不像貸放貨币那样要冒一点險。第三，斯密又是反对那种认为"土地的地租，……不外是地主投資改良土地的相当利潤或利息"①的見解的。在他看来，改良土地的并不限于地主的資本，有时是用租地人的資本来改良的，即使地主曾經为了改良土地而用过一定量的資本，但这种改良費的利息或利潤只是对于原来地租的一种追加額，并且地主还时常利用租地人出資改良土地，于重新訂立契約时要求增加地租。第四，农业与工业不同。工业易于扩大再生产，由于自由竞争的規律发生作用，工业品价格不易过分提高；农业品則比較容易提高。因此，亚当·斯密又有第三种地租論。

第三，地租是一种龍断价格，或者比較恰当地說，地租是农产品龍断价格的結果。斯密认为当农产品出售时，其价格除掉能够补足生产这种商品所耗費的資本及普通利潤以外，如果还有余額，那末这部分余額就构成地租了。所以，斯密說："地租与工資、利潤、同为商品价格的构成部分，但其构成的方法不同。工資及利潤的高低，为价格高低的原因；地租的高低，則为价格高低的結果"②。

这第三种地租論，不仅同他的第一种地租論，而且同他的第二种地租論都是矛盾的。首先，根据这种地租論来說，地租既不是由劳动生产出来，也不能算作商品价格的自然构成因素；因为它不是价格提高的原因，而是价格提高的結

① 亚当·斯密："国富論"上卷，中华书局版，1949 年，郭大力、王亚南合譯，第 171 頁。

② 同上书，第 173 頁。

果。其次，地租既然是农产品价格提高的結果，那末，很明显，地租不是在生产过程生产出来，而是在流通过程发生的了。最后，地租既然是壟断价格的結果，那末，它必然是由消費者支付的了。这种見解当然是非常錯誤的。因为在流通过程，由于不等价的交换，虽然可以使国民財富重新分配，但决不能使之增加。比方某甲把他的只值十元的商品，提高到十二元出卖給某乙。某甲固然可以因此賺了二元；但某乙却因此损失了二元，因为他花了十二元只得到值十元的商品。某甲所得的正是某乙所失的。他們的总的財富，幷沒有因为不等价交换而变化。幷且某乙在他当作购买者所蒙受的损失，还是可以在他出卖自己的商品时，用提高价格的方法賺回来的。

亚当·斯密的地租論是极蕪杂的。除开上述三种地租論以外，还有第四种地租論。

第四，地租是自然力的产物。在他看来，农业与工业不同，不仅有工人在劳动，而且还有牲畜和自然力在劳动；不仅工人的劳动能生产价值，牲畜和自然力的劳动也能生产价值。他說：农业家的"劳役工人，固然是生产劳动者，他的代劳牲畜，也是生产劳动者。在农业上，自然与人同劳动；自然的劳动，虽然无需代价；它的生产物，却和最昂貴的工人的生产物一样，有它的价值。……地主既然把这种自然力借給农业家用了，农业家就把这种产物，作为地主的报酬"①。所以他說，地租可以說是自然力的产物。

这第四种地租論，显然和前面的三种地租論是不一致的。在这种理论中也可以看出亚当·斯密受重农学派的影

① 亚当·斯密："国富論"上卷，中华书局版，1949 年，郭大力、王亚南合譯，第407 頁。

98

响。这种理論当然是不正确的。第一，牲畜和自然力不仅在农业中"劳动"，而且在有些工业部門中也是"劳动"的。例如，在磨坊里有利用牲畜在磨制米面的，在化学、制革和酿酒工业部門则必然要有自然力的"劳动"。因此，斯密认为只在农业中才有牲畜和自然力的"劳动"是不完全符合事实的。第二，更重要的是，自然力的"劳动"只会影响使用价值量的生产，与农产品的价值却是毫无关系的。斯密在这里把使用价值和价值混同了。

亚当·斯密沒有专門研究級差地租問題。但是，他已經知道級差地租是由耕地的丰度不同和距离城市的远近这二个条件引起的。关于这一点，他曾說："不問土地的生产物如何，其地租不仅常随土地丰度而变动；并且不問其丰度如何，其地租又常随土地位置而变动。在都会附近的土地，比較僻远地带同丰度的土地，能提供更多的地租"①。

从上面的說明，我們已經知道，亚当·斯密有两种工資論、二种利潤論和二种以上的地租論。他的第一种工資論、利潤論和地租論是一致的，而且也同他自已的劳动价值論首尾一貫的。根据这些理論来說，工資、利潤和地租都是由劳动生产出来的价值的分解部分。工資是在必要劳动时間內生产的，而利潤和地租则是在剩余劳动时間內生产的剩余价值的形态。这是他的科学的理論。这种理論为李嘉图所继承和发展。后来由馬克思所批判地吸收，加以革命的变革而成为馬克思主义政治經济学內容的一部分。至于他的第二种工資論、利潤論和地租論也是相互一致而且同他的价值构成論——生产費論首尾一貫的。这是他的庸俗的

① 亚当·斯密："国富論"上卷，中华书局版，1949 年，郭大力、王亚南合譯，第 175 頁。

理論，后来被庸俗經济学家所利用，借以作为替資本主义制度辯护的工具。他的第三、第四种地租論則与他的价值論沒有联系，这是农业的特点（壟断性和农业中之額外利潤）在他的理論中之不正确的反映。

第七节　生产劳动与非生产劳动

我們已經知道，在价值、貨币、工资、利潤和地租等問題上，亚当·斯密都有二种或二种以上不同的見解，同样，在生产劳动和非生产劳动这个問題上，他也有二种甚至可以說是三种不同的意見。

斯密說："有一种劳动，加在物上，能增加物的价值；别一种劳动，却不能够。前者因可生产价值，可称为生产的；后者可称为不生产的"①。

这是斯密关于生产劳动和非生产劳动的第一种見解。根据这种意見来說，所謂生产劳动是生产价值的劳动，而不能生产价值的劳动则是非生产的。斯密认为，不但从事工农业生产的劳动能够生产价值，連从事商业的劳动也能生产价值。所以，不但前者的連后者的劳动也都是生产劳动。

斯密又說："制造业工人的劳动，可以固着幷且实现在特殊的可卖的商品上，可以持历一些时候，不会随生随灭。那似乎是，把一部分劳动貯存起来，在必要时，再提出来用"②。

这是斯密关于生产劳动和非生产劳动的又一种看法。

---

① 亚当·斯密："国富論"上卷，中华书局版，1949年，郭大力、王亚南合譯，第371頁。

② 同上。

根据这种看法，所謂生产劳动就是生产那种不致于随生随灭而是可以貯存起来在必要时取用的物品的劳动，或者简单地說，就是生产物品的劳动。所謂非生产的劳动则是不能生产物品的劳动。根据这种意见来說，从事商业的劳动，就很难算作生产劳动了。大家知道，在商业上，是不能生产可以貯存起来的物品的。可是在斯密看来，这个矛盾是不存在的。因为他把商品流通和运輸混为一談了。我們知道，运輸虽然不能生产物品，但能生产价值，它是商品生产的继續，在这意义上可以說，运輸工人的劳动是被"貯存"在物品里面了。

把上述二种见解结合起来，可以得出亚当·斯密关于生产劳动和非生产劳动的第一种意见，那就是：他說的生产劳动是生产商品的劳动。而不能生产商品的劳动则是非生产的劳动。根据这种意见来說，不管在什么生产方式之下，凡是生产商品的劳动都是生产劳动。很明显，斯密把生产劳动和非生产劳动的区别絕对化、永恒化了。这是他把资本主义生产关系絕对化的必然结果。

关于生产劳动和非生产劳动的第二种意见，亚当·斯密自己是这样說的："制造业工人的劳动，通常，会把自身生活所需和雇主利潤上应有的价值，加在制造的原料价值上"，"那物品，或者說，那物品的价格，在必要时，日后尚可以用以雇用劳动"①。

根据这种意见来說，所謂生产劳动是与资本相交換而且为资本家生产剩余价值的雇佣工人的劳动。不然，就是

---

① 亚当·斯密："国富論"上卷，中华书局版，1949年，郭大力、王亚南合譯，第371頁。

非生产的劳动。馬克思曾經指出，这是关于生产劳动的正确的定义。他說："在资本主义生产的意义上，生产劳动是指这种工資劳动；在它和可变资本部分的交换上，它不仅须再生产这个资本部分（即它自身的劳动力的价值），并且要在此外，为资本家生产一个剩余价值。只因如此，所以商品或貨币会轉化为资本，会当作资本来生产。只有工資劳动是生产的，会生产资本。那就是，它会把那投在它身上的价值額，依更大的分量再生产出来，或者說，它所酬还的劳动，会比它在工資形态上受得的劳动更多。只有价值增殖較大于自身价值的劳动力，是生产的"①。

亚当·斯密关于生产劳动和非生产劳动的这二种見解是自相矛盾的。我们只要提出这样一个問题来，其矛盾立刻就暴露出来了。这个問題是：簡单商品生产者的劳动是生产的呢？还是非生产的？根据他的第一种見解来看，答复是肯定的，而根据他的第二种見解，则答复又是否定的了。

关于生产劳动和非生产劳动的問題，在亚当·斯密以前，早已有人論述过了。重商主义者认为財富是在流通过程增加的，因此，在他們看来，只有在商业中尤其是在对外貿易中所采用的劳动是生产的，或者說，是最富于生产性的。甚至連配第都曾經认为，一个水手的劳动比一个农夫的劳动有三倍大的效率。重农主义者则认为只有从事农业的劳动才是生产的，其他劳动如从事工商业的劳动都是非生产的，或者如重农主义者所說，是不結果实的劳动。在这个問題上，重农主义者的观点，当然比重商主义者的前进了一

---

① 馬克思："剩余价值学說史"，第 1 卷，三联书店版，1957 年，第 241頁。

102

大步,因为他們把考虑这个問題的出发点,从流通过程轉移到生产过程了。而且,重农主义者认为,所謂生产劳动是生产剩余价值(即他們所說的"純产品")的劳动,这无疑是正确的。但是重农主义者对于这个問題的观点也有很大的缺点和錯誤。第一,他们认为,只有从事农业的劳动才是生产劳动,这当然是錯誤的。第二,他们把农业资本家和农业工人共同組成一个阶級,即所謂生产者阶級。这样,在重农主义者看来,不但农业工人的,甚至連农业资本家的劳动,也是生产劳动了。这是极錯誤的。

斯密在这个問題上的貢献是:第一,他在一定程度上克服了重农主义者的偏見,认为不仅是从事农业的劳动而且还有从事工业的劳动也是生产劳动。但是我們也应当指出:斯密一方面依然受重农主义者的影响,认为农业劳动是最生产的。另一方面,他又把流通和运輸混为一談,认为从事商业的劳动也是生产的,这些又是錯誤的。第二,斯密不但和重农主义者一样,认为生产劳动是能够生产剩余价值的劳动,而且还进一步指出,所謂生产劳动是同资本相交换的劳动。这样,重农主义者的一个錯誤(即上面所說的他們认为农业企业家的劳动和农业工人的劳动都是生产的那种观点之錯誤)就被完全克服了。馬克思对于斯密的这第二点貢献評价很高。他說:亚当·斯密"在学問上最大的功績之一是,他把生产劳动定义为直接与资本交换的劳动"①。

现在我們进而研究亚当·斯密关于资本的理論吧。

第八节　资本、其构成及其諸用途

亚当·斯密分析了社会三个阶級的三种主要收入以

后,才着手专門研究資本。虽然他在分析三种收入时,也曾提到資本。"但那是以资本的存在为前提来研究利潤,而且他所着重研究的是三种收入与商品交换价值的关系, 論証了交换价值是由这三种收入构成的。虽然他于分析了三种收入之后,才研究資本,这在方法上是錯誤的。但我們不能因此就认为斯密不重視資本。其实,在他看来,資本是国民财富增加的一种积极因素,因此于"国富論"第二篇中,他就专門研究有关資本的各种問題了。他的資本理論可以分为1.資本的作用;2.資本的构成;和3.資本的諸用途这三方面来說明。

資本的作用 亚当·斯密的資本論是同他的資財(stock)积累論有密切关系的。他认为在既无分工, 也少交换的原始社会,人"餓了,便到森林去打猎;衣服毁了,便把禽兽杀死,剝取皮革来穿;房屋破了,便就近伐取树枝茅草,尽其所能,加以修葺"[2]。在那时候,人們是无須預先儲存資財的,因此,也就沒有发生資本。后来,由于分工的发展,一个人的劳动生产物只能滿足他自己的一小部分需要, 其余大部分的需要不能不依靠别人的劳动生产物来滿足。因此, 在他进行劳动生产一直到出卖自己的劳动生产物、购买别人所生产而为他所需要的生产物以前, 他就不能不預先积累資財,以供在这期間的生产和消費之用。他說:"例如, 織匠在織物尚未織成, 尚未卖掉以前, 倘非在自己手上或他人手上有所蓄积, 足以維持他的生活, 并供他以材料器具, 他就会織不来一点东西。他认定一种特殊职业, 作下去, 不是一

---

① 馬克思:"剩余价值学說史",第1卷,三联书店版,1957年,第247頁。

② 亚当·斯密:"国富論"上卷,中华书局版,1949年,郭大力、王亚南合譯,第309頁。

刻二刻的事, 在他从事这职业以前, 必须先有这种蓄积"①。接着亚当·斯密指出, 这种积累起来的資财可以分为二部分：一部分是用来維持生活的支費——即生活资料；另一部分是用于继續生产的資本——即生产資料。所以，根据斯密的意見来說, 所謂資本就是用于继續生产的过去劳动的积累, 即生产資料。

我們知道, 資本是資本家用来榨取剩余价值的一种工具, 因此, 它是資本家对工人的剝削关系之物的体現者。生产資料只是資本的一种形式, 它本身并不是資本。例如, 独立的小商品生产者利用他自己所有的生产資料进行生产。一方面, 他是为自己进行生产, 并没有被剝削, 另一方面, 他是自己在进行生产劳动, 也没有剝削别人。所以, 他的生产資料并不是資本。亚当·斯密在这里把資本和資本的物质形态（生产資料）混同了。因而, 由資本所体現的剝削关系也就被掩盖起来了。

亚当·斯密当然知道, 資本会带来收入——利潤。上面讲到他的价值构成論时, 曾經指出, 他认为自从資本发生以后, 工人的劳动生产物或其价值就有一部分作为利潤被資本家所占有。在"国富論"第二篇第一章討論資财的划分时, 他又曾經这样說："他的全部資财……分成了两部分。他希望可以提供收入的部分, 称作資本, 别部分, 就供目前消費……"②。这里, 亚当·斯密又有第二种資本論, 认为資本就是能够提供收入的积累。

这种資本理論是比較科学的。它同斯密的第一种价值

---

① 亚当·斯密："国富論"上卷, 中华书局版, 1949年, 郭大力、王亚南合譯, 第309頁。

② 同上书, 第313頁。

論第一种利潤論也是一致的。根据这种理論来說，資本是資本家所以能够获得利潤的一种工具。資本家借此榨取到工人劳动生产物的一部分。这样，也就可以探究出資本家对工人的剝削关系了。但是，亚当·斯密还不知道把資本分成可变的和不变的二部分，因此，也就不知道利潤是由可变資本增殖的剩余价值的一种轉化形态。我們知道，剩余价值是由工人的剩余劳动所生产的，而可变資本正是資本家用来购买劳动力的資本。所以剩余价值是可变資本增殖的结果。可是亚当·斯密把它同按照全部資本計算的利潤混同了。他所以会发生这种錯誤，就是因为他不知道可变資本和不变資本的区别。

总而言之，根据亚当·斯密的意見，自从分工发展以后，資財积累就有必要了。这种积累起来的資財分为二部分：一部分用于个人消費以维持生活，这是支費；一部分用作生产資料以继續生产，这就是資本。而資本又应提供收入的。因此，就有两种資本論了：資本是用于继續生产的积累，就是生产資料；資本是提供收入（利潤）的积累。

上面我們曾經說过，亚当·斯密的二种价值論是矛盾的，二种利潤論也是矛盾的；同样的，他的这二种資本論也是彼此矛盾的。

第一，根据他的資本是用于继續生产的积累即生产資料这一論点来說，则当生产資料为生产者自己所有时就已成为資本了，但在这种情形下，它却不能提供利潤。另一方面，从資本会提供收入这一論点来看，则凡能提供收入的都是資本了，这样資本就不一定是生产資料。例如住宅出租可以得到房租的收入，这对于房东来說是資本了，但是出租的是住宅不是厂房，就是說它并不是生产資料，从而也不是

106

資本。所以, 他的这二种资本理論是彼此矛盾的。

第二, 根据他的前一种論点来看, 则构成资本的物质因素, 只是生产资料, 生活资料是不能包括在资本这个范疇中的。因为他曾把过去劳动生产物的积累分为二部分: 用于継續生产的部分是资本; 用于維持生活的部分则为支費, 所以維持生活的消費资料不是资本而是支費。但是根据他的第二种资本理論来說, 则凡是能提供收入的都是资本, 不管它是生产资料还是生活资料。而且亚当·斯密自己又把工人所消費的生活资料如食物、衣著等都当作流动资本的。因此, 生活资料也如同生产资料一样成为资本的物质构成因素。从这里也可以看出, 他的二种资本理論是前后矛盾的了。

固定资本与流动资本 亚当·斯密始終认为资本是能提供利潤的。他根据提供利潤的方法之不同, 把资本划分为二部分: 固定资本和流动资本。这就是他的资本构成論。

什么是固定资本? 固定资本就是无須經过交換、流通就能提供利潤的资本。关于这个問題, 斯密自己是这样說的: "资本……可用来改良土地, 购設有用的职业上的机械工具, 总之, 用来設置那一类无待交換、无待流通, 已可提供利潤的东西。这样的资本, 宜称为固定资本"①。亚当·斯密又指出, 固定资本的物质构成因素, 有下列四种: 1. 企业中所使用的机械和工具。2. 經营企业所必要的建筑物, 如商店、工場、栈房之类的房屋。他以为这类建筑物与住宅是大

---

① 亚当·斯密: "国富論"上卷, 中华书局版, 1949年, 郭大力、王亞南合譯, 第314頁。

不相同的，因为它們"对于出租房屋的屋主，固有收入提供，然对于納租住屋的房客，也是获取收入的手段"①。3. 在农业上所使用的土地改良費，例如用于开垦、排水、施肥等等的資本。4. 社会上一切人学习所得的才能。他以为"这种优越的技能，可以和职业上縮减劳动的机械工具，作同样的看法，說是社会上的固定資本"②。

至于流动資本，他认为就是依靠不断流通、不断交换而获取利潤的資本。他說："投下資本，把物品开采出来，制造出来，或购买进来，再卖出去而賺得利潤。这样使用的資本，若留在所有者手中保持原状，对于投資家，就不能提供任何收入或利潤。……他的資本，不断在这一形态用出，在别一形态收进；也就靠了这种流通，靠了这种继續的交换，才有利潤可图。这样的資本，宜称为流动資本"③。他认为流动資本的物质构成因素也有四种：1. 貨币；2. 粮食及其他食用必需品；3. 制造衣服、家具、房屋之类的材料，即原料；4. 业已制成但尚未卖給消費者的商品。

在亚当·斯密看来，固定資本是无須經过流通、交换，就能提供利潤的資本，而流动資本则必須通过流通和交换才能提供利潤的資本。这是他区别这二种資本的第一个原则。其次，固定資本既然无須流通和交换，也就必然为資本家所保有，流动資本则不是如此的。所以他說："……那求利潤的方法，不是把資财保有，就是把資财舍給。前一场合，是把它用作固定資本；后一场合，是把它用作流动資

① 亚当·斯密："国富論"上卷，中华书局版，1949年，郭大力、王亚南合譯，第317頁。
② 同上书，第318頁。
③ 同上书，第314頁。

本"①。这是他区别这二种资本的第二个原则。

亚当·斯密的资本构成理论有許多缺点和錯誤，甚至与他自己的理論相矛盾的。

第一，从資本主义再生产过程来看。在再生产的各个阶段，資本都要相应地采取不同形态：在生产过程开始之前，资本家必須有一定数量的貨幣资本用来购买各种生产資料和劳动力，就是說，他的资本必須要由貨幣资本轉化为生产资本；在生产过程进行的时候，生产资本或全部（劳动对象）或局部（劳动工具）地消費掉，它們的价值也全部或部分地轉移到新产品上去；而劳动力的消耗則創造出新价值，其数量大于劳动力自身的价值。在这个过程，生产资本就轉化为商品资本了；商品出卖以后，商品资本又变形为貨幣资本。从貨幣资本到生产资本以及从商品资本到貨幣资本的变形，都是在流通过程进行，在这二种情形下都沒有资本构成的問題。只有在从生产资本变形为商品资本的生产过程，由于生产资本的各部分构成因素的作用不同，特性不同，才把资本分为固定的和流动的。所以，所謂資本构成乃是指生产资本而言的。

生产资本的构成，必須从二方面来研究：第一，从剩余价值生产方面来看，必須把它分为不变資本和可变資本。根据这种资本构成理論，可以指明剩余价值是由轉化为劳动力的可变资本生产出来的。第二，从資本周轉方面来看，又应当把它划分为固定资本和流动资本。亚当·斯密不知道生产资本的第一种构成，这是他的理論的一个重大缺点。第二种构成，他虽注意到了，但他有时把它們当作同

① 亚当·斯密："国富論"上卷，中华书局版，1949年，郭大力、王亚南合譯，第320頁。

一资本的不同构成部分，这一点可以从他説明固定資本和流动資本的关系时，很明显地看出来。他曾說:"固定資本，莫不由流动資本变成; 要繼續持久，也要流动資本来补充……无流动資本，固定資本不能提供任何收入"①。在他看来,各种企业都必須投下固定資本和流动資本,不过因为企业的性质不同,这二种資本的比例不同而已。有时,他又以为这二种資本是各自独立的資本; 固定資本为資本家所保有旣不流通也不轉让，这当然是在生产过程发揮机能的生产資本; 而流动資本则要"舍給"，要流通和交换，这其实又是流通資本了。从这里可以看出，他把在流通过程发揮机能的流通資本和在生产过程发揮机能的流动資本混为一談了。

第二,如上所述,亚当·斯密是根据取得利潤的方法之不同而划分固定資本和流动資本的。同时又以流通和交换与否,以"保有"或"舍給"为划分的原则。这种論断是不正确的。因为第一,像建筑物、机械和工具等类的固定資本,从它們的自然形态方面来看,固然旣不流通和交换,而又始終为其原来的資本家所"保有"。但从它們的价值方面来看,则随着折旧程度,其价值逐渐地轉移到新产品上去了。第二,流动資本作为流动資本在生产过程发揮机能的限度內,虽然其自然形态变化了(例如布做成衣了),但它們依然没有参加流通和交换,也始終为原来的資本家所"保有"。第三,当这种新产品参加流通和交换时,好像是"舍給",但这时候,被"舍給"的,已不是流动資本,而是商品資本了。而且从它們的物质形态来說,虽然是"舍給"了,例如由布制

① 亚当·斯密:"国富論"上卷,中华书局版, 1949 年,郭大力、王亚南合譯,第318—319頁。

110

成的衣出卖了，但从它們的价值来說，則拌沒有"舍給"而只变形——从商品形态轉化为貨币形态而已。可見，亚当·斯密，不但沒有把固定資本和流动資本划分清楚，而且把流动資本和商品資本混同了。正是由于这种混同，使他把业已制成但尙未卖出的商品（这是商品資本）当作流动資本的因素之一了。

第三，亚当·斯密把工人学习所得的技能当作固定資本的一种因素。这种見解不但是錯誤而且与他自己的社会阶級分类論，收入論和資本論相矛盾的。第一，这种技能是与劳动力分不开的。当具有这种技能的劳动力为劳动者自己所有时，它拌不是資本而是一种商品。第二，当这种劳动力出卖給資本家拌且为資本家所支配时，它虽已轉化为資本了，但不是固定資本而是包括在流动資本中的可变資本。第三，假定說，这种劳动力为劳动者自己所有时也是資本，那末凡是具有一定技能的劳动者都是資本家了，这种劳动者所得的不仅是工資而且还有利潤了！从而斯密自己的社会阶級論、三种收入論和資本論都被他自己所破坏了。

第四，亚当·斯密把貨币作为流动資本的一种因素，也是极不正确的。我們知道，貨币虽然也是資本的一种形态，資本家可以用它来购买机械、工具、原料和劳动力等等以便进行生产。但貨币本身旣不能当作建筑物、机械和工具使用，也不能当作原料来使用，更不能代替劳动力来进行生产。就是說，它是貨币資本但不是生产資本，从而也不是流动資本的因素之一。貨币資本是在流通过程发揮机能的一种流通資本，它与在生产过程发揮机能的流动資本是远不相同的。这里斯密又把流动資本和流通資本混为一談了。

資本的諸用途 亚当·斯密认为資本有四种用途："第

一，用以获取社会上每年所须使用所须消费的原生产物"。这是农业家的用法。"第二，用以改制原生产物，使适于使用消费"。这是工业家的用法。"第三，用以运输原生产物或制造品，从有余的地方运往缺乏的地方"。这是批发商人的用法。"第四，用以分散原生产物或制造品，使成为小的部分，适于需要者的临时需要"①。这是零售商人的用法。

亚当·斯密把批发商业、零售商业与工农业并列，认为它们都是资本的用途，能够生产物质财富。这是他把流动资本和流通资本相混同，从而把流通资本和产业资本混同的必然结果。从这里也可以看出，他虽然曾经对重商主义者予以猛烈的批评，但他自己还是不能彻底克服重商主义者的影响。

亚当·斯密虽然认为一个国家，如果有足够的资本，应该兼营农、工、商这三种事业，但他认为其中最重要的是农业。"投在农业上的部分愈大，所推动的国内的生产劳动量也愈大，同时，对社会土地劳动年产物所附加的价值也愈大"②。这是因为，在他看来，在农业中不但有工人在劳动，而且还有牲畜和自然力同工人一起劳动。从此可见，他把使用价值和价值相混同，而且也很明显地表现出他受重农主义者的影响了。

第九节　社会资本再生产

亚当·斯密的教条——交换价值被分解为 v＋m 以

---

① 亚当·斯密："国富论"上卷，中华书局版，1949 年，郭大力、王亚南合译，第 403 页。

② 同上书，第 410 页。

前讲到亚当·斯密的价值論时，曾經介紹过：他认为自从資本产生和土地成为私有財产以后，商品的交换价值是由工資、利潤和地租这三个因素构成的。在闡述亚当·斯密的分配論时，也曾介紹过，他认为一切商品的交换价值都可分解为工資、利潤和地租。他并且曾說："工資、利潤、地租，对于一切交换价值，可以說是三个根本源泉，同时，对于一切收入，也可以說是三个根本源泉。一切其他收入，結局，都是这三种收入的派生"①。我們知道，工資是劳动力价值或价格的轉化形态，它是資本家购买并且使用了工人的劳动力以后支出的可变資本(v)；而利潤和地租則是工人在生产过程所生产的剩余价值(m)之二种轉化形态。因此，亚当·斯密所說的交换价值分解为工資、利潤和地租这三个因素，其实就是把它分解为可变資本(v)和剩余价值(m)。所以說，把交换价值分解为：v＋m，这就是亚当·斯密的教条。

v＋m 是工人在生产过程所生产的新价值。它决沒有包含商品的全部价值。因为在商品的价值中，除开 v＋m 以外，还有生产資料价值的再现部分。商品的价值是大于包含在商品中由工人所生产的新价值的。亚当·斯密在这里的錯誤，是把商品的价值和包含在这种商品中由劳动所生产的新价值混同了。关于这一点我們已經在討論亚当·斯密的价值論时闡明了，故不再重复。现在的問題是：既然商品的交换价值只分解为 v＋m，即只分解为工資、利潤和地租，那末再生产如何能够进行呢？即使从簡单再生产来說——亚当·斯密所研究的其实就是簡单再生产——由于工資、利潤和地租这三种收入分别为工人、資本家和地主这

---

① 亚当·斯密："国富論"上卷，中华书局版，1949 年，郭大力、王亚南合譯，第 60—61 頁。

三个社会阶级所消費，也就沒有生产资料可以供再生产之用了。既然沒有生产资料，当然也就不能进行再生产了。因此，我們可以說，亚当·斯密的教条妨害了社会资本再生产的分析。

再生产不断地进行着，并且再生产——即使是簡单再生产——也必须生产资料，这当然为亚当·斯密所了解的。因此，他把商品的交换价值分解为工资、利潤和地租这三种收入之后，又用划分总收入和純收入的办法将第四个因素即资本秘密輸入。他說："大国居民全体的总收入，包含他們土地劳动年产物的全部。在总收入中減去固定资本和流动资本的維持费，其余留供居民自由使用的，便是純收入。換言之，所謂純收入，乃以不侵蝕资本为条件，留供居民享用的资财。那是用来购置生活品、方便品、娱乐品的"①。

我們可以从这段話中看出：第一，亚当·斯密所研究的是簡单再生产。因为他在这里只注意到固定资本和流动资本的維持费，而不是考察规模扩大的再生产或积累。第二，他在这里玩弄"收入"这个术語的游戏，把以前分解商品价值时被遺漏的生产资料的价值"由側門进来了"（馬克思在"资本論"第2卷批評亚当·斯密作名詞游戏时所說的話）。商品价值的这第四个因素——资本即生产资料的价值，只是资本家在經营生产事业时所支出的资本价值在新生产的商品上之再现，可是亚当·斯密却把它包含在总收入中，所以說，他在这里只是玩弄收入这个术語游戏而已。

可是，亚当·斯密不会同意我們的这种批判，他会反駁說，生产资料的价值依然可以划分为收入。当他在"国富

_____

① 亚当·斯密："国富論"上卷，中华书局版，1949年，郭大力、王亚南合譯，第324頁。

114

論"第一篇第六章上把谷物价格分解为工資、利潤和地租这三种收入以后,曾經这样說:"在一般人看来,农业家資本的收回,家畜或他种农具消耗的补充,似当作为第四个构成部分。但农业上一切用具的价格本身就是由上述那三个部分构成。就耕馬說,那就是飼馬土地的地租,牧馬劳动的工資,再加上农业家垫付地租工資的資本的利潤。因此,在谷物价格中,虽須以一部分,支付耕馬的代价及其維持費,但其全部价格,仍須直接或結局分解而为地租、劳动及利潤三部分"①。

可見,亚当•斯密把生产資料的价值也划分为三种收入了。但是我們必須注意,亚当•斯密在这里把我們从一个生产部門引到另一个生产部門去了,从农业部門引向耕馬飼养部門去了。在他所举的例証中,原来的问题是,谷物的价格除开分解为工資、利潤和地租以外,还应有一部分是在生产时耗費掉的生产資料(比方說耕馬)价值之再现。现在亚当•斯密說,这种生产資料(耕馬)的价格也要分解为收入,但这已不是对这些生产資料的使用者(以上例来說,就是使用耕馬的农业資本家)来說,而是对这种生产資料的生产者(飼养耕馬的資本家)来說,才是如此的。并且,生产資料的价格对生产它的資本家来說,除掉分解为三种收入外,也还包含有在生产它时所耗費的其他生产資料的价值(例如在耕馬的价格中除开斯密所划分的三种收入外,也还包含有为飼养耕馬所必須的一部分生产資料的价值)。按照亚当•斯密的說法,为了把这部分生产資料的价值再分解为收入,又必須把我們从这个部門引向第三个生产部門去了。这样,

----

① 亚当•斯密:"国富論"上卷,中华书局版,1949年,郭大力、王亚南合譯,第58—59頁。

从一个生产部門引向另一个生产部門，再从这另一生产部門引向第三个生产部門等等，照这样推衍下去，可以毫无止境，而問題依然得不到解决。因此，我們可以說，亚当·斯密的这种辯解是不正确的。

资本与收入 关于社会资本再生产問題，不仅要从年产品的价值方面来考察，而且还必须从年产品的物质形态方面来研究。从价值方面来看，由于亚当·斯密的教条，即他把年产品的价值只分解为 v＋m，因而妨害他对于社会资本再生产之正确的闡明。他虽然曾經用区别总收入和純收入的办法，把第四个因素从側門进入年产品的价值，来說明再生产的进行。但又主張这第四个因素依然可以分解为三种收入，致使把問題无止境地从一个部門到另一部門推移而終于得不到正确的解决。

从价值方面来看，把年产品的价值分解为收入，虽然是錯誤的，但还勉强可以抽象地加以理解。如果从年产品的物质形态方面来看，决不能把全部年产品都只分解为收入。因为在年产品中有相当大一部分是生产资料，而这种生产资料，尤其是其中固定资本的物质因素，例如机械和工具之类，是决不可能当作个人消费品来使用的。因此，在亚当·斯密面前又摆着一个困难的問題，即从物质形态方面来看，年产品如何可以只分解为收入呢？

亚当·斯密似乎也感觉到这个困难的問題。为了企图解决这个問題，他曾經这样說："固定资本，必須补充。固定资本的补充费，决不能算在社会純收入內。有用的机械，必待修繕而后有用；职业上的工具，必待修补而后能使用；有利可图的房屋，必待修葺而后有利可图。这种修葺所必要的材料，既然不是社会純收入的部分，整飭这种种材料所必要

116

的劳动的生产物，也不能算作社会上的純收入。这种必要劳动的价格，固然可說是社会純收入的一部分，（因为如此雇用的工人，可以把工资的全部价值，归为目前消费的支費），但其生产物，却不宜称为純收入"①。从这段話中，我們可以很明白地看出：根据亚当·斯密的意见，生产資料从其物质形态方面来看，不能算作社会純收入，而只能当作社会資本；但从其价值方面来看，生产生产資料的工人所获得的工資，即亚当·斯密所說的"这种必要劳动的价格"是可以算作社会純收入的，因为工人可以利用这种工資购买生活資料以維持其生活。但是，亚当·斯密在这里却沒有提到：由工人生产出来为資本家所无偿地获得的剩余价值也是社会純收入的一部分，因为資本家也是利用这种剩余价值的轉化形态即利潤去购买生活品、安适品和享乐品以維持其奢侈生活的。

亚当·斯密接着說："若就别种劳动說，情形就不同了。不仅劳动价格，可以归作支費，劳动的生产物，也可归作支費。劳动价格将归作工人的支費，劳动生产物，则成为别人的支費。所以，别一些人的生活品、方便品、娱乐品可由他們的劳动而增加"②。这里，亚当·斯密所說的别种劳动，其实就是生产消費資料的劳动。这种劳动者所生产的商品，无論从其物质形态或价值方面来看，都可以算作純收入。但是，工人不能用他的"劳动价格"即出卖劳动力所得之货币来生活，他們必須用这些货币来购买消費資料以維持其生活。

总而言之，亚当·斯密为了說明社会資本再生产，他把

① 亚当·斯密："国富論"上卷，中华书局版，1949年，郭大力、王亚南合譯，第324頁。

② 同上书，第324—325頁。

社会劳动区别为二类：1. *生产生产资料的劳动*；2. *生产生活资料的劳动*。第一类劳动所生产的商品从其物质形态来說，只是社会资本，不能算作社会純收入，但从其价值方面来看，则包含在这类商品中的与工資相等的那部分价值（即 v，其实还有为亚当·斯密所沒有提及的剩余价值，即m）則可以算作社会純收入。第二类劳动的生产品，無論从其物质形态或价值方面来看，都可以算作社会純收入。

我們知道，从劳动生产品的物质形态方面来考察，第二类劳动所生产的生活資料，不仅通过流通可供第二类的劳动者和資本家們用作个人的消費，而且还可供第一类劳动者和資本家們用作个人消費以維持其生活。同样的，第一类劳动所生产的生产資料，也不仅可供第一类而且还可供第二类进行再生产时当作生产消費来利用。因此，在研究社会資本再生产时，还必須把个人消費和生产消費加以区别，可是，亚当·斯密却把它們混同了，这又是他的再生产論之一个重大的錯誤。

亚当·斯密究竟为什么和怎样把个人消費和生产消費混同了呢？这是因为第一，当他从商品的物质形态方面考察时，只是指出生产資料（其实严格地說只是固定資本的物质构成因素）不能作为社会純收入，而生活資料则可以算作社会純收入，并沒有指明它們如何不同地被消費。第二，他把社会的流动資本和社会的純收入混同了。

亚当·斯密指出固定資本的維持費不能算作社会純收入以后，很明白地說，"流动資本……不变为固定資本的消費可能品，就会变作支費，而成为社会純收入的一部分"①。

---

① 亚当·斯密："国富論"上卷，中华书局版，1949 年，郭大力、王亚南合譯，第 326 頁。

118

从这里可以看出，他把一部分流动资本和社会纯收入混同了。更重要的是："社会流动资本……与个人流动资本不同。个人流动资本决不能算作个人的纯收入；个人纯收入完全由他的利润构成。社会流动资本，虽由社会内各个人的流动资本合成，但不能借此缘由，便说社会流动资本，绝对不是社会纯收入的部分"①。他以商店储存待售的商品为例，说这种商品虽然不是商人自己消费的生活资料，但它们都是别人即这些商品购买者的消费基金②。我们知道，流动资本是生产资本中的一部分，它只能在生产过程发挥机能，也就是说，它只能作生产的消费。而消费基金即生活资料则可供个人消费。由于亚当·斯密把流动资本和纯收入混同了，因此也就不能区别个人消费和生产消费。

亚当·斯密由于他自己的教条，从价值方面研究社会资本再生产时忽视了不变资本即生产资料的价值，并且从物质形态方面进行研究时，又由于混同了社会流动资本和社会纯收入，而把个人消费和生产消费混同了。因此，他就不可能提出关于社会资本再生产的正确理论。亚当·斯密的这种错误，一直到马克思才加以克服。列宁曾说：马克思"纠正了斯密的上述二点错误（从生产品价值中抛掉不变资本，把个人消费和生产消费混同起来），才使马克思有可能建立起他的关于资本主义社会中社会产品实现的卓越理论"③。

① 亚当·斯密："国富论"上卷，中华书局版，1949年，郭大力、王亚南合译，第326页。

② 在这里亚当·斯密把商品资本当作流动资本了。

③ "列宁全集"，第3卷，人民出版社版，1959年，第30页。

119

第十节　亚当·斯密經济理論中的科学成分和庸俗成分

我們曾經讲过,亚当·斯密是十八世紀后半期工业革命前夜的工場手工业时期之英国的大經济学家。他所处的正是資本主义向上发展的时代，那时候的資产阶級是一个比較进步的阶級,因此代表这个阶級利益的經济学家亚当·斯密(以及比他稍晚的大卫·李嘉图)的經济理論就有科学的成分。但是，資产阶級究竟是剝削阶級，唯私利是图的阶級,它的进步性是有一定限度的,这就使得代表它的利益的亚当·斯密的經济理論不能不有庸俗的成分了。又由于在那时代正是資本主义开始迅速发展的时代，为資本主义經济所固有的矛盾还沒有充分地暴露出来,因而在亚当·斯密經济理論中科学成分和庸俗成分結合在一起,他自己并沒有感觉到这二者之間的矛盾。

亚当·斯密在"国富論"中一开始就发展了由威廉·配第所首創的劳动价值論,认为一国的財富,从而一切財富的价值,都是由劳动所創造的。他并且根据劳动价值論指出剩余价值的眞正根源。我們已經知道，威廉·配第是只知道剩余价值的二种形态：主要的是地租,其次还有利息。而亚当·斯密則理解到剩余价值的最主要的轉化形态——利潤。他很明白地指出,利息是利潤的一部分,而利潤和地租則是从工人所創造的产品或产品价值中扣除的部分。这些都是他的經济理論中之科学的成分，从这种科学的理論加以发展，就可以更清楚地指明資本主义的剝削关系和資本主义社会的阶級矛盾了。

120

但是由于資产阶級的局限性,亚当·斯密并沒有一貫地发揮他自己的科学理論,相反地,在他的理論中还充滿着庸俗的成分。他虽然发展了劳动价值論,但又认为这种理論只适用于原始社会（其实他所說的原始社会本质上是简单商品經济）。而在研究资本主义經济时他却放弃了自己的劳动价值論,认为商品的价值是由工资、利潤和地租这三种收入构成的。因此,资本主义的剥削关系就被他的这种庸俗理論掩盖起来。他虽然曾經正确地理解剩余价值的根源,认为这是工人无偿劳动的产物。但是,他又把剩余价值和利潤混同,不用剩余价值来說明利潤,而是以資本家的利益来解释。例如他曾經这样說:"假若劳动生产物的变卖,所得报酬,不能多于他所垫付的資本,换言之,并无何等利益,他便不会有雇用工人的兴味"①。这里,亚当·斯密以資本家应得的利益来解釋他們所以会有雇用工人的兴趣,因此,資本家对工人剥削的关系就被掩盖起来了。不但如此,他并且还以资本家的节儉来說明资本所以能增加的原因。"资本增加的直接原因,是节儉,不是勤劳。那当然,未有节儉之前,须先有勤劳。节儉所积蓄之物,均由勤劳而得。但是若只有勤劳而无节儉,有所得而无所儲,资本决不能加大"②。这种见解的庸俗性是非常明显的。第一,资本家的所得（即收入）不是资本家勤劳的结果,而是资本家所雇用的工人勤劳的结果。而且它同亚当·斯密自己的下述意見也是相矛盾的:"……但利潤与工资截然不同,它們受着两个完全

---

① 亚当·斯密:"国富論"上卷,中华书局版,1949年,郭大力、王亚南合譯,第56頁。
② 同上书,第379頁。

不同的原則支配。……利潤的多少，与資本的大小恰成比例"①。旣然資本家的收入——利潤是同他的資本量成比例的，可見这幷不是資本家自已勤劳，而是为他們所雇用所剝削的工人們勤劳的結果。第二，資本所以能够增加，幷不是由于資本家的节儉而是由于榨取工人的剩余价值之不斷增加。誰都知道，資本家的生活是不但不节儉而且是越来越奢侈，工人的生活则越来越貧苦，这个事实也就强有力地說明了亚当·斯密的上述見解之錯誤了。

亚当·斯密的經济理論中虽然有不少的庸俗成分，但他究竟还不失为一个資产阶級的偉大經济学家。他的經济理論中之科学成分，后为大卫·李嘉图所发展。

① 亚当·斯密："国富論"上卷，中华书局版，1949年，郭大力、王亚南合譯，第56頁。

第 三 章

大卫·李嘉图的經济学說

大卫·李嘉图是杰出的經济学家、英国資产阶級古典政治經济学的完成者。英国古典政治經济学发端自威廉·配第，建立于亚当·斯密，到大卫·李嘉图手中，就最后完成了。

从亚当·斯密到大卫·李嘉图，虽只隔了几十年，但这数十年間在英国发生了巨大而显著的变化——产业革命。

产业革命的意义是很大的。恩格斯在"英国工人阶級状况"一书的导言中曾說："产业革命对英国的意义，就像政治革命对于法国、哲学革命对于德国一样"[1]。这是因为，第一，在产业革命过程，由于生产技术的变革、各种机器不断的发明和在生产上的应用，使生产力大大地提高了，工場手工业的狹窄基础被破坏，从而促使資本主义的生产发展到第三个阶段——机器大工业时代，使得英国成为了"世界工場"。其次，通过产业革命建立起来的机器大工业內，劳动者不但在形式上而且在实质上也隶屬于資本，因而眞正的无产阶級形成了。所以恩格斯說："……这个产业革命的最重要的产物是英国无产阶級"[2]。

由于无产阶級的眞正形成，英国遂发展成为比較典型

---

① "馬恩全集"，第2卷，人民出版社版，1957年，第296頁。
② 同上。

的資本主义社会,即由无产阶級、資产阶級和地主阶級构成的社会。阶級矛盾和阶級斗争也因而发展起来。

但是在那时代,英国社会的主要矛盾是資产阶級和地主阶級之間的矛盾。这主要表现在这二个阶級对"谷物条例"的态度上。由于工业的迅速发展,对于谷物的需要日益增加了,資产阶級尤其是工业資产阶級,为了获取更多利潤,減低生产費,所以就主張取消谷物条例,让外国谷物可以自由进口。而地主阶級为了自私的利益,则坚决主張保留谷物条例,禁止外国谷物自由輸入,以保持谷物的商价格。在这场尖銳的斗争中,大卫·李嘉图始終站在工业資产阶級方面对地主阶級及其代表人物(例如馬尔薩斯1766—1884)进行不懈的斗争。至于无产阶級,在那时代虽然已經眞正形成,但依然是一个自在的阶級;虽然也已开始进行斗爭,但还是自发的。无产阶級和資产阶級的矛盾还沒有上升到首位。正是因为这样,所以,在那时代,資产阶級还有进步作用。代表資产阶級利益的大卫·李嘉图才能发展亚当·斯密經济理論中的科学成分而完成了英国資产阶級古典政治經济学。

上面我們曾經說过,亚当·斯密是从工場手工业到机器大工业过渡时期英国的經济学家。现在我們同样可以說,大卫·李嘉图是产业革命时期代表資产阶級利益的英国大經济学家。

第一节 大卫·李嘉图的生平和著作

大卫·李嘉图(1772—1823)出生于一个很有錢的倫敦交易所經紀人的家庭里。受过二年商业教育以后,当他十

124

四岁的时候，他的父亲就带他到交易所中去做事。

交易所中的投机活动　年青的李嘉图，由于同一个新教徒女子发生恋爱，被他的父亲逐出家庭。他离开家庭以后，利用其父亲在交易所的关系，在那里做一个职员。后来，他自己也参加了交易所中的投机活动。他在这种投机活动中发了财。当他二十五岁时，他已成为拥有三千万法郎的富翁了。

进修和科学研究　大卫·李嘉图成为富翁以后，乃离开交易所专門从事进修和科学研究工作。开始时，他进修自然科学。数学、物理、化学、矿物和地质等自然科学都曾經为他所热心学习和研究。一八〇七年，他并且和别的人共同发起成立了地质学会——这个学会，现在还存在着。

大卫·李嘉图由于他自已的早年交易所活动，遂对政治經济学发生了兴趣，而十九世纪初在英国所发生的經济問題，例如貨币流通問題也引起了他的注意。因此，他于学习和研究自然科学以后，就轉而研究政治經济学和閱讀亚当·斯密的著作了。

大卫·李嘉图的著作　大卫·李嘉图首先注意研究的是貨币流通問題。这是因为从十八世紀末英国进行反对拿破侖的战争，致使军費增加，遂以英格兰银行所发行的银行券作为军費撥款的主要来源。又由于银行券的大量发行，兑现困难，英格兰遂从一七九七年起停止了银行券对黄金的兑现。后来接着就发生了銀行券的貶值。就是说，許多商品的价格上漲了，而黄金的市場价格也上漲到它的造币局价格以上。在一八〇九年，银行券所代表的价值大約貶低了百分之二十到二十五。因此，就引起了議会中的党派斗爭和議会外的理論斗爭。大卫·李嘉图就是作为資产阶級利益的代表人物积极参加这场很激烈的斗争的。

大卫·李嘉图的著作活动是从一八〇九年开始的。他的第一篇論文是这一年八月間发表在英国"晨报"上的"黃金价格"。他在这篇文章中批判了英格兰銀行的政策，幷建議后者逐步从流通中收回二、三百万英鎊銀行券，借以恢复以前的貨币流通制度。

这篇文章引起了英格兰銀行政策支持者的反对。李嘉图乃于同年九月和十一月先后給"晨报"編輯写了二封信，为他自己的論点辯护。在第一封信中提到借貸利息問題时，他曾引証亚当·斯密的"国富論"以証明他自己的論点是正确的。可見，在这时候，他已經研究幷且能够运用亚当·斯密的理論了。

李嘉图在"金块涨价是銀行券貶值的証明"一文中，进一步发揮了他自己关于貨币流通的观点。在一八一一年印行的这篇文章的第四版中，他曾說："金銀同所有其他商品一样有其內在的价值，它們的价值决定于其稀少性、开采金銀时所耗費的劳动量以及为开采它們而用于矿山的資本的价值"①。把稀少性作为决定金銀及其他商品的价值的一个因素，这种見解显然是錯誤的。

李嘉图最初所探討的貨币流通問題，是当时英国的一个极其重要的問題。英国議会为了研究这个問題設立了一个有关金块問題的专門委員会。李嘉图的論点曾为这个委員会所采納，肯定了銀行券已經貶值。但是下院所通过的决議则相反，认为銀行券幷未貶值。因此，李嘉图代表工业資产阶级的利益继續进行斗爭。一八一一年，他发表了题为

---

① "李嘉图全集"，第2卷，俄文本，莫斯科国家政治书籍出版社印行，1955年，第48頁。

126

134

"对波桑葵先生就金块委员会的报告所提出的实际建议之答复"的小册子。因为波桑葵反对李嘉图的论点和"金块委员会"的結論，李嘉图为了捍卫自己的观点，在这本小册子中予以答辩。

李嘉图在这本小册子中积极主張减少銀行劵的流通量，采取金本位制度。但他又认为金币流通是不經济的，因而主张以紙符号代替金币来流通。

李嘉图关于貨币流通的另一重要著作是"关于經济和稳定的貨币流通的建議，以及对英格兰銀行利潤的評論，因为这种利潤同国家和銀行資本家的利益都有联系"。这本小册子是李嘉图于一八一五年六月間写成，于一八一六年发表的。李嘉图在这本小册子中不仅貫穿着他自己关于貨币流通的論点，而且.提供了很多資料供議会討論英格兰銀行政策問題时参考。

上面所举的是李嘉图在一八一七年以前所发表的有关貨币流通問題的著作。在这些著作中李嘉图論证了下述三个中心观念：

第一，稳定的貨币流通是国民财富增长的最重要条件；

第二，只有在金本位的基础上，才能使貨币流通稳定；

第三，在金本位基础上建立稳定的貨币流通无須以金币流通为前提；为縮减不生产的流通費用，可以而且应当用紙符号代替金币流通。

在十九世紀初，粮食問題也是英国的严重問題。拿破侖战爭結束以后，英国虽然是战胜国，但在经济上却处于严重的困境：国債激增了，人民因遭受各种租税的重負而生活日益困难。只有大金融家和地主利用战争和战后的条件而发财致富。一八一五年，地主阶級促使議会通过了所謂"谷物条例"，即对输入的廉价谷物征收高额进口税的法案。由于这个法案的实行，在英国市場上就保持着谷物的高价格。这只是对地主有利，而对以产业工人为主的消費者則是极有害的。谷物的高价格必然会提高劳动力的价值，从而会威胁产业利潤。因此，工业資本家就坚决地起来反对"谷物条例"。李嘉图作为工业資本家利益的代表人物，也必然要积极参加这場斗争了。

一八一五年，李嘉图发表了"谷物低价格对于資本利潤的影响的經驗，表明限制进口的盲目性，以及对于馬尔薩斯最近二部著作'地租的性质和发展之研究'和'对限制外国谷物进口政策的看法的根据'之評論"一书。从这冗长的书名就可看出，他的这部著作是反对馬尔薩斯观点的一部論战作品。馬尔薩斯是一个代表地主阶級利益的經济学家。他在"地租的性质和发展之研究"以及"对限制外国谷物进口政策的看法的根据"这二部著作里，为地主的土地壟断权、谷物的高价格和高額地租进行辯护，从而积极贊同和支持"谷物条例"。李嘉图在上述小册子里証明了地主阶級的利益不但和工业資本家阶級的利益相冲突，而且和社会上所有其他人的利益都是矛盾的。他指出，当一国的粮食不足和谷物价格高漲时，不但由于工資随着谷物腾貴而增加，因此引起利潤率的下降，而且社会上所有的消費者，尤其劳动大众，都因此而吃苦头。因粮食缺乏和谷物漲价而获巨利的只有地主阶級。所以，地主阶級同社会上所有其他人們之間是有利害冲突的。李嘉图在这本小册子中又进一步指明：刺激社会发展和财富增加的动力是利潤率的提高。而要想提高利潤率，就必須要降低生产费用、减少貨币工資。他又认为工人的实际工資是不能削减的，所以，想减少貨币工资,就必须要降低谷物价格。因此,他在这本小册子中积极反对"谷物条例"。从这里可以很明显地看出:第一,李嘉图是代表工业资产阶级的利益说话的;第二,他的著作是很富于辩论性的。

李嘉图的最重要著作是"政治经济学及赋税之原理"。上述李嘉图关于货币流通和谷物价格问题的论文和小册子都只是他的这部重要著作的准备。这部著作第一版发表于一八一七年。

"政治经济学及赋税原理"的基本内容和结构 正如书名所表明的,李嘉图在这部最重要的著作中,着重研究了政治经济学的理论和决定租税的原理。可见,他没有把经济理论同经济政策分离开来。如果我们以前曾经说,亚当·斯密的"国富论"是包括经济理论、经济史、经济学说史和财政学的经济百科全书,那末,我们可以说,李嘉图的这部著作主要的是阐明经济理论问题的著作了。

从经济理论方面来看,李嘉图在这部著作中提出两个任务:1. 他论证了,理解资本主义生产关系的出发点或基础是价值由劳动时间决定这个原理;2. 他以这个原理作为标准去批判其先辈的观点,并且论证了其他经济范畴在怎样的程度内与这个原理相一致或矛盾。马克思曾经指出,这是李嘉图对于政治经济学所具有的伟大历史意义①。这也就是他的这部著作所以是古典政治经济学借以完成的重要著作之原因。

这部著作的结构是很奇怪的。全书共计三十二章。其中由第八章起到第十八章止这十一章是讨论租税问题的。

_____

① 参阅马克思恩:"剩余价值学说史",第2卷,三联书店版,1957年,第6页。

第七章和从第十九章到第三十二章都不过是最初六章的附录或在最初六章中所闡明的原理之应用。所以，馬克思說："李嘉图的理論，是全然包含在他的著作的最初六章内"①。

最初六章所研究的問題是：第一章"价值論"，第二章"地租論"，第三章"矿山地租論"，第四章"自然价格-与市場价格"，第五章"工資論"，第六章"利潤論"。但是，在第一章中，李嘉图不仅研究了价值問題，举凡在第四、五、六諸章中所討論的资本、工資、利潤、利潤率以及自然价格和市場价格之区别等等問題，在第一章中都討論到了。所以，第四、第五、第六諸章不过是第一章的补充和发揮。而第三章的"矿山地租論"也只是第二章"地租論"的补充。所以，馬克思又說："李嘉图的全部著作，已經包含在它的最初二章了"②。

上面所提的李嘉图在經济理論方面的二个任务，也在第一、二两章中解决了。在第一章第一节中，李嘉图一开头就批判亚当·斯密把耗費劳动和购得劳动混为一談的观点，坚决指明，决定商品价值的不是购得劳动，而是在該种商品生产时所耗費的劳动量。这从第一节的标题上就可以很明显地看出来。这一节的标题是："一种商品的价值，或所能换得的他种商品的数量，乃决定于生产所必要的相对劳动量，非决定于劳动报酬的多寡"③。其第二个任务，則在第一章的其他六节（第一章共分为七节）和第二章中解决了。

因此，我們可以說，李嘉图的这部著作的結构虽然很特

---

① 参閱馬克思："剩余价值学說史"，第2卷，三联书店版，1957年，第7頁。

② 同上书，第9頁。

③ 李嘉图："政治經济学及賦税之原理"，郭大力、王亚南合譯，中华书局版，1949年，第1頁。

130

别，但是他在这部著作中所提出的經济理論的重要論点的偉大意义，幷不会因此而貶低。李嘉图的"政治經济学及賦税之原理"一书依然是英国古典政治經济学的最重要著作。

　　李嘉图的政治活动　李嘉图不仅是代表工业資产阶級利益的經济学家，而且又是积极維护后者利益的政治活动家。"政治經济学及賦税之原理"出版以后，他的声誉大著。一八一九年，他被选为英国国会議員。在議会中，他尖銳地攻击"谷物条例"，积极主張貿易自由。这就充分表現出，他反对地主和維护工业資产阶級的利益。

　　十九世紀二十年代左右，在英国，无产阶級和資产阶級之間的矛盾已有所发展，英国的偉大空想社会主义者罗柏特·欧文（1771—1858），就在这时期展开活动。李嘉图也是反对欧文的空想社会主义思想和計划的。但是在那时期，英国的主要阶級矛盾还是資产阶級（特別工业資产阶級）和地主貴族之間的矛盾。所以，李嘉图的战斗鋒芒主要是指向地主貴族的。这也就是他的經济理論所以有重大科学意义的原因。

　　李嘉图的晚年著作　李嘉图在晚年依然沒有停止政治經济学方面的研究工作。

　　一八二○年四月，馬尔薩斯发表"政治經济学原理"一书，其中批判了李嘉图的观点。李嘉图认为必須予以答辯，乃于同年十一月間写成"对馬尔薩斯所著'政治經济学原理'一书的評論"。他在这本书中批判了馬尔薩斯的主要論点。

　　一八二二年，李嘉图的"保护农业論"出版了。他在这本小册子中再次論証了廢除"谷物条例"之必要。

　　李嘉图曾經編写"国家銀行的建立計划"一文（該文于李嘉图去世后的第二年即一八二四年才发表）。他在这篇文章中一开头就指出：英格兰银行所經营的二种业务（紙币的发行和貸款）彼此完全沒有必然联系。因此，他主張这二种业务应当分别由两个机关来执行。就是說，他认为应当取消英格兰银行之发行紙币的特权，把这种权利交給国家。英格兰银行应当于最短时期內收回它自己所发行的银行券，而以由政府发行的新銀行券兌換之。

李嘉图的这个計划是代表工业资产阶级利益的計划。当时幷沒有为代表地主和金融资本家的英国政府所采納。

李嘉图的著作达到了资产阶級古典政治經济学发展的高峰。在他去世后，由于資本主义本身矛盾的发展，资产阶級古典政治經济学遂日趋瓦解，而資产阶級庸俗政治經济学则因以发展了。

李嘉图的研究方法 馬克思曾經指出，古典政治經济学曾研究资产阶级生产关系的內部联系，而在进行这种研究时，"旣不能用显微鏡，也不能用化学反应剂。那必須用抽象力来代替"①，这就是說，在政治經济学的研究上，必須应用抽象法。

威廉·配第所用的方法不过是这种抽象法在研究經济問題时初步应用的尝試。例如，当他从經常漲落的市場价格（即他所謂的"政治价格"）抽取出自然价格而加以研究时，所用的就是这种方法。亚当·斯密所用的內在方法，其实也就是抽象法，不过，斯密把它和外在方法不加选擇地交互使用，因而构成他的方法的二元論。李嘉图所使用的也还是这种抽象法。但是他使用这种方法比較前后一貫，从而克服了亚当·斯密的二元論缺点，把古典政治經济学的方法发展到頂点。

① 馬克思："資本論"，第1卷，人民出版社版，1957年，第2頁。

132

李嘉图的抽象法，简单地说，是这样的：他以商品价值由劳动时间决定这个原理为研究的出发点。他在研究其他经济范畴时，都是以这个原理为基础，看它们是否和这个原理相适应或矛盾。马克思对于李嘉图的这种研究方法的评价是高的。他说："资产阶级体系的生理学即其内部有机关联和生理过程的理解之基础或出发点，是价值由劳动时间决定。李嘉图即由此出发，要使这种科学……在这上面，清算一下别一些由它展开并且说明的范畴——生产关系和交换关系——是在什么程度以内，与这个基础、这个出发点相照应或矛盾，或者这种单是把过程的现象形态提示或再生产的科学，从而现象自身，是在什么程度以内，与这个基础……相照应，这个体系的外表运动和它的现实运动之间，又存有怎样的矛盾。这是李嘉图对于这种科学所有的伟大的历史意义"①。

马克思于指出李嘉图方法的科学意义以后，紧接着又指出它有种种科学上的缺点。这种科学上的缺点，主要的表现在下述二方面：

一方面，李嘉图把抽象法应用得不正确甚至可以说过于抽象，因而暴露出他的方法之形而上学的性质。

李嘉图所着重研究的只是各种经济范畴（价值、资本、工资、利润和地租等等）之量的规定，而没有研究它们之质的方面以及由它们所体现出来的人与人间的生产关系。例如，他只研究价值量是如何规定的，但并没有研究劳动产品为什么采取商品形态，生产商品的劳动为什么采取价值的形态。在他看来，那些都是很自然的。而且李嘉图所研究

---

① 马克思："剩余价值学说史"，第 2 卷，三联书店版，1957年，第5—6页。

的事实上是資本主义社会的經济現象，可是他把它的具体內容（例如自由竞爭等等）抽象掉了，把资本主义社会的生产关系当作抽象的一般的社会的生产关系，从而把它絕对化和永恒化了。比方說，亚当·斯密还知道原始漁猎社会（斯密把它看作簡单商品生产社会）和资本主义社会的区别，而在李嘉图看来，这种区别是不存在的。他认为，即使在原始漁猎社会，也已經有资本、工资和利潤等等的了。

我們可以从这里看出李嘉图方法的形而上学性质了。固然，李嘉图认为生产力是发展的，而且他自己也曾积极主張发展生产力。但是，在他看来，生产关系，具体点說，资本主义关系却是永远不变的。他的形而上学的方法主要的就表現在这里。

另一方面，李嘉图虽然应用抽象法，但又表現出没有足够的抽象能力，从而得出錯誤的結論。馬克思在闡明李嘉图的方法时曾說：他的"研究方法跳过了必要的中項，并用直接方法，去論証各种经济范疇相互間的一致"①。例如，从价值到生产价格，必須經过剩余价值、利潤和平均利潤这些中間环节，才能证明它們之間的一致性。可是，李嘉图并没有一一研究过这些中間环节，而是直接把价值同生产价格并列起来，即用直接的方法去論証它們之間的一致，因而发生了錯誤的結論和李嘉图自己也觉得不能克服的困难。关于这个問題，待后面研究李嘉图的价值論时再来詳加闡明。現在应当指出的只是：在李嘉图看来，無論从历史上还是从邏輯上来說，利潤、平均利潤都不是历史发展的結果，而只当作已知的前提。因此，当他研究价值时，没有抽象掉利潤，而

---

① 馬克思："剩余价值学說史"，第2卷，三联书店版，1957年，第4頁。

是把它当作已經存在的事实，抓住不放，因而把价值和生产价格混为一談了。所以，馬克思說："人們通常責备他（指李嘉图——引者）过于抽象，其实我們是应当用相反的話去責备他。那就是，他缺少抽象力，不能在討論商品价值时，把利潤忘記。利潤只是因有竞爭方才出現在他面前的事实"[①]。

总而言之，李嘉图只注意到各种經济范疇之量的规定，而沒有进行质的研究。他虽然贊揚发展生产力，但认为生产关系则是"自古已然"、永久不变的。他所应用的抽象法也有严重的缺点。馬克思在总結李嘉图研究方法的缺点时曾說："李嘉图……有意要把竞爭的形态抽象，要把竞爭的現象抽象，俾能討論法则本身。一方面我們应該責备他，因为他抽象的程度不够，另一方面我們又要責备他，因为他把現象形态，直接的当作一般法则的証明或表現来把握，但沒有把它說明。就第一层說，他的抽象是不完全的，就第二层說，他的抽象是一种形式上的抽象，本身就是錯誤的"[②]。

李嘉图的抽象法虽然有重大的缺点，但是在資产阶級政治經济学这个限度內，它还是比較科学的方法。李嘉图应用这种方法来研究资本主义社会的生理构造，得出一些比較科学的結論，从而使英国資产阶級古典政治經济学达到了最高峰。

第二节　李嘉图的价值論

大卫·李嘉图是資产阶級古典政治經济学的完成者。

---

①　馬克思："剩余价值学說史"，第 2 卷，三联书店版，1957 年，第 36 頁。
②　同上书，第 68 頁。

这在价值論方面表现得很突出。他很推崇亚当·斯密的著作——"国富論",但是他不同意亚当·斯密的許多論断,而提出他自己的見解,因此,使資产阶級古典政治經济学向前发展了一大步。这是李嘉图的重要貢献。

李嘉图的价值論可以分四方面来研究:1. 李嘉图研究的出发点——价值由劳动时間决定;2. 价值与劳动;3. 价值与交換价值;4. 价值与生产价格。现在就按照这个順序来闡述吧。

1. 李嘉图研究的出发点——价值由劳动时間决定

使用价值和交換价值 大卫·李嘉图在其所著"政治經济学及賦税之原理"第一章中一开始就引述亚当·斯密关于使用价值和交換价值及其关系的論点,并且在批判中发表了他自己的見解。

亚当·斯密曾經认为价值这个术語有二种意义:1. 它表示某种物品的效用,例如衣服可以供人穿以保护体温,米、面可以供人吃以充饥等等,这就是該种物品的使用价值;2. 它表示某种物品可以交換其他物品的能力,例如十斤米可以交換七尺白布,这就是該种物品的交換价值。亚当·斯密又认为有些物品,使用价值很大,但是沒有交換价值。例如,空气和水的使用价值都是很大的,但它們沒有交換价值。另一方面,他以为有些物品,使用价值很小,甚至沒有使用价值,但它們的交換价值却是很大的。例如,金鋼鉆使用价值很小,甚至等于沒有使用价值,但是它的交換价值却很大。

关于使用价值和交換价值这二个概念的含义,李嘉图是同意亚当·斯密的解释的。但在它们之间的关系上，李嘉图是不完全同意亚当·斯密的见解的。在李嘉图看来，如空气和水等使用价值很大的物品固然可以没有交换价值；但是没有使用价值的东西是决不可能有交换价值的。因为一种物品，如果毫无用处，那末谁也不会需要它，当然也就不可能有交换价值了。所以，李嘉图认为，交换价值必须以使用价值为前提条件。关于这一点，他自己曾经这样明白地说："效用（即使用价值——引者）不是交换价值的尺度，但为交换价值所不可少。若某商品全无效用，换言之，全然不能满足我们的欲望……无论生产所必要的劳动量若干，它终不能有交换价值"①。

使用价值不是交换价值的尺度，但为交换价值的前提条件。这种见解是正确的，它表现出在这个问题上，李嘉图比亚当·斯密前进了一大步。

李嘉图同亚当·斯密一样，认为政治经济学应当研究的不是商品的使用价值，而是它的交换价值。

现在的问题是：商品的交换价值由什么决定的呢？

李嘉图价值论所研究的是什么商品 上面曾经讲过：李嘉图认为决定商品价值的有二个因素：该种商品的稀少性及生产它时所耗费的必要劳动。这种见解当然是错误的。因为他把稀少性也当作商品价值的一个决定因素了。在他的"政治经济学及赋税之原理"中，依然有这种错误的见解："有用商品的交换价值，得自两个泉源——一个是稀少性，一个是生产所必要的劳动量"②。

---

① 李嘉图："政治经济学及赋税之原理"，中华书局版，1949年，郭大力、王亚南合译，第1页。

② 同上。

李嘉图把所有的商品分为二大类。一类是劳动不能增加它的数量，其数量极有限的商品，"例如稀有的雕像、图画，稀有的书籍、古錢，又如珍貴的葡萄酒，其葡萄由特殊土壤栽培，其品质特殊，分量有限……"①；另一类是可以由劳动无限地增加其数量的商品。他认为第一类商品的价值是由其稀少性决定的。而第二类即市场上最多的商品的价值则是由劳动决定的。

从表面上看来，好像李嘉图是一个二元論者，因为他认为商品价值是由其稀少性及生产它的必要劳动决定的。其实不然，因为李嘉图幷沒有主張同一种商品的价值由二个因素决定，而只是把商品分为二大类，其中少数的一类商品价值由稀少性决定，而最大多数一类商品价值则由劳动决定。关鍵的問題是：李嘉图是把这二类商品同等看待，都加以认眞研究呢？还是只不过着重研究其中某一类商品的价值？

李嘉图认为在市場上不能由劳动增加其数量的商品种类是不多的，最多的是可以由劳动无限地增加其数量的第二类商品。所以他所着重研究的也只是第二类商品，即可以由劳动无限制地进行再生产的商品。或如他自己所說："在討論商品、商品的交换价值和商品相对价格法則的时候，我們所指的商品，既可由人力增加总量，又允許生产上的自由竞爭"②。可见，我們不能把李嘉图看做一个二元論者，他始終坚持自己的研究出发点：商品价值由劳动时间决定这个原理。

---

① 李嘉图："政治經济学及赋税之原理"，中华书局版，1949年，郭大力、王亚南合譯，第2頁。
② 同上。

李嘉图对亚当·斯密价值論的批判　　李嘉图始終坚持商品价值由劳动时間决定这个原理，并根据这个原理发展了資产阶級古典政治經济学。这是他的一个大貢献。他对于亚当·斯密价值論的批判也是以这个原理为基础的。

我們已經知道，亚当·斯密认为資本尚未发生和土地尚未成为私有财产的原始社会內，一切财富皆由劳动所生产，因之，财富的价值也是由劳动决定的。但有时他以为决定财富价值的是这种财富生产时所耗費的劳动，有时又以为是利用这种财富所购得而支配的劳动。其次，亚当·斯密又以为在資本业已发生和土地成为私有财产以后，价值已經不是由劳动而是由工資、利潤和地租这三种基本收入来决定了。对于亚当·斯密价值論的这二种見解，李嘉图都曾加以批判，而且在批判中发展了他自己的理論。現将他对亚当·斯密的批判分述于下：

首先，他批判了亚当·斯密混同耗費劳动和购得劳动，并认为它們都可以当做价值尺度的見解。在"政治經济学及賦税之原理"第3頁上，他指出亚当·斯密的由耗費劳动决定商品价值的論点以后說："亚当·斯密如此正确地决定交换价值的本源时是不彻底的，……他不但没有首尾一貫地主張价值的大小須比例于生产时投下的劳动量，反而同时又树立別种价值标准尺度。說价值的大小，就看它能换得那种标准尺度若干。他所謂的标准尺度，有时是谷物，有时又是劳动；不过这里所說的劳动，已非生产該物时所須投下的劳动，却只是交换該物时所得而支配的劳动。在他看来，这两种劳动量似无多大区別"。

在这里，关鍵的問題是：生产某种物品时所投下的劳动和利用該物来交换时能够支配的购得劳动，在量上是否相等？亚当·斯密认为它們是相等的，因而他以为这二种劳动都可以当作价值尺度。李嘉图则认为它們是不等的，因而不能都作为价值尺度。他在上举的引文之后（也在第3頁上）曾說：耗費劳动"往往能够指示他物价值的变动，是一个不变的标准"；而购得劳动"却是可变的，不能测定它物的变动"。由此可见，李嘉图坚持了他自己的出发点，认为购得劳动不能当作价值的尺度标准，价值是由耗費劳动决定的。因而他得出結論："投在商品內的劳动量，支配商品的交換价值；劳动量增加，商品价值加大；劳动量减少，商品价值减低"①。总而言之，在李嘉图看来，商品的价值是同生产該商品时所耗費的劳动量或劳动时間成正比例的。同时他又指出，生产一种商品究竟需要耗費多少劳动，这一方面取决于这种商品生产时的难易，另方面，则决定于該生产部門的劳动生产率的高低。如果某种商品生产困难，则生产时所耗費的劳动量就較多，反之，如果生产較易，则所耗費劳动就較少。如果劳动生产率提高，就可以相应地减少生产单位商品所耗費的劳动量，反之，则較多。所以，李嘉图又认为商品的价值与生产的难易成正比例，而与該生产部門的劳动生产率高低成反比例。

其次，李嘉图不同意亚当·斯密关于資本发生和土地成为私有財产以后商品价值不由劳动而由三种收入决定的說法。在李嘉图看来，原始社会中，猎人的弓箭、漁夫的木舟和捕魚的工具，都是資本；制造这种种工具所耗費的劳动也是利用这种工具所生产的商品价值的一个决定因素。他曾說：猎人的"……猎获物的价值，不仅受支配于捕杀野兽

① 李嘉图："政治經济学及赋税之原理"，中华书局版，1949年，郭大力、王亚南合譯，第3頁。

140

148

所必要的时间与劳动，且須受支配于制造猎人资本即其武器所必要的时间与劳动"①。

顺便指出：第一，李嘉图同亚当·斯密一样把资本和生产資料即资本的一种物质形态混同起来了。亚当·斯密虽然已把这二者同样地看待，但还没有把原始猎人的弓箭和渔夫捕魚的器具当作资本，而李嘉图却把它們都看作资本了。这种见解当然是极其錯誤的。也就由于这个原因，李嘉图逡认为在原始社会就已經有资本主义的生产关系了，这是他把资本主义生产关系絶对化、永久化的最明显的一种表现。第二，李嘉图在这段引文中明明指出，决定商品价值的不仅在这种商品生产时直接耗费的劳动，而且还有包含在生产这种商品时所使用的工具中之間接耗费的劳动。这无疑是李嘉图在劳动价值論上的一个重大貢献。关于这一点，下面还要詳加說明。

正是由于李嘉图把资本主义关系絶对化和永久化，认为在原始社会也有资本和资本主义关系存在，所以他就反对亚当·斯密的劳动价值論只适用于原始社会的說法，而主张在原始社会和资本主义社会都是适用劳动价值論的。他虽然同意在資本主义社会价值可以分解为三种收入：工資、利潤和地租；但他决不同意，价值由这三种收入构成的见解。

在这个问题上，比較一下这二位大經济学家的观点是很有意思的。

第一，他們都把原始社会理解錯了：亚当·斯密把它当作簡单商品生产的社会，而李嘉图則更錯誤地把它当作資

_____
① 李嘉图："政治經济学及賦税之原理"，中华书局版，1949年，郭大力、王亚南合譯，第10頁。

本主义社会了！

第二，亚当·斯密认为在原始社会和資本主义社会不能适用同一规律，这是对的，李嘉图认为在这二种社会中可以适用同一规律，当然是錯誤的。

第三，亚当·斯密认为在原始社会可以适用价值规律，这是錯誤的，因为原始社会还不是商品生产社会，因此不可能有价值规律发生作用。即使在原始社会末期，物物交換也只是在原始共同体之間偶而发生，依然不可能发生价值规律。亚当·斯密所以会发生这种錯誤，是由于他把原始社会看作簡单商品生产社会了。李嘉图在这个問題上不仅与亚当·斯密有相同的錯誤，而且錯誤得更严重，因为他把原始社会和資本主义社会同样地看待了。

第四，亚当·斯密认为在資本主义社会，价值规律不适用了，价值由三种收入决定了，这当然是极錯誤的。在这个問題上，李嘉图的見解是比較正确的，因为他坚持了商品价值由劳动时間决定这个出发点，认为在資本主义社会依然可以适用价值规律；在这个社会中，价值是根本的决定的因素，收入只是派生的被决定的因素。所以，价值虽可分解为三种收入，但它决不能由三种收入构成。这是李嘉图的經济理論比亚当·斯密的更进步、較科学的一种表現。正是由于李嘉图坚持了劳动价值論，他才能比較科学地指出工資和利潤的矛盾。关于这一点，于討論李嘉图的分配論时，再来分析批判。

2. 价值与劳动

李嘉图虽然坚持商品价值由劳动时間决定这个出发点，而且先后一貫地认为商品价值的大小是同在該种商品

142

生产时所耗费的劳动量成正比例的。但是决定商品价值的究竟是什么劳动呢？是在商品生产时事实上所耗费的劳动，还是必要劳动？是在生产时直接耗费的劳动，还是也包含間接耗費的劳动？如果也包含間接耗費的劳动，那末这二种劳动（即直接和間接耗費的劳动）在决定商品价值的作用上是否相同呢？各种性质不同的劳动在相等时間內所生产出来的商品价值是否相等呢？这許多問題可以归納下面三方面来研究。

异质劳动——簡单劳动与复杂劳动　商品价值决定于劳动时間这个原理应用于性质相同的劳动，即应用于生产同种类商品的劳动，是比較不太困难的。因为劳动的性质既然相同，则在相同的劳动条件和同样努力的情形之下，耗費的劳动多，所生产出来的商品价值必然就較大；反之则較少。但是把这个原理应用于性质不同的劳动就比較困难了。例如，搬运磚瓦的劳动是比較简单的，而制造机器的劳动则复杂得多了。如果在同时間內耗費这二种劳动，而它們所生产的价值相等，那末恐怕誰也不願意从事机器生产而都去搬运磚瓦了。所以，事实上，簡单劳动与复杂劳动在相等的时間內所生产出来的价值是不等的，即簡单劳动所生产的价值比較小，复杂劳动所生产的比較大。这一点是为李嘉图所理解的。他在"政治經济学及賦稅之原理"一书第一章第二节里，一开头就說："我說劳动是一切价值的基础，相对劳动量单独决定商品的相对价值，諸君或将責我忽視劳动品质上的差异，說我不知道甲业一时劳动一日劳动，难与乙业一时一日劳动比較。其实，要参照劳动者的比較的熟练和强度，評定劳动的品质在市場上，决不是难事。为实际目的，市場上的評价，也够正确。这种評价表

143

一經定立，即不易变动。宝石匠的一日劳动在昔较貴于普通劳动者的一日劳动，今仍较貴。在評价表上，它們各有适当的位置"①。

认为在相同时間內，复杂劳动所生产出来的商品价值大于簡单劳动所生产的，这种見解是正确的。但是李嘉图对于这个問題的說明却是很模糊不清而且錯誤的。第一，在上面的引文中，他不是明确地指出異质劳动在相等时間內所生产的商品价值为什么不等，而只是說明了異质劳动在評价表上各占不同的位置，也就是說，他以"劳动"的貴賤問題，即各种劳动者工资的高低問題去代替各种不同劳动者在同时間內所生产的价值大小不等的問題了。从形式上来看，他是坚持劳动价值論的；但从实质上来看，在这里他不自觉地成为他自己反对过的亚当·斯密的价值由收入决定这一論点之俘虏了。因为既然異质劳动在相等时間內所生产的商品价值之所以不等，是由于这各种劳动在評价表上所占的位置不同，即由于这各种劳动的貴賤不等或这各种劳动者的工資高低不同，那末，各种劳动者所获得的工資不就成为他們的劳动生产品价值大小之决定因素了嗎？这正是曾經为亚当·斯密所主張而为李嘉图自己所反对的見解。可見李嘉图的这种解釋不但是錯誤而且同他自己的一貫坚持的价值由劳动时間决定这个原理相矛盾的。

第二，李嘉图认为各种劳动在評价表上的地位一經确立，即不易变动，这种見解也是片面的、不正确的。我們知道，在商品資本主义社会中，各生产部門的劳动生产力之发展是不平衡的。凡是劳动生产力发展得快，劳动生产率迅

---

① 李嘉图："政治經济学及賦税之原理"，中华书局版，1949年，郭大力、王亚南合譯，第8頁。

速提高的部門，每单位商品价值就会不断下降，从而会影响各种商品价值之对比关系，或如李嘉图所說的商品相对价值就会发生变化。例如，在历史上，黄金同白銀的价值对比所以时常发生变化，主要是由于生产这二种金屬的劳动生产力发展不平衡而发生的。

关于異质劳动問題即关于簡单劳动和复杂劳动在相同时間內为什么所生产的价值不等問題，只有馬克思才首創地予以科学的說明。李嘉图似乎已感觉到他自己的解釋是不很圓滿的，因此，他希望"……讀者諸君注意研究的，仅是关于商品相对价值的变动，而不是关于其絕对价值的变动，所以……无須考察劳动品质的比較表"①。

直接劳动和間接劳动 所謂直接劳动是指在商品生产时所耗費的劳动，而間接劳动则系耗費在为生产某种商品所必須的生产資料上的劳动。例如，以縫衣来說，縫衣工人的劳动是縫制衣服的直接劳动；但做衣服还必須有布、針、剪和縫衣机等等生产資料，耗費在这些生产資料上的劳动，则为縫制衣服的間接劳动。

在李嘉图看来，直接劳动固然会影响商品的价值，間接劳动也有同样的作用。他說："在原始社会，猎人捕杀鳥兽，已需若干資本，不过这种資本，可由猎人自己积累而得。沒有武器，海狸野鹿都不得而捕杀"②。武器即李嘉图所說的原始社会里猎人的資本，所以，他认为不仅猎人行猎时所耗費的劳动，而且还有在这种武器生产时所耗費的劳动，都是决定商品价值的因素。他幷且认为不管这种生产資料（在

① 李嘉图："政治經济学及賦税之原理"，中华书局版，1949年，郭大力、王亚南合譯，第9頁。

② 同上书，第10頁。

上例中的武器）是生产者自己的，还是由资本家投资供给的，"商品的交换价值，与其生产时投下的劳动量为比例这个原理依然是正确。不过这里所謂劳动，不仅是直接投在商品內的劳动，劳动又須有各种器械援助。投在这等器械內的劳动，也須包括在內"①。

认为决定商品价值的不仅是直接劳动，而且还有間接劳动，这是李嘉图在劳动价值論发展上的一个大貢献。但是在这里，还有二个問題，必須加以研究：1. 直接劳动和間接劳动既然都会影响商品价值，那末，它們在价值生产上的作用是否相同呢？2. 这二种劳动都是在商品生产时所耗費的，那末，它們究竟如何进行的呢？

关于第一个問題，李嘉图是注意到了。根据他的理論来說，能够生产价值的只是直接劳动，而間接劳动是不能生产新价值，不过把原有的价值轉移到新生产出来的商品上去而已。他曾說："因更难接近海狸，……制造捕狸武器比制造捕鹿武器，需要更多劳动。一头海狸的价值，自然也較多于二头野鹿。因为合計起来，捕获一头海狸所必要的劳动，实多于捕获二头野鹿。假使制造这二种武器所必要的劳动量相等，其耐久力却不等。耐久器具仅以小部分价值，移入所产商品內，不耐久的器具，却以更大部分的价值，实现于所产商品內。结果也当如此"②。从这段話中可以看出：第一，如果耗費在生产資料內的劳动較多，则在其他相同的条件之下，轉移到利用这种生产資料所制成的商品上去的价值也必然較

---

① 李嘉图："政治經济学及賦稅之原理"，中华书局版，1949 年，郭大力、王亚南合譯，第 11 頁。

② 同上书，第 10 頁。重点是引者加上的。

146

多。第二，如果某种生产资料使用的时期较久（即耐久力较强），则转移到新产品上去的价值就比较少。可见，间接劳动即投在生产资料上的劳动是不能生产新价值，只不过把原有的价值局部地（或全部地）转移到新生产的商品上去；所以，它与能生产价值的直接耗费的劳动是有不同的作用的。

至于第二个问题，即直接劳动和间接劳动在同一劳动过程如何进行耗费的问题，或者更明白地说，由直接劳动创造新价值和间接劳动的一部分（即一部分生产资料的价值）之转移如何能在同一劳动过程进行的问题，李嘉图不但没有加以研究，而且也没有提出。

这个问题，是由马克思提出而且加以科学地解决的。根据马克思劳动二重性的学说，生产商品的劳动是具体的同时又是抽象的。作为具体劳动，它在生产过程创造使用价值，同时就把生产资料的价值全部或部分地转移到新生产的商品上去；作为抽象劳动，它在生产过程创造新价值。

李嘉图虽然是一个资产阶级古典派的大经济学家，但是他没有而且也不可能有关于劳动二重性的学说，因此，也就不能提出和科学地解决关于新价值的创造和旧价值（即体现在生产资料中的价值）的转移如何能够在同一劳动过程进行的问题。

我们已经知道，李嘉图是代表工业资产阶级利益的经济学家，他坚持了劳动价值论，而且在这个理论的基础上指出工资和利润的矛盾（从而也就是资产阶级和无产阶级之间的矛盾），而作出了科学的贡献。他虽然已看出资本主义的内在矛盾，但由于他的阶级性的限制终究不能更深入分析和研究这些矛盾。资本主义的一切矛盾都萌芽于商品二重性的矛盾，而后者又体现了并且决定于劳动二重性的矛盾。因此，无論李嘉图自己或他的后继者，凡是代表资产阶級利益的經济学家，都不可能有劳动二重性的学說。

必要劳动 根据李嘉图的价值論，商品价值是由生产它时所耗费的劳动量决定的。但是由于生产条件的不同，每个生产者生产同种类的每单位商品所耗費的劳动时間决不是相同的。有的由于条件比較优越，生产每单位商品所耗费的时間就比較短，反之，条件差的就比較长。因此，就发生一个問題：决定商品价值的是不是每个生产者在生产时实际上所耗費的劳动呢？李嘉图认为决定商品价值的不是每个生产者实际上所耗费的劳动，而是必要劳动。

李嘉图所說的必要劳动与馬克思主义政治經济学上所讲的社会必要劳动是有本质上的区别的。第一，社会必要劳动从其性质来說是抽象劳动；李嘉图是不知道劳动二重性，因而也不理解抽象劳动的。第二，所謂社会必要劳动是指商品社会中在最普遍、最一般和中等的生产条件之下，具有一般的、中等的熟练程度的生产者，在普通劳动强度之下生产每单位商品所耗費的抽象劳动。而李嘉图所說的必要劳动则是指在最不利的条件之下生产每单位商品所耗費的最大劳动。他自己曾說：

"是制造品、是矿产、抑是土地生产物，可以不問。在有利条件下生产商品，換言之，在生产上若有特殊便利，所需投下的劳动量必較小。在极不利条件下生产商品，換言之，在生产上若无特殊便利，所需投下的劳动量必較大。决定商品交换比例的，决不是前一場合下的較小劳动量，只是后一場合下的較大劳动量"①。李嘉图的这个論断，用来說明

---

① 李嘉图："政治經济学及賦稅之原理"，中华书局版，1949年，郭大力、王亚南合譯，第37—38頁。

148

农产品价值大小的决定是可以的；但是用它来說明工业品价值大小的决定则是錯誤的。因为工业品的价值量不是如李嘉图所說由较大的劳动量来决定，而是由社会必要劳动量决定的。

3. 价值与交换价值

馬克思的劳动价值論教导我們：由于生产資料的私有制和分工的发展，劳动生产品逐采取了商品形态。商品的二重性则体現了而且决定于劳动二重性。价值的实体或基础是抽象劳动，价值量则决定于社会必要劳动。但是某种商品的价值不能直接由物化于其中的劳动量直接表現出来，而必須由其他与之相交换的商品的使用价值来表現，因此交换价值就成为价值的表現形态。

这一切大都为大卫·李嘉图所不知道。他虽然也知道价值和交换价值的区別，但他所使用的术語既很混乱，又复不理解价值和交换价值的內在联系，即不明白价值为什么要由交换价值来表現。现在分为下列各方面来說明。

李嘉图所用术語之混乱　大体上，李嘉图是用价值、絕对价值和眞正价值这些术語来表示价值；用交换价值、相对价值和比較价值等术語来表示交换价值的。但是由于他应用这些术語的混乱，因此，有时他所說的相对价值和交换价值，其实是指絕对价值或价值而言的。例如在"政治經济学及賦税之原理"一书的第六頁上他說："……决定諸商品相对价值的是劳动所能生产的商品量……"。又如在同书第十一頁上他說："……商品的交换价值，与其生产时所投下的劳动量成比例……"。在这种地方他所說的相对价值和交换价值，其实就是价值或如李嘉图自己所說的絕对价值。因为由劳动所能生产的商品量决定，以及与投下的劳动量成比例的都是价值而不是交换价值或相对价值。假設縫衣工人一天花了十二小时做成二件衣服，即做每件衣服要耗費六小时，为这六小时耗費劳动所决定的正是生产一件衣服的新价值，而不是这件衣服的相对价值；假如縫工做成一件衣服不是耗費六小时，而是耗費七小时或五小时，那末制成一件衣服时所生产的新价值就成比例地比原来的新价值大六分之一，或小六分之一。所以与耗費劳动成比例的也不是交换价值而是价值。这正如李嘉图自己說的："商品价值的漲跌，与生产难易成比例，换言之，与生产上投下的劳动量成比例"①。在上述引文中李嘉图所說的交换价值，就是在这段引文中所說的价值。

　　价值和交换价值的区别 李嘉图运用术語虽然有些混乱，但是他很知道价值和交换价值的区别。在他看来，一种商品的价值量是由在这种商品生产时所耗費的劳动量决定的。而一种商品的交换价值，则既可由于生产这种商品时所耗費的劳动量之变化而变化，也可由于与此商品相交换的其他商品在生产时所耗費的劳动量之变化而变化，还可由于这二者同时变化而变化，但在这二者发生同方向同速度的变化时而这种商品的交换价值却依然不变。所以，他在"政治經济学及賦税之原理"第六頁上这样說："二种商品的相对价值变动了，我們就要知道这种变动究竟是从哪方面发生的。"試以李嘉图自己所举的例子来说明：假設一件上衣原来只能交换四頂帽子，现在却可以交换到五頂。所以上衣的交换价值变化了。这种变化可以由于上衣的价值增

---

　　① 李嘉图："政治经济学及賦税之原理"，中华书局版，1949年，郭大力、王亚南合譯，第213頁。

150

158

加而发生（比方說制成一件上衣所耗費的劳动增加了四分之一），也可以由于帽子的价值减少而发生（比方說每頂帽子生产时所耗費的劳动减少了五分之一），或者由于上衣的价值稍有增加和帽子价值稍有减少而发生。假如上衣和帽子的价值同时都增加四分之一，或者同时都减少五分之一，则它們的价值虽然都已經发生变化了，但它們的交换价值则依然不变，就是說，一件上衣还是可以交换到四頂帽子。

价值和交换价值的內在联系　李嘉图在使用交换价值、相对价值这种术語时，意义是不明确的：有时他所說的这种术語其实是指价值；有时却又指交换价值了。但是大体上他是知道价值和交换价值这二个概念之区别的。在他看来，价值是包含在商品中劳动时間的表現，而交换价值则是某种商品价值在跟它相交换的其他商品的使用价值上之表現。

可是，李嘉图究竟不知道价值和交换价值的內在联系，或者如馬克思所說，他"不曾由商品的分析，尤其是商品价值的分析，发現那使价值成为交换价值的价值形态"①。

这是李嘉图以及資产阶級古典政治經济学家們的共同缺点。李嘉图的价值理論为什么会有这个缺点呢？这是因为：

第一，他只是进行量的分析，說明了价值量的规定，而沒有进行质的研究。馬克思曾說："李嘉图的缺陷是，他只考察价值量，从而只注意不同諸商品所体現并且当作价值所包含的相对劳动量。但是，包含在它們里面的劳动，必須

① 馬克思："資本論"，第1卷，人民出版社版，1957年，第64—65頁附注32。

151

表现为社会的劳动，表现为已經让渡的个别劳动。……个别私人的包含在商品內的劳动，要轉化为同一的社会劳动，从而，轉化为可以表现在各种使用价值上，可以和一切物交换的劳动。这种轉化，即問題的质的方面，……李嘉图全然沒有說明"①。既然李嘉图只是在量上来分析商品价值，沒有在质的方面加以研究，就必然会把价值形态当作同商品性质完全沒有关系的、外来的东西了。他所以在不同意义上使用交换价值、相对价值的术語，其原因也就在此。因为从量的方面来考察，商品价值的絕对的表现就是包含在商品中的劳动时間的表现，但是商品价值是不能直接由劳动时間表现出来的，因此，不能不采取相对的形态而表现在与之相交换的其他商品上了。

第二，李嘉图把資本主义的生产关系絕对化、永久化了，认为这是从原始社会以来久已有之的自然的生产关系，因此就看不出资本主义生产方式的特殊性。而劳动生产物的商品形态，生产商品的劳动之价值形态，则不但是资本主义生产方式之最抽象和普遍的现象形态，幷且它还使资本主义生产方式具有历史性的特征。李嘉图既然没有看出资本主义生产方式的历史特殊性，从而也就看不出商品形态的特殊性和价值形态的特殊性了。馬克思曾經指出：李嘉图所以不理解价值和价值形态的內在联系，不仅因为他的注意力"完全被吸引到价值量的分析上去了，还有更深的理由。劳动生产物的价值形态，不仅是资产阶级生产方式最抽象的幷且是最一般的形态。资产阶級生产方式当作一种特别的社会生产，就是由此取得历史特征的。如果我們把

---

① 馬克思："剩余价值学說史"，第3卷，三联书店版，1957年，第151頁。

这种生产方式看作是社会生产的永远的自然形态，我們就必致于看掉价值形态的特殊性，以致把商品形态的特殊性，把更发展的貨币形态、資本形态等等的特殊性都看掉"①。

4. 价值与生产价格

在簡单商品生产的条件下，小商品生产者自己有生产資料，亲自劳动来生产各种商品；他旣没有受别人剝削，也沒有剝削别人；他是为价值而生产的。因此，在这种条件下，价值直接成为市场上商品价格漲落的中心，而价值規律也是直接調节商品生产的。但是在資本主义生产方式之下，情形就不同了。資本家占有生产資料，而直接生产的則是丧失生产資料因而不能不出卖自己的劳动力給資本家以勉强维持其生活的无产者。在这情形下，資本家不仅为价值，更重要的是为剩余价值的生产而經营各种生产事业的。因此价值就变形为生产价格而成为市场价格漲落的中心；价值規律則变形为生产价格規律而发揮調节資本主义生产的作用。

李嘉图所研究的虽然是資本主义的生产关系，但是他把这种关系永久化，认为在原始社会就早已有这种关系了。因此，他就沒有从資本主义的生产关系以及体现这种关系的各个經济范疇之发生、发展方面去研究。当他在"政治經济学及賦税之原理"的第一章中研究价值时，就同时研究了生产价格。他不知道，从价值到生产价格的历史发展过程和邏輯过程。结果，遂把这两个虽然有密切关联但究竟各有不同的具体內容的經济范疇(即价值和生产价格)等同起

---

① 馬克思："資本論"，第1卷，人民出版社版，1957年，第65頁附注。

183

161

来,因此,他的理論遂发生了李嘉图自己以及所有資产阶級經济学家都不能克服的矛盾。

价值与生产价格的混同及其原因　我們知道价值是由社会必要劳动决定的,根据李嘉图的理論来說,則是由在商品生产时所耗費的劳动时間决定的;而生产价格則是由生产費加平均利潤这二个因素构成的。从整个社会来看,所有商品的总价值虽然和其总的生产价格相一致,但从各个生产部門来看,則由于資本有机构成和資本周轉速度的不同,商品的价值和生产价格就不等了。李嘉图自己幷不知道,从而也沒有使用生产价格这个术語,但他所說的自然价格,有时是指价值,有时按其实质来說則又是生产价格了。因而,他就把价值和生产价格二者混同了。例如,在他所著的"原理"(即"政治經济学及賦稅之原理",以后統仿此)第四章上討論自然价格与市場价格时,一开始就这样說:"劳动虽为商品价值的基础,商品生产所必要的比較劳动量,虽为商品交换比例的决定因素,但商品现实的市場价格,与本来的自然价格,尽可有偶然暂时的差異"。同威廉·配第、亚当·斯密一样,李嘉图在这里所說的自然价格其实就是价值。可是,在"原理"第五十五頁上,他却又說:"假若一切商品都按照自然价格出售,各业資本的利潤率,自必相等。"在这里,李嘉图所說的自然价格已經不是价值而是生产价格了。因为在这里所說的自然价格是由生产費(資本)和平均利潤(利潤率相等)这二个因素构成的。

其次,李嘉图坚持了商品价值由劳动时間决定这个原理,认为工資增减不会影响商品的价值,只会影响利潤的减增。在这种情形下,他所說的利潤其实就是剩余价值。因为根据劳动价值論来說,如果在生产时所耗費的劳动时間

154

不变，则劳动所创造的价值也不会变化，但这种新价值所分解的二部分，即工资（可变资本）和剩余价值却可以发生相互的反变化：工资增加，剩余价值就会相应地减少，工资减少则剩余价值就会相应地增加。可见，这里李嘉图把利润和剩余价值混同了。但在"原理"第五十三頁上他所説的利潤則是无論在量上和质上都是与剩余价值不同的平均利潤了。他是这样説的："各人既有随意投資的自由，他自然会斟酌什么是最有利的用途。假設資本改業，可收利潤百分之十五，他自然不能满意于百分之十的利潤。"我們知道，在資本主义生产方式之下，各个企业在生产过程所生产的剩余价值是包含在該企业所生产的商品中，而各企业所得到的平均利潤，則在量上不一定等于本企业中工人所生产的剩余价值，可能比这大，也可能比这小；在质上来説，它是全部剩余价值在所有产业資本之間再分配的结果。由于李嘉图所説的利潤有时是指剩余价值，有时則指平均利潤，因此，就把价值和生产价格混为一談了。

李嘉图为什么会把价值和生产价格混同起来呢？主要原因是由于他把資本主义生产方式和生产关系永久化、絶对化了，因此，他不是从这种生产方式的起源方面来开始研究，也就不知道由价值到生产价格的历史发展过程了。其次，从方法論上来看，从价值到生产价格有許多中間环节：剩余价值、利潤、利潤率及其平均化和平均利潤。李嘉图幷沒有研究这些中間环节，就由价值跳到生产价格。本来，生产价格是价值的变形，而又建立在价值基础上的，可是李嘉图却把它們同样看待了。结果，遂把这二者混同起来，而发生他自己无力解决的矛盾。

价值和生产价格的混同及因此而发生的矛盾　李嘉图

155

坚持自己的劳动价值論，认为商品的价值只是由这种商品生产时所耗費的劳动量决定的；工資的增减只会相应地引起利潤的减增，决不会使商品价值发生变化。可是只有在资本有机构成相同，或如李嘉图自己所說，各个企业都把全部资本用以购买劳动力或者它們所采用的机器及固定资本耐久程度相等，以及它們的资本周轉速度相同这二个条件下，它們所生产的商品价值及其生产价格才会相等。但是各企业的资本有机构成既不能相等，而它們的资本周轉速度也不会都相同，因此，它們所生产的商品价值与其生产价格就必然会发生差異，而李嘉图由于混同了价值和生产价格，把生产价格也当作价值，因而就觉得，他的劳动价值論有加以"修正"的必要了。

"原理"第一章第四节的标题，就是这样的："生产商品的劳动量，支配商品的相对价值。但因采用机器及固定耐久资本，这个原则的运用，遂大受修正"。

李嘉图举这样的例証来說他的"修正"：

假設有二个资本家，各雇100个工人，劳动一年，工資总額各为 5,000 元，年利潤率各为 10%；其中一个资本家是經营农业的，另一个則制造机器。一年劳动的结果，第一个资本家的谷物价值①和第二个资本家的机器价值是相等的——各为5,500元。第二年的情况是：第一个资本家雇100个工人，他們在农业中所生产的谷物价值依然为 5,500 元，因为他与第一年时一样，依然没有采用固定耐久资本；可是，第二个资本家則是利用第一年所生产的机器来經营紡織业，他虽然也只雇用 100 个工人，但第二年所生产的紡織

―――――――――
① 李嘉图在这个例子中只注意到由工人所創造的新价值，并没有計及生产資料价值的轉移部分。

品价值则大于 5,500元, 因为这个资本家在其企业中还采用了 5,500元的机器, 它的年利潤 550 元(即 5,500元的百分之十) 也应加入紡織品的价值中去, 所以其价值不是 5,500 元而是 5,500 加 550 等于 6,050 元。最后, 李嘉图說: 生产谷物和紡織品的劳动量虽相等, 但生产它們时所采用的固定耐久资本量則不同, 因此, 它們的价值也就不等了①。这里, 李嘉图所說的价值, 其实是生产价格。

从这个例子可以看出: 根据劳动价值論来說, 这二个资本家所經营的企业, 在第二年旣然由等量劳动(各为 100 个工人的一年劳动) 所生产的谷物和紡織品价值是应該相等的, 如果这样, 则等量资本就得不到等量利潤了(因为第一个资本家用了 5,000 元资本, 得到 500 元利潤, 即利潤率10%, 而第二个资本家则用了 5,000 元 (雇用工人) +5,500元(机器) =10,500 元, 如利潤也只 500 元, 则利潤率还不到5%)。如果按照等量资本获得等量利潤, 即按照生产价格来說, 则等量劳动所生产的价值就不等。这是为李嘉图及其后继者所不能解决的一个矛盾。

其次, 李嘉图从劳动价值論出发, 坚决认为工资增加只会引起利潤下降, 不会引起价值提高, 反之, 如果工资下降也只会使利潤上升, 决不会引起价值降低。可是, 他又认为, 在上例中, 如果由于工资提高致使利潤率从 10% 降至9 %, 那末, 谷物的价值虽然不致因此而发生变化, 但是紡織品的价值则受到影响了。因为当利潤为10%时, 在紡織业中所用 5,500 元固定资本的利潤为550 元, 现在利潤率降至9 %, 它的利潤就不是 550 元, 而只有 5,500×9 %=495元

① 参看李嘉图: "政治經济学及賦税之原理", 中华书局版, 1949 年, 郭大力、王亚南合譯, 第 18—19 頁。

了。因此紡織品的价值就不再是 6,050元而只为 5,995元了。

李嘉图在总結这个論点时說："工資騰落，将在什么程度上引起貨物相对价值的变动呢？那是取决于固定資本在全部資本中所占的比例。一种商品生产，若須用昂貴机械和昂貴房屋，或須历时长久，其相对价值必因工資騰貴而跌落；反之，若主要由劳动生产，且能迅速上市，则其相对价值，必因工資騰貴而騰貴"[1]。

上面所說的是关于因資本有机构成不同而发生的生产价格和价值之矛盾。此外，由于資本周轉速度不同也会发生同样的問題——李嘉图自己对于这个問題是这样表述的："生产二商品的劳动量虽相等，若不能同时上市（即周轉速度快慢不同——引者），其交換价值必不相等"[2]。

假設有甲乙二个資本家，他們的資本量相等，每人各有 2,000元；不过甲的資本中有一半是一年周轉一次，另一半则二年周轉一次，那是因为他在第一年用 1,000元資本雇用二十个工人进行生产，但这种产品必須于第二年再用 1,000資本雇二十个工人才能完成、上市；而乙的資本则全都是一年周轉一次的，因为他用2,000元資本雇用四十个工人来生产，当年就可以把商品制成、上市。再假設利潤率为百分之十。那末甲乙二資本家的商品虽然都是由四十个工人一年的劳动所生产的（在甲的場合，第一年二十个工人，第二年也是二十个，合起来，就等于四十个人一年的劳动了），但它們的价值却不等，即甲資本家商品的价值为 2,310 元（甲資本家第一年用去 1,000 元資本，加上 10% 的利潤，到第二年开始

① 李嘉图："政治經济学及賦稅之原理"，中华书局版，1949 年，郭大力、王亚南合譯，第 19 頁。

② 同上书，第 20 頁。

时，他已变成 1,100 元，所以与第二年新投入的合计起来，他已共投入 2,100 元，这是第二年所投入的总资本，再加上 10% 的利润就为 2,310 元了），而乙资本家的商品价值则为 2,200 元 (2,000 元 + 2,000 元 × 10% = 2,200 元)。这就是说，等量劳动所生产出来的价值不等了。这是根据李嘉图自己所举的例证来说明由于资本周转速度不同而发生生产价格与价值之间的矛盾的。

其次，我们也可以上述李嘉图自己说明的方法，来阐明，由于工资提高，甲乙二个资本家商品的相对价值也会发生变化。本来这二种商品的价值之比是：2,310 ： 2,200。但若由于工资提高致使利润率由原来的 10% 下降到 9 %。在这种情形下，乙资本家商品的价值，依然为 2,200 元，因为工资提高只会影响其利润率下降，但不会影响这些商品的价值。可是，甲资本家商品的价值，却不再是 2,310 元，而下降为 2,309 元了，这是因为甲比乙多投入的 100 元资本，其利润不再是 10 元而只有 9 元了 (2,200 + 100 + 9 = 2,309)。因此，这二种商品的相对价值不再是 2,310 ： 2,200，而是 2,309 ： 2,200 了。就是说，由于工资提高，使资本周转速度慢的企业所生产出来的商品的价值相对地下降，而资本周转速度快的企业所生产出来的商品的价值相对地提高了。

总而言之，李嘉图的所谓"修正"包含二个内容：第一，他本来坚决主张商品价值是由劳动时间决定的，因此，必然得出"等量劳动生产出等量价值"的结论，他现在修正为：由于资本有机构成不同或资本周转速度不等，等量劳动所生产出来的商品的价值不一定相等；第二，他本来认为工资变化只会影响利润之相反的变化，但不会影响价值的，现在他却修正为：由于资本有机构成不同或资本周转速度不等，工资提高会引起资本有机构成比较高（或如李嘉图自己所说的固定耐久资本的比重比较大）或资本周转速度比较慢的企业所生产出来的商品价值会相对地下降。

这种"修正"暴露出李嘉图没有足够的抽象力；同时也暴露出他无力解决由于混同价值和生产价格而发生的矛盾。

等量劳动所生产出来的商品价值为什么会不等呢？工资变化为什么会影响商品的相对价值呢？关键在于李嘉图以既定的利润率（10%或9%）为前提来说明价值问题。

为什么谷物和纺织品都是由100工人一年劳动生产出来，而它们的价值却不等（前者为5,500，后者为6,050；相差550)？为什么甲乙二个资本家各雇用四十个工人，他们一年的劳动所生产出来的商品价值不等（甲的为2,310，乙的为2,200；相差110)？其原因，就在于以平均利润的存在为前提，在商品价值中加进了平均利润：就前一个例子来说，在纺织品价值中外加了5,500固定资本的10%利润即550；从后一个例子来说，甲资本家的商品价值中加进去了他第一年所用1,000元资本的10%利润100元以及这些利润在第二年转化为资本时又获得10%利润10元，即一共加进去110元。

工资增加为什么会影响由资本有机构成不同或资本周转速度不同的企业所生产出来的商品的相对价值呢？其原因还是从平均利润方面发生的。就前一例子说，工资增加使平均利润从10%下降到9%，对于谷物价值并无影响；纺织品价值所以会从6,050下降到5,995，是因为固定资本的利润从550下降到495了；从后一例子说，工资和利润的这种变化对乙资本家商品的价值并没有影响，甲资本家商品价值所以会从2,310降至2,309，是由于他的资本中有100

160

168

元的利潤从 10 元降至 9 元了。

一句話，所以使李嘉图要"修正"他的劳动价值論的原因是在于他沒有足够的抽象力——在說明价值时沒有抽象掉平均利潤。馬克思曾說：李嘉图"在他只要說明价值，从而只要說明商品自体的地方，居然把一般利潤率和一切由比較发展的資本主义生产关系生出来的前提，引进来"①。

資本有机构成离低不同、資本周轉速度快慢不等，这都是"由比較发展的資本主义生产关系生出来的前提"，而平均利潤，則是由于这些前提以及自由竞争規律发生作用，从利潤（即个別利潤）轉化来的，而利潤又是剩余价值的一种轉化形态。因此，从价值到生产价格必須通过許多中間环节。李嘉图一方面由于他沒有足够的抽象力，以致不能在說明价值时把平均利潤抽象掉，另一方面，由于他把平均利潤看作不是历史发展的結果，而是看作既存的事实来把握，以致把生产价格（平均利潤就是其构成因素之一）和价值直接等同起来，而漏掉它們之間的許多中項。因而，就产生了价值和生产价格之間的矛盾了。

价值与生产价格之間的矛盾，或者更确切些說，在价值規律和生产价格規律之間的矛盾，是李嘉图、他的后继者和任何資产阶级經济学家所不能解决的矛盾。只有馬克思才科学地解决了这个問題。

第三节　李嘉图的貨币論

李嘉图把他自己研究的出发点貫彻在他的貨币理論里

---

① 馬克思："剩余价值学說史"，第 2 卷，三联书店版，1957 年，第 58 頁。

去,认为铸造货币的金银,如同其他商品一样, 也是有价值的, 而且其价值也是决定于在金银生产时所耗费的劳动时间。他說:"金銀的价值, 与其生产及上市所必要的劳动量成比例。金价約等于銀价十五倍,非因金之需要較大, 也非因銀之供給較丰, 只因获一定量金, 比于获一定量銀, 須費去十五倍的劳动量"①。

李嘉图在这个基础上, 发揮他的自然价格理論。根据这一理論来說, 商品的自然价格是由商品价值和貨币价值的比例关系决定的。因此, 它(即自然价格)既可因商品价值的变化而变化,也可以由于貨币价值的变化而变化。但是商品价值的和貨币价值的变化对于商品自然价格的影响恰好是相反的。如果貨币价值不变, 則商品价格的变化会引起其自然价格的成正比例的变化。如果商品价值不变, 則其自然价格必随着貨币价值的变化而发生反比例的变化:如果貨币价值降低, 商品价格就会提高, 因为在这种情形之下, 同数量的商品可以卖得較多的貨币;反之, 如果貨币价值增加, 則商品价格就会下降, 因为在这种情形之下, 同数量商品只能换到較少量的貨币。李嘉图因此规定了一个重要原理: 在商品总量和商品价值不变或在流通界的商品总价值不变的情形下, 为流通所必要的貨币量为貨币本身的价值所决定:如果貨币价值减少了, 則貨币流通量必然会增加;反之,如果貨币价值增加了, 則貨币流通量就会减少。李嘉图自已是这样表述这个原理的: "一国所能使用的貨币量,必須受支配于其价值。金与銀的相对价值,既为一比十五,所以,专用銀来周轉商品,量若为一,則专用金来周轉商

① 李嘉图:"政治經济学及賦税之原理",中华书局版,1949年,郭大力、王亚南合譯,第277頁。

品，量当为十五分之一"①。

上面闡明李嘉图的价值論时，我們曾經說过，他不知道商品的价值形态，同样，现在他也没有意識到比較复杂的貨币形态。他只着重研究量的关系：前面他所研究的是商品与商品之量的关系，而现在他所研究的則是商品与貨币之量的关系。因此，他旣不理解貨币起源的眞正原因，也不理解貨币的本质。他只认識到貨币也是一种商品，但不理解貨币不是普通商品，而是一种特殊的商品，是一般等价物，是价值的存在。当商品用貨币来表现自己的价值时，商品和貨币的关系不仅是量的关系而且已成为使用价值和价值的关系了。

李嘉图不理解这一切。在貨币理論上，他就只继承了斯密的这些論点：1. 貨币是商品，与其他商品一样，也是一种普通商品；2. 貨币只是一种流通手段；3. 貨币执行这种机能时，可以而且最好是用紙币来代替。他們认为紙币不仅是一种价值符号、不仅是执行流通手段职能的金屬的代替者，而且是代替金屬貨币的眞正貨币。所以，亚当·斯密认为最好是用紙币代替金屬币来流通。李嘉图也认为"全由紙币（但价值必須等于它所代表的金）流通，是最完全的通貨制度"②。但是在貨币流通問题上，李嘉图幷不是单純继承亚当·斯密的理論，而是有他自己理論的特点的。那就是，由于他同样地看待紙币和金屬貨币，因而制定了他的貨币数量論。

李嘉图的貨币数量論　从內容上来說，李嘉图的貨币

① 李嘉图："政治經济学及賦稅之原理"，中华书局版，1949年，郭大力、王亚南合譯，第277頁。

② 同上书，第284頁。

数量論与我們在第一章中所简单評述过的休謨的貨币論，基本上是相同的。但是，休謨不但沒有研究过劳动价值論，而且撇开貨币的和商品的价值不談，专讲貨币数量同商品价格之間的关系。所以，他的貨币理論虽然是极其錯誤，但也是很可以理解的。李嘉图就不同了。他是始終坚持商品价值由劳动时間决定这个原理，而且如前所述，他又把这个原理应用到貨币价值上。为什么他也会主张貨币数量論呢？

　　根本的原因在于他同样地看待紙币和金屬貨币，因而把紙币的流通規律扩大到金屬貨币。假定一个国家，商品的总价值和每单位貨币的价值都不变，或者假定商品的总价格不变，在国內流通的都是本身有完全价值的金屬貨币，那末它的流通量是由在流通界的商品总价值和单位貨币本身的价值决定的（为了說明方便，我們在这里不考虑信用和貨币流通速度对于貨币流通量的影响）。如果貨币的数量过多了，即超过了为流通所必要的貨币量，那末，超过的部分就会退出流通界而执行貨币的儲藏手段职能。在这种情形下，决不会因为貨币数量的过多而引起商品价格的上涨。如果在国內流通的，除金屬貨币以外，还有紙币；而通貨（这是各种形式貨币的通称，在这里它兼指金屬貨币和紙币而言的）总量又不超过为流通所必要的貨币量，那末，紙币跟它所代表的金屬貨币可以同样地流通。如果通貨的总量不断增加以致超过为流通所必要的貨币量，那末，一部分金屬貨币（其数量等于过多的通貨）就会退出流通界；由于紙币发行量的不断增加，金屬貨币也就会继續退出流通界；假使紙币发行量已达到为流通所必要的貨币量了，在这种情形下，金屬貨币必然会完全退出流通界，只要不再继續发行紙

164

币,那末,在流通界的虽然都是纸币，而纸币所代表的价值却依然同为它所代表的金属货币的价值是相等的。在上述的各种限度內，通货增加都不会引起商品价格的上涨。假使由于纸币的不斷发行，致使它的总数超过为流通所必要的货币量了,在这种情形下,通货数量的增加就必然会引起商品价格的上涨。这是纸币流通规律的特点。可是李嘉图把它扩及于金属货币，因而就主張商品价格变动决定于货币数量的荒謬理論了。

如果认为金屬货币是根据紙币流通规律来流通的，也就会得出货币数量論。馬克思在批判李嘉图的货币論时，曾从另一种方法来說明李嘉图所以会有货币数量論的原因。

假設某国一定数量的金屬货币原来恰好与为流通所必要的货币量相适应。这就是說,流通中的货币是处于正常水平的。再設金的价值不变,可是由于种种原因，或者在流通界的商品价值总額减少了，或者这个总額增加了。"在两种情况之下，流通中的金屬的那个既定的数量会有什么结果呢？如果金之所以为货币仅仅是因为它的当作流通手段而流通,如果它同国家所发行的强制流通的纸币一样(李嘉图思想上正是这样)非留在流通中不可……"①，那末，在第一种情形下，流通中的货币便会变为过多，金变成了交换价值比自己低的一种金属符号,商品价格因而会高涨; 在第二种情形下,流通中的货币量就低于其正常水平,金变成了交换价值比自己高的一种金屬的符号，因而会引起商品价格下降。

假定流通中的商品价格总額不变，而流通中的金量低

---

① 馬克思: "政治經济学批判"，人民出版社版，1959年,第119頁。

于或高于正常水平，也会发生同样的过程。

马克思在总结李嘉图的货币数量论时说：“总起来说：在一定的商品交换价值下，如果流通中的货币量决定于它自己的金属价值，则流通中的货币正处于正常水平。如果商品的交换价值总额减少，或者……金的供给增加，流通中的货币就超过这个水平，金就跌到自己原来的金属价值之下，而商品价格就高涨。如果商品的交换价值总额增加，或……金的供给不足以替补被耗蚀的金量，货币量就紧缩到它的正常水平之下，金就升到自己原来的金属价值之上，而商品的价格就降落”①。

这就是李嘉图的货币数量论的基本内容。为什么一个坚持劳动价值论的学者会有这种错误的货币论呢？关键在于我们上面所引的马克思批判李嘉图货币论时所说的这句话：“……金之所以为货币仅仅是因为它的当作流通手段而流通，……它同国家所发行的强制流通的纸币一样……非留在流通中不可”。上面曾经说过，金属货币流通规律与纸币流通规律是不同的，就是说既定数量的金并不是象纸币一样，在任何条件下都非留在流通中不可。在商品价格总额减少或金的供给增加的条件下，如果金非留在流通中不可，则作为货币的金就会跌到它自己原来的价值之下，因而不但新增加的金不会铸成货币去当作货币使用，而且已经当作货币使用的金（即金币）也会融化为金块而当作商品出卖，因为这对于它的持有者是有利的，或者即使不把它融化，也把它作为金自己的原来价值保存起来。可见，在这种条件下，金决不是非留在流通中不可的。

───────────

① 马克思：“政治经济学批判”，人民出版社版，1959年，第120頁。

166

李嘉图所以会发生这种错误的见解，是由于他不知道货币的本质，是由于他认为"金之所以为货币仅仅是因为它的当作流通手段而流通"，不知道它还有储藏手段的职能。

李嘉图否认一般生产过剩之可能性 如上所述，李嘉图货币数量論的前提之一，就是他不理解货币的本质，认为货币只是流通工具。也就是这一点使他否认一般生产过剩的經济危机的可能性。他說："购买生产物的手段，即是生产物或劳役，货币只是实行交换的媒介。就特殊商品說，生产可以过剩，可在市場上发生过剩現象，其价格可以不够偿还生产費。但就一般商品說，却决不能有此現象"①。

在李嘉图看来，个别商品的生产过剩是可能的，但就一般商品說则"决不能有此現象"，因为货币不过是交换媒介物，一种商品还是用另一种商品去购买的。这样，他把商品流通(即商品——货币——商品)归結为商品同商品直接交换(即商品——商品)了。李嘉图所以会发生这种錯誤的論点，是由于他不理解货币的本质，不理解資本主义生产的特性。

我們知道，商品流通是由卖(商品——货币)和买(货币——商品)构成的。如果货币只是交换媒介物，并且在"卖"之后立即继之以"买"，那末，李嘉图的論点，虽然与資本主义生产的現实不符合，但在邏輯上还勉强可以說得过去。問题是，事实上货币不仅仅是流通手段，而且还有其他許多职能，储藏手段的职能就是其中之一。而且在"卖"以后也并不是立即继之以"买"。"卖"和"买"无論在空間还是时間上都会分开的。当某个商品生产者在"卖"以后，并

---

① 李嘉图："政治經济学及賦稅之原理"，中华书局版，1949年，郭大力、王亚南合譯，第227頁。

不把货币当作购买手段而立即继之以"买"，而是把"卖"时所得的货币，作为储藏手段，保留在流通以外。这样，就必然会影响到别个商品生产者的"卖"。所以，在簡单商品流通的情形下，就已經具有生产过剩的經济危机的可能性了。

李嘉图既然看不出在簡单商品生产条件下經济危机的可能性，当然，也就更看不出，这种可能性在资本主义生产条件下轉化为現实性了。

把商品流通归結为商品同商品直接交換，这无异是，认为生产的目的是在于滿足生产者自己的需要。这样，就表明李嘉图忽視了资本主义生产的特征。我們知道，资本主义生产的目的决不是使用价值，决不是为自己消費，而是生产价值和剩余价值；只是因为使用价值是价值和剩余价值的物质担负者，所以才生产了各种使用价值。在李嘉图看来，在资本主义条件下，好象不但是为"买"而"卖"，而且是"卖"以后立即继之以"买"。因此，资本主义生产的特点以及在这基础上的资本流通的特点，就都被忽視了。馬克思在批判否定一般危机的"理論"时說过："如果說，资本家只在他們自己中間相互把商品交換和消費，我們就把资本主义生产的全部性质忘記了，并且忘記了，这里的問題是资本的价值增殖，不是它的消費。总之，对于生产过剩的明明白白的現象——这各种現象的发生再也不会顾到这各种反对的議論——各种反对的議論，結局也不外是說，资本主义生产的限制，不是生产一般的限制，所以也不是这种特殊的资本主义生产方式的限制。但这个资本主义生产方式的矛盾，正好是由它的絶对发展生产力的趋势构成。既然资本是在特殊的生产条件內运动，并且只能在其內运动，生产力的发展

168

就要不断和这各种特殊的生产条件陷于冲突了"①。

在李嘉图看来,生产是为滿足需要的, 而"需要是无限的"②, 所以生产永远不会超过需要。这也就是說, 一般的生产过剩的經济危机是不可能的。因此, 就应当积极发展生产。他說:"有宿願未酬的, 每需要追加商品; 設能得一新价值, 以交换追加商品, 他的需要, 就可見諸实际"③。人們的有些需要既然还没有得到滿足, 因而必須获得某种商品来滿足它; 但这只有通过生产, 借生产出来的新价值以交换自己所必要的商品, 才能滿足尙未滿足的需要。这是李嘉图从滿足需要一方面积极主張发展生产的观点。根据这种观点来看, 他是把资本主义生产当作使用价值生产的。

可是另一方面, 他认为能够刺激资本主义生产发展的是高額利潤。他幷且由于看出利潤率下降而发出过悲观的論調(参考本章后面第五节)。馬克思說过:"使李嘉图不安的事, 是: 利潤率——资本主义生产的刺激, 积累的条件和动力——将会由生产的发展自身, 受到危險"④。旣然利潤是资本主义生产的刺激, 积累的条件和动力, 那末, 资本主义生产的目的当然就不是单純的使用价值生产, 而是剩余价值生产了。

对于资本主义生产性质的这二个不同的看法, 构成了李嘉图理論体系的一个重要矛盾。这个矛盾, 由于他否认一般生产过剩的經济危机的可能性而突出地表现出来了。

---

① 馬克思:"資本論", 第 3 卷, 人民出版社版, 1957 年, 第 307 頁。

② 参看李嘉图:"政治經济学及賦税之原理", 中华书局版, 1949 年, 郭大力、王亚南合譯, 第 230 頁。

③ 同上书, 第 226 頁。

④ 馬克思:"資本論", 第 3 卷, 人民出版社版, 1957 年, 第 310 頁。

第四节　资本、剩余价值和利润

李嘉图关于资本的理論，可以分为：1、资本的一般概念；2、资本的分类——固定资本和流动资本；3、剩余价值和利潤这三方面来研究。

1. 资本的一般概念

我們大家都知道，资本是体现在资本主义生产方式之下资本家对无产者的剝削关系的一种經济范疇。由于直接生产者的生产資料被剝夺，他們遂不能不出卖自己的劳动力以勉强維持生活，而生产资本的占有者——资本家則购买劳动力以經营生产事业，从而对雇佣工人进行剝削。所以，资本是以劳动力卖买为前提的资本家对工人的一种剝削工具。因此，资本是具有一定的历史性和社会性的。

资本就是生产資料 李嘉图同亚当·斯密一样，并不知道资本的历史性和社会性，而是把资本和资本的一种物质形态——生产資料混同了，认为资本就是生产資料。在"原理"第一章第三节內，他說："……在原始社会，猎人捕杀鳥兽，已需若干資本，不过这种资本，可由猎人自己积累而得。沒有武器，海狸、野鹿都不得而捕获"。这里他把原始社会猎人所用的武器——弓箭等，当做资本了。这种見解当然是錯誤的。

第一，生产資料在特定的社会历史条件下虽然是资本的一种形态，但它本身并不是资本。只有在资本主义的生产关系、剝削关系之下，它才成了资本。馬克思在批評把生产資料当作资本的經济学家时，曾經这样生动地說："什么

170

是黑奴呢？黑奴就是黑种人"。上面那个解說（即把生产資料当作资本的解說——引者）和这个解說是相等的。

"黑人是黑人，只有在一定的关系下，他才成为奴隶。纺紗机器是用以纺棉花的机器，只有在一定的关系下，它才成为资本。脱离了这种关系，它就不是资本了，也好像金子本身并不是货币，砂糖并不是砂糖价格一样"①。

第二，亚当·斯密虽然把资本和生产资料混为一談，可是他并沒有把原始社会猎人所用的弓箭等武器当作资本，因而他还能把原始社会和资本主义社会加以区别。李嘉图在这个問題上还不如亚当·斯密，依照他的見解来說，不但原始社会和资本主义社会沒有区别，而且原始猎人的弓箭等武器既是资本，那末就連猿猴等高等动物在采取果品时所用的木棒和石头也可以說是资本，而猿猴則成为资本家了！这难道还不是笑話。

资本在价值形成中的作用　资本（更明确地說則为生产资料）在价值形成过程中究竟有怎样的作用呢？它在劳动过程能够生产新价值？还是只把原有的价值轉移到新生产的商品里去？在这个問題上，李嘉图始終坚持了劳动价值論，认为只有工人的劳动（即活劳动）才能生产新价值。生产资料（即积累的劳动）則只能把其原有的价值轉移到新生产的商品里去，就是說，它是不能生产新价值的。

李嘉图的上述見解是正确的。这是他的一个大貢献。但是，如我們以前在研究他的价值論时所指出的，由于他不知道劳动二重性，因此就不能說明：新价值的創造和生产资料价值的轉移如何能在同一劳动过程进行？

---

① "馬克思恩格斯文选"，两卷集，第 1 卷，人民出版社版，1958 年，第 67 頁。

其次,生产资料是由原料、輔助材料和劳动手段等因素构成的。在劳动过程和价值形成过程中，这些因素的价值是以不同的形式被轉移到新产品里去的。馬克思曾說:"在机器內发热的煤炭,不会留下一点痕迹;輪軸上搽用的油等等,也是这样。染料·与別种輔助材料会消灭,但会表現在生产物的特性中。原料构成生产物的实体,但其形态已經变化。所以,原料与輔助材料当作使用价值加入劳动过程时的独立形态将会丧失。真正的劳动手段不是这样"①。原料和輔助材料加入劳动过程以后,或者会被消灭,或者会变化其原来的形态,而它們的原来价值也就全部轉移到新生产的商品里去。机器、工具、建筑物等劳动手段則不然,它們参加劳动过程时既不会被消灭,也不会改变其原来的形态,而是比較长时期地以它們的原来的形态参加劳动过程,一直到它們的"使用价值已經完全被劳动消費掉了,它的交換价值也已經完全轉移到生产物去了"②的时候为止。就是說,它們的价值是局部地被轉移到新生产的商品里去的。李嘉图既沒有分析在劳动过程和价值形成过程中各种生产资料价值轉移之不同的形式;更不知道,为什么"同一生产资料,当作劳动过程的要素,是全部算在生产过程中,当作价值形成的要素,在同一生产过程中,就只部分地被計算"③的。

再次，在李嘉图看来，无論生产资料为生产者自己所有,或为資本家所独占,并沒有什么区別。他在"原理"第一章第三节中說明了原始社会的猎人和渔夫,如果他們所用的生产资料的价值相等、耐久性也相同,則猎人一天劳动所

<hr>

① 馬克思:"資本論",第1卷,人民出版社版,1957年,第225頁。
② 同上。
③ 同上书,第227頁。

172

捕获的野鹿与渔夫一天劳动所捕获的鲑鱼，其价值必然相等以后，說道："如果猎人借口于工資提高，要提高鹿的交換比例，渔人也可拿同样的理由，要提高魚的交換比例。所以不管工資如何变动，不管利潤如何变动，也不問资本积累如何，只要他們各自劳动一日所能获得的鹿数和魚数不变，一鹿的自然价格，总必等于二条鲑魚"[①]。

这里再次暴露出我們曾經指出过的李嘉图經济理論的重大缺点：他不但把原始社会当作簡单商品生产的社会，而且认为在原始社会中已經有资本和雇佣关系了。从这里可以看出，他把资本主义生产方式当作一般的、抽象的生产方式，从而把它和簡单商品生产混为一談了。

我們知道，在簡单商品生产的条件下，小商品生产者是由自己进行劳动生产的，因此，对于他来說，商品的价值是用劳动时間来衡量，事实上，它也是由在其生产时所耗費的劳动时間决定的。但是在资本主义生产方式之下，资本家并不是由自己而是由雇佣工人来进行劳动生产的，资本家經营生产的目的，主要的不是生产价值而是生产剩余价值，就是說，资本家所最关心的是他耗費多少资本和获得多少利潤。所以，商品的价值事实上虽然依旧是由劳动的耗費来决定，但是对资本家来說，所耗費的并不是他的劳动而是他的资本了。他并不注意耗費了多少劳动生产出多少商品，而只注意到用了多少资本生产出多少商品。因而劳动耗費为资本耗費所代替、所掩盖了。

由于雇佣工人在生产过程中不但生产出与他的劳动力价值相等的价值，而且还无偿地給资本家生产出剩余价值，

① 李嘉图："政治經济学及賦税之原理"，中华书局版，1949 年，郭大力、王亚南合譯，第 13 頁。文字曾略加修改——引者。

就是說，工人所生产的新价值大于资本家购买劳动力时所耗费的资本价值，因此在资本主义生产方式之下，劳动耗费是大于资本耗费的。唯其如此，所以，资本家有低于商品价值出卖而又有获得利润的可能。比方說：某个资本家总共用去 100 元资本，其中60元是用于购买生产资料的，40元则系雇用工人。假定60元生产资料的价值都转移到新产品上去，而工人则生产出80元新价值。这样，新生产出来的商品价值为 140 元(60＋80)，而他所耗费的资本则仅为100 元。他低于价值(比方說 120 元)出卖商品，还是能够得到利润20元(120－100＝20)。

各资本主义的生产部門和各企业，由于资本有机构成旣不相同，而资本周轉速度又复快慢不一，因此个别利潤率是很不一致的；但是由于生产无政府状态和自由竞争的规律发生作用的結果，利潤率有平均化的趋势。在这种情形下，价值就变形为生产价格(生产費加平均利潤)，使得等量资本有获得等量利潤的可能了。但它和价值规律依然是一致的。因为平均利潤是全社会的资本家按照各自的资本量瓜分剩余价值的結果。有的商品的生产价格大于其价值，反之，别的商品的生产价格则小于其价值。但就全社会說，商品的生产价格总额还是等于其价值总额的。

2. 固定資本和流动資本

根据馬克思的經济理論来說，資本分类有二种：1、从剩余价值的生产方面来看，資本分为可变的和不变的。前者是轉化为劳动力的資本。这种資本在生产过程中能創造新价值，由它所創造的新价值总是大于其本身的价值，所以，只有它才創造了剩余价值，而且由于剥削程度的不同，它所

174

創造的价值也是有时較大有时較小，因此，把它叫做可变资本。后者是采取生产资料形态的资本，它只是价值和剩余价值生产的条件，其本身不能生产价值，只是把它自身的价值不多不少地由具体劳动轉移到新产品上去，所以把它叫做不变资本。2、从资本周轉方面来看，资本又可分为固定的和流动的。

大卫·李嘉图同亚当·斯密一样，只研究了固定资本和流动资本的分类，而不知道不变资本和可变资本的分类。

但是李嘉图关于固定资本和流动资本划分的原则则是与亚当·斯密不相同的。

我們已知道，亚当·斯密是根据获得利潤的不同方法把资本分为二类：流动资本能够直接获取利潤，而固定资本则只有在流动资本协助之下才能取得利潤的。李嘉图则不然，他是以资本的耐久性程度，或者說资本使用时間之久暫，作为资本分类之原则的。在"原理"第一章第四节內他曾說："资本，或則消耗迅速，常須再生产，或則徐徐消磨，无須常常再生产。故资本可分为二类：一曰流动资本，一曰固定资本"[①]。

可見，李嘉图是根据各种资本之耐久程度、消耗的快慢及其再生产的情況作为划分固定资本和流动资本之标准的。凡是耐久程度高、消耗慢、不需要經常再生产的就是固定资本；反之，凡是耐久程度低、消耗快，需要經常再生产的就是流动资本。在这里，发生一个問題：区别耐久程度的高低、消耗的快慢和是否經常再生产的标准是什么呢？就是說，怎样才算耐久程度高、消耗慢、不須經常再生产呢？怎

---

① 李嘉图："政治經济学及賦税之原理"，中华书局版，1949年，郭大力、王亚南合譯，第16頁。

样才算耐久程度低、消耗快、需要經常再生产呢？严格地說，实际上这样的客观标准是不存在的。这一点，李嘉图自己也感觉到了，所以，当他說明了固定資本和流动資本分类以后，加上一个附注說："这种区分，并非本质上的区別，其間不能划出分明的界綫"①。

其次，李嘉图关于固定資本、流动資本的物质构成因素的見解，也是与亚当·斯密不同的。在李嘉图看来，流动資本完全由工資、或如李嘉图自己所說的"維持劳动的資本"构成，而固定資本则是由劳动手段和劳动工具构成的。关于这个問題，他自己是这样說的："維持劳动的資本，和投在工具、房屋、机械內的資本，……可按不同的比例結合"②。这里，李嘉图把"維持劳动的資本"即工資当作流动資本，而把"投在工具、房屋、机械內的資本"，即轉化为劳动手段和劳动工具的資本当作固定資本。順便指出，在这里，他把原料忘記掉了。在"原理"第16頁上他又說："酿酒业者的房屋机械，均有大价值，又耐久，所以說它使用了多量的固定資本；反之，制鞋业者却以大部分資本支付工資，工資的用法，又是购买較易消化的衣食物，所以說它使用了多量的流动資本"。这里，李嘉图不但又忘記了原料，而且把資本家支付給工人的工資，和工人用以維持其生活的消費資料都当作流动資本了。

这里，首先发生一个問題：李嘉图在研究資本分类时为什么沒有注意到原料和輔助材料呢？这一点并不是偶然的。他在"原理"第一章第三节內說明直接劳动和間接劳动、說

————————

① 李嘉图："政治經济学及賦税之原理"，中华书局版，1949年，郭大力、王亚南合譯，第16頁。

② 同上书，第15頁。

176

明资本在价值形成中之作用时，也沒有提到原料和輔助材料。这在那一节的标题上就可以看出来。那节的标题是："影响商品价值的不仅是直接投在商品內的劳动，投在工具、建筑物內的劳动，也有这种作用"。

我們知道，原料和輔助材料这类劳动对象在二种资本分类中所处的地位是很特殊的。就不变资本和可变资本的分类来說，原料、輔助材料这种劳动对象是同工具、机器、建筑物等一起构成不变资本；而在固定资本和流动资本分类中，它們却同可变资本即轉化为劳动力的资本一起构成流动资本了。因为李嘉图不知道不变资本和可变资本的分类，或如馬克思所指出的，"李嘉图沒有得到不变资本的概念"①，因此，他就沒有把原料、輔助材料同工具、建筑物等固定资本一起当作間接劳动——过去劳动的体化物。而在研究固定资本和流动资本的分类时，李嘉图所着重研究的是固定资本和流动资本比例的不同以及工资提高对于价值（其实是生产价格）所发生的影响。这种影响对固定资本和原料是不同的。馬克思曾說："如果工资提高了，那投在机械上面从而无須代置的资本部分，固然不会因此便須有更大的支出，却将保持不变，但那由原料构成的部分会受影响，因为这个部分必須不断补充，从而必須不断再生产出来"②。就是說，从资本周轉方面来看，原料和輔助材料又同机械、工具、建筑物等不一样，倒是与可变资本相同——它們也是流动资本的构成因素。但是李嘉图又正确地理解到只有直接劳动才能生产新价值，而間接劳动是沒有这种作用的，就是說，他时刻記着物化在原料、輔助材料上的劳动

① 馬克思："剩余价值学說史"，第2卷，三联书店版，1957年，第14頁。
② 同上书，第19頁。

同工人生产时所耗费的直接劳动究竟是不同的。因此，他也就没有把原料、辅助材料和維持劳动的資本同样看待了。这一切就是他所以未提及原料及辅助材料的原因。

其次，就李嘉图关于資本分类及其物质构成因素的見解来說，既然固定資本是劳动手段而流动資本则为工資，那末，他所說的这二部資本比例就同不变資本和可变資本的比例即資本有机构成有点相类似了。

从他的价值論也可推論出这种类似处。根据他的价值論来說，一切商品的价值都是劳动生产出来而且由在生产时所耗費的劳动量即劳动时間决定的。但在商品生产时所耗費的不仅有直接劳动，即工人的活劳动，而且还有間接劳动即在生产資料生产时所耗費的劳动，或者說物化于生产資料的过去的劳动（即积累的劳动、死的劳动）。可是这二部分劳动在价值形成过程中所起的作用是不同的：前者創造新价值，其大小可以由于劳动时間之久暫而发生变化；后者则只是把原有的价值轉移到新产品里去，不能生产新价值，因此是不能起变化的。所以，生产資本可以分为二部分：一部分采取劳动力的形态，通过生产过程，其价值会发生变化；另一部分则采取生产資料的形态，其价值只能通过生产过程保留在新产品內，但决不能发生量的变化。

但是，我們决不能根据这一切，就把李嘉图所說的固定資本了解为不变資本，把他所說的流动資本当作可变資本。就是說，我們决不可以把李嘉图所說的固定資本同流动資本的比例当作馬克思經济学說中的資本有机构成。因为，李嘉图是不知道不变資本和可变資本这二个經济范疇的。

那末，李嘉图又为什么不知道不变資本和可变資本的分类呢？这是因为：

178

第一，他把資本絕对化、永久化了，并沒有从生产关系方面去研究資本，而是把資本和資本的物质形态——生产資料混同了。我們知道，生产資料的价值是不会发生变化的；同时李嘉图又把购买劳动力的資本和工人維持其生活的消費資料等同起来，而消費資料作为一种物质形态，它和生产資料一样，其价值也是不会变化的。因此，資本也就沒有不变的和可变的的区別了。

第二，李嘉图虽然坚持他自已的出发点——价值由劳动时間决定这个原则。根据这个原则来說，利潤也是由劳动所創造的价值的一部分，从而得出利潤和工資相互矛盾的結論。但是，李嘉图究竟是一个資产阶級的經济学家，他的理論不能不为其阶級性所局限。正因为他是代表产业資产阶級利益的，当然也就不会深入地研究資产阶級对无产阶級的剝削关系，从而他也就不可能有为揭露这种剝削关系所不可缺少的不变資本和可变資本之分类了。

3. 剩余价值和利潤

馬克思主义政治經济学教导我們：剩余价值的根源是工人的无偿劳动即剩余劳动，它是可变資本增殖的結果。資本家实现了剩余价值以后，它就采取了利潤的形态。利潤是資本家出售新产品所实现的价值总額超过資本家为生产这些新产品所支出的資本价值总額的剩余額。假使資本家能够完全实现在他的产业中工人所生产的剩余价值，在这种情形下，剩余价值和利潤，从质的方面来說，虽然不同，但从量的方面来說，却是相等的。比方說，某个資本家用了100元資本来生产一批商品。其中 70 元是投在生产資料上的，而30元则用于雇用工人。假設 70 元生产資料的价值都轉入新产品中去，而工人则生产出 60 元的新价值（其中 30 元补偿可变资本，30 元剩余价值）。这批商品如果按其价值出卖，资本家共获得 130 元，其中 100 元补偿他的投资，而 30 元则为利潤。在这个例子中，利潤和剩余价值在量上是相等的，各为 30 元。虽然它們的质是不同的。

可是自由竞爭的结果，利潤率平均化了，从而利潤轉化为平均利潤。平均利潤不但在质上与剩余价值不同，而且在量上也是与剩余价值不等的。

这一切都是为李嘉图所不曾研究，有时他把剩余价值和利潤等同起来，有时又把它們机械地分离开了。

馬克思曾经指出："李嘉图自己从来没有要考慮剩余价值的起源。他视此为资本主义生产方式的固有物。在他看来，资本主义生产方式，就是社会生产的自然形态。在他說到劳动生产率的地方，他从不要在那里寻找剩余价值存在的原因，而只要寻找决定剩余价值量的原因"[1]。正是因为李嘉图没有考慮剩余价值的起源，没有寻找剩余价值存在的原因，因此，他就不能从质的方面去区别剩余价值和利潤；又由于他只是从量方面去寻求决定剩余价值的原因，所以，他就会把剩余价值和利潤混同了。

李嘉图虽然没有亚当·斯密那样明白地說利潤是由劳动所創造的价值的一部分。但是由于他坚持了劳动价值論，认为商品价值是由劳动时间决定的，所以，只要劳动时间不变，工资的变化决不会影响商品价值，只会影响利潤的高低。就是說，根据他的理論，利潤也是劳动所生产的价值的一部分。在"原理"第14页上，他自己就曾极明白地說过：

---

① 馬克思："資本論"，第 1 卷，人民出版社版，1957 年，第 633 頁。

"工资增加了百分之二十，利润虽将按比例跌落，商品的相对价值却不受影响"。

在这里，李嘉图把剩余价值和利润、剩余价值率和利润率混同了，而且错误地把剩余价值率规律扩大到利润率规律上去了。

假設资本家能够全部实现在他的企业中工人所生产的价值，从而全部实现了由工人的无偿劳动所生产的剩余价值，在这种情形下，从量上来看，剩余价值和利润是相等的。工资增减不会影响商品的价值（因为假定生产该商品所耗费的劳动时間沒有发生变化），只会影响工人所生产的剩余价值量。因为工资和剩余价值是工人所生产的新价值之二个分解因素，其中一个因素增加，必然会引起另一因素的减少。比方說，资本家用60元购买生产资料，40元雇用工人来生产。工人在一定的时間內生产出80元新价值。在这种情形下，工资为40元，另外的40元则为剩余价值。假使工资由40元提高到50元，则由于劳动时間依旧，工人所生产的新价值依然是80元，而剩余价值就由40元下降到30元了。

事实上，工资变化会引起剩余价值之相反的变化：在其他条件都不变的情形下，工资增加剩余价值就减少；反之，工资减少则剩余价值就相应地增加。由于李嘉图混同了剩余价值及其一种轉化形态——利潤，遂把剩余价值发生变化的规律当作利潤变化的规律了。可是，在資本家能够实现全部剩余价值的情形下，由于在量上剩余价值和利潤是相等的，因此，李嘉图的上述錯誤見解，还不容易看出来。但是如果从剩余价值率和利润率方面来考虑，李嘉图的錯誤就可以极明显地看出来了。

我們知道，剩余价值率是体现资本家对工人之剝削程度的，因此，它是剩余价值对可变资本（即工资）的比率。从上例来說，剩余价值是40元，工资也是40元，故剩余价值率为$\frac{40元（剩余价值）}{40元（可变资本）}=100\%$。而利潤率則是資本家用来計算获利程度，所以，它是轉化为利潤的剩余价值（即已实现的剩余价值）对全部资本之比率。在上例中，利潤率为：

$$\frac{40元（利潤——已实现的剩余价值）}{100元（全部资本）}=40\%。$$

在劳动时間不变的情形下，剩余价值率只会跟着工资的变化而发生相反的变化。在上例中，工资由40元增加到50元，剩余价值由40元下降到30元，从而剩余价值率就会由100%下降到60%（$\frac{30元剩余价值}{50元可变资本}=60\%$）。反之，如果工资降低，則剩余价值量和剩余价值率都会相应地提高。

利潤率則不然。在資本家能够实现在其企业中工人所生产的全部剩余价值的情形下，利潤量虽然会随着剩余价值量的增减而增减，也就是說，会随着工资的增减而减增。但利潤率則可能在利潤量增加的情况下而降低。在上例中，資本家总共花了100元資本（其中60元用于购买生产資料，40元购买劳动力），因全部实现剩余价值而获得的利潤为40元，所以利潤率为$\frac{40元}{100元}=40\%$。假設这个資本家，一方面减低了工资（由40元减为30元），同时，另一方面則把用于生产資料的資本由60元增加为120元。在劳动時間依然不变的条件，工人所生产的全部新价值依然为80元，其中30元为可变资本即工资，50元为剩余价值。由于剩余价值的全部实现，所以，这个資本家所获得的利潤由40元增加为50元了。但是利潤率則由原来的40%减为33.3%（$\frac{50元利潤即全部实现的剩余价值}{150元資本（30元可变资本＋120元不变資本）}=33.3\%$）了。从这个例子中可以很明白地看出，李嘉图把剩余价值规律扩及于利潤规律，是怎样錯誤的了。

由于李嘉图混同了剩余价值和利润、剩余价值率和利润率，因而发生上面所分析的错误。可是，另一方面，他又把利润当作平均利润，而又没有考虑从利润到平均利润的历史过程和逻辑过程，因而割断了利润和剩余价值的一切联系，把它们很机械地分离开了。

平均利润不是李嘉图分析研究的结果，而只是他考虑问题的出发点。在他看来，在资本主义生产方式之下，每个资本家都有投资的自由，从而都会把资本投入利润率较高的生产部门中去，致使相等资本就能获得相等利润。既然各个资本家所获得的利润是同他投入生产的资本量成比例的，它同剩余价值的关系也就被割断，资本家对工人的剥削关系也完全被掩盖起来了。从表面上看来，这种平均利润好像是全部资本发挥机能的结果，并不是由剩余价值转化来的。从这个例子中，我们可以看出，即使像李嘉图这样最伟大的资产阶级经济学家，也会受其所代表的资产阶级的阶级性的限制，他的进步性和他的经济理论的科学性也是极其有限的。

第五节　李嘉图的分配论

分配论是李嘉图所要研究的中心问题。他在"原理"的序言中一开始就说："劳动、机械和资本在土地上面联合使用，所生产的一切土地生产物分归社会上的三个阶级：地主、资本家和劳动者。地主有土地、资本家有耕作土地的资本、劳动者则以劳力耕作土地。"而全部生产物就以地租的名义分一部分给地主、以利润的名义分一部分给资本家、以工资的名义分一部分给劳动者。他认为"这种分配，

183

受支配于一定法則，确定这种法則是經济学上的主要問題"①。

李嘉图虽然以分配論为其研究的主要任务，但是，他的分配論是以其劳动价值論为基础，而且他也沒有孤立地考察分配問題，而是处处把它同生产相結合起来加以研究的，所以，我們不能把他只当作一个分配論者。

工資、利潤和地租是体現資本主义生产关系、阶級关系的經济范疇。但李嘉图并沒有从这方面来考察。他所着重研究的只是：

1. 工資、利潤和地租在量上是如何规定的；

2. 在这些經济范疇之間有什么关系？

关于第一个問題，他是这样解决的。工資是由維持工人及其家屬生活所必要的生活資料的价值决定的。利潤則是由工人所生产的商品价值中支付工資以后的剩余額。地租乃是农产品价值超过工資和利潤的余額，这是由于耕种較优的和中等的土地而产生的。

关于第二个問題的解决，則是以对第一个問題的見解为基础的。他认为工資的增减不会影响商品的价值，但会引起利潤发生相反的变化。就是說，他已看到工資和利潤、劳动和資本之間的矛盾了。在他看来，地租的变化是不会影响到工資和利潤的，因为地租是較优的和中等的土地生产物价值大于最劣的土地生产物价值的结果，而在优劣不同的土地生产物价值中則都包含着工資和利潤。但是，他又认为由于社会发展、人口增多，更劣的土地也必須耕种，在这种情形下，地租增加了，实际工資虽不变而货币工資則由于

---

① 李嘉图："政治經济学及賦税之原理"，中华书局版，1949年，郭大力、王亚南合譯，"原序"第1頁。

农产品价值的增大而提高，利潤就因而降低了。从这里他看出地租和利潤的矛盾、地主和资本家的矛盾。他并且为了资本家的利益而积极进行反对地主的斗争。现在我們把李嘉图的分配論分为工资、利潤、地租这三方面来加以研究。

1. 李嘉图的工资論

李嘉图的工资理論，可以分为下列二方面来研究：1. 劳动的自然价格和市場价格；2. 工资规律。

劳动的自然价格和市場价格 李嘉图认为劳动也是一种商品，跟别的商品一样，它也有自然价格和市場价格。在"原理"第五章內，一开头他就說："一切可以卖买可以增减数量的物品，都有自然价格与市場价格之别。劳动也如此。劳动的自然价格，是維持劳动者自身及其家屬所必要的价格。有了这个价格，劳动者数，始可不增不减"。劳动者自己及其家屬的生活是用生活资料来維持的，他們出卖劳动（其实是劳动力）所得到的代价则并不是各种生活资料而是貨币工资；他們是用这种貨币工资购买生活资料以維持生活的。所以依照李嘉图的这段話的意思来說，决定劳动自然价格的有二个因素：1. 为劳动者維持他自己及其家屬的生活所必要的生活资料；2. 这些生活资料的价格。他接着发揮的正是这个思想。"劳动者維持一身維系一家，以保持族类的力量如何，并非决定于他們在工资名义下获得多少貨币，乃取决于此額貨币能够购买多少食品、必需品和习慣享乐品。因之，劳动自然价格，乃取决于劳动者維持一身維系一家所必要的食品、必需品、习慣享乐品的价格。食品必需品的价格提高，劳动的自然价格也提高；食品必需品的价格低落,劳动的自然价格也低落"①。

上面研究李嘉图的价值論时,我們曾經指出,李嘉图有时把商品的自然价格当作价值,有时又把它当作商品的生产价格。现在他所說的劳动的自然价格究竟是指劳动的价值呢? 还是指劳动的生产价格?

如果把李嘉图所說的劳动的自然价格了解为劳动的价值,这是同他自己一貫坚持的商品价值由劳动时間决定这个原理根本不相容的。因为在这种了解之下,决定商品价值的就不是劳动时間而是劳动的价值即工資了,这显然跟他所主張的工資的增减不会影响价值的理論相矛盾的。其次,如果把劳动的自然价格即工資理解为劳动的价值,就会陷在循环論中而糾纏不清:商品价值由劳动决定,而劳动的价值則决定于商品(这里指生活資料)的价格,而后者又决定于其价值,結果就变成由价值决定价值,实际上什么也沒有說明!

所以,我們不能把李嘉图所說的劳动的自然价格理解为劳动的价值。

是否可以把它理解为劳动的生产价格呢? 也是不可以的。如果把它当作劳动的生产价格,而生产价格中又是包含着平均利潤的,那末,工人所得的工資中也包含有一部分平均利潤,而工人也就成为資本家了。这显然是同李嘉图的理論不相容的。

那末,李嘉图所指的究竟是什么呢? 他所說的劳动的自然价格,不过是劳动的市場价格漲落的中心。关于这一点,他自己曾經很明白地說过:"依供求比例的自然作用,实

———————
① 李嘉图:"政治經济学及賦税之原理",中华书局版,1949 年,郭大力、王亚南合譯,第 57 頁。

186

194

际付给劳动者的价格，称为劳动的市场价格。劳动稀少，劳动的市场价格提高；劳动丰裕，劳动的市场价格低落。其市场价格与自然价格虽不免有差异，但也有趋于一致的倾向，像其他商品一样"①。

可是，用对于劳动（其实是劳动力）的供求关系之变化来说明劳动的市场价格环绕着它的自然价格而波动，而且与其自然价格有一致的趋势，这种说法依然不能告诉我们劳动的自然价格究竟是什么。这正如马克思所教导我们的："古典经济学毫无批判地由日常生活借用了'劳动的价格'这个范畴，然后问这种价格是如何决定的？它立即承认，需要与供给的比例的变动，对于劳动的价格，正如对于其他一切商品的价格，只能说明市场价格何以会在一定量的上下变动，……如果需要与供给相抵，在其他一切情形不变的限度内，价格的变动就会停止。但这样，需要与供给就也不能说明什么了。在需要与供给相抵时，劳动的价格，就是它的同供求比例相独立来决定的自然价格；但这个价格，……正好是待我们去分析的对象"②。

其实，李嘉图所说的劳动的自然价格乃是劳动力的价值。我们知道，劳动虽然能够创造价值，但劳动本身则没有价值，从而不是可以卖买的商品。有价值而且成为卖买对象的不是劳动而是劳动力。劳动力这种商品有一个特点，就是它在劳动过程不是把自己的价值转移到新产品上去，而是创造新价值，并且它所创造的新价值还大于它本身的价值。可是，李嘉图自己并没有意识到，他的"……分析不

---

① 李嘉图："政治经济学及赋税之原理"，中华书局版，1949 年，郭大力、王亚南合译，第 58 页。

② 马克思："资本论"，第 1 卷，人民出版社版，1957 年，第 663 页。

但曾由劳动的市场价格，推移到它的假想的价值，并且已經把劳动的价值，再分解为劳动力的价值"；由于他没有把劳动和劳动力加以区别，遂"……不加批判地，把'劳动的价值'、'劳动的自然价格'等等，当作……价值关系之最后的适当的表現，而糾纏不清。其結果……是陷入不可究詰的混乱与矛盾中"①。

工資規律 上面我們已經提起过，李嘉图利用供求关系的变化，說明了劳动的市场价格以其自然价格为中心而上下波动。现在我們要根据李嘉图的理論，来进一步說明：劳动的市场价格为什么不能长久离于或低于它的自然价格？

劳动的市场价格为什么不能长久离于它的自然价格呢？李嘉图說：这是因为"劳动市场价格超过自然价格，劳动者景况，繁荣而幸福，他有力在生活必需品、享乐品上，支配一个较大比例，有力供养一个健全的大家庭。但高工資是增加人口的奖励，若劳动者人数加多了，工資又将降止于自然价格。有时，由于一种反动，降在自然价格以下"②。

劳动的市场价格为什么又不会长久低于它的自然价格呢？李嘉图說：这是因为"劳动市場价格低在自然价格下，劳动者的景况最难堪。这时，習慣享乐品，将因貧困而剝夺。在这种困难的場合，劳动者的人数将减少，劳动的需要将增加。因之，劳动的市場价格，再提高而止于自然价格。劳动者又依自然工資率得到他們适度的享乐品"③。

总之，在李嘉图看来，工人人口的繁殖率随着工資的漲

---

① 馬克恩："資本論"第1卷，人民出版社版，1957年，第664頁。

② 李嘉图："政治經济学及賦税之原理"，中华书局版，1949年，郭大力、王亚南合譯，第58頁。

③ 同上。

188

落而发生变化，而工人人数的增减又会引起劳动供求的变化，结果遂使劳动的市場价格同它的自然价格趋于一致。可見，他以工人人数的增减作为工資变动的一个原因。这种見解显然是錯誤的。照李嘉图的这种論断来看，資本家阶級如果要扩大再生产，增加雇用的工人数目，那就必須首先提高工資，使工人阶級生育更多的子女，待他(她)們长大以后，才能实现扩大再生产的要求了。无論从理論上或事实上来說，这都是毫无根据的。

李嘉图当然知道，工人人数只能决定劳动的供給一方面，而对劳动的需要則决定于資本数量的增减。

在研究亚当·斯密的經济理論时，我們曾經說过，亚当·斯密认为在国民财富不断增多的国家，工資是会不断提高的。李嘉图則不然，固然，他也曾經指出，如果一个国家的資本增加率大于工人人口的增殖率，工資是可能提高的，但是在他看来，社会发展的自然趋势是工資会不断下降。这是因为：

第一，資本的增加率赶不上工人人数的增加率。他說："社会自然进步，由供求比例支配的工資，常不免有低落傾向。劳动需要的增加率将减低，劳动供給的增加率却依然。資本常年增加率，若原为百分之二，减为百分之一点五，工資就会低落；資本增加率若再下降到百分之一或百分之零点五，工資将更加低落"[1]。

第二，工人所消費的生活必需品价格的上漲。他說："人口增加，生产必需品所必要的劳动量增加，必需品价格也不

_____

① 李嘉图："政治經济学及賦稅之原理"，中华书局版，1949年，郭大力、王亚南合譯，第63頁。

189

197

断腾贵①。因之，若在劳动者必需品腾贵时，货币工资又跌落，劳动者就会受到两重影响，生活资料将全被剥夺了"②。李嘉图并且进一步说明，在工人生活必需品涨价时，即使货币工资增加了，但由于它的增加比不上生活必需品涨价的速度，实际工资也还是会下降的。关于这一点，他自己是这样说的，货币工资虽已增加，"但追加货币工资所能购买的安适物和必需品，仍不及先时。假设他们原先的工资为 24 镑，或每卡德四镑的谷物六卡德。那末，谷物涨至每卡德五镑，他所得的也许不过五卡德的价值。五卡德既可值二十五镑，所以说货币工资增加了；但五卡德毕竟少于六卡德，所以说他及其家属所能消费的安适品必需品，已不及先时"③。

李嘉图能够看出实际工资下降的趋势，这是他比亚当·斯密进步的地方。但是他对于这种现象的解释则是不正确的。根据他的理论来说，实际工资所以会下降，由于：第一，资本增加率不如工人增加率快④；第二，货币工资的增加落

----

① 这里李嘉图所说的必需品是专指粮食等农产品而说的。他认为由于人口增加，耕地面积扩大，农产品的价值和价格必然会提高。参看下面地租论。

② 李嘉图："政治经济学及赋税之原理"，中华书局版，1949 年，郭大力、王亚南合译，第 63 页。文字略有修改。

③ 同上。

④ 这里应当顺便指出：李嘉图的这种见解是马尔萨斯的所谓人口规律（即人口增殖比生活资料增加得更快，因而发生绝对人口过剩）的运用。他在一些经济理论（例如价值论）和经济政策（例如谷物法问题）上虽然同马尔萨斯处于针锋相对的地位；但当马尔萨斯的仇视劳动人民的人口论对于资产阶级有利时，李嘉图就信奉它了。可见，资产阶级政治经济学家，即使象李嘉图这样最优秀的代表人物，在科学上虽然有过一定的贡献，但始终为资产阶级的阶级性所局限。

后于生活資料价格的上漲。

第一，在資本主义社会里，劳动市場上供过于求，固然是事实。但是，所以会发生这种現象，决不是如李嘉图所設想的，由于工人人数的增加超过了資本数量的增加。而是因为：一方面随着資本主义的发展，許多小商品生产者破产了，这些破产了的小商品生产者也就不能不出卖自己的劳动力；幷且在产业革命以后的机器大工业发展过程，許多妇女和儿童也都大量被雇用。所以劳动（劳动力）供給量的迅速增加，决不是人口絕对增加的結果。另一方面，由于資本家为了榨取更多的剩余价值，不断地使剩余价值轉化为資本，因而迅速地使資本量大大增加。但是幷不是所有追加的資本都用于购买劳动力的。用于雇用工人的資本即可变資本，只是其中的一部分。而且由于产业革命的发展，新机器的不断发明及其在生产上的应用，这部分可变資本在資本总额中所占的比重是不断降低的。就是說，由于資本有机构成的提高，可变資本的相对量就不断下降，虽然它的絕对量是增加的。因此就发生了这样荒謬的現象：一方面有社会財富和資本之迅速积累；另一方面则有貧穷和产业預备軍之积累。这种引起在劳动市場上供大于求、产业預备軍的发生和发展、工人生活日益貧困的眞实原因，当然为代表产业資本家利益的李嘉图不了解而且不能了解的。

第二，貨币工資增加比不上生活資料价格上漲的快，从而引起实际工資的下降。这从理論上来說是正确的。但是，李嘉图的这种說法与1815年以后英国的实际情况幷不符合。馬克思在1851年初曾經写信告訴恩格斯："自1815年以来，谷物价格从90先令降至50先令，……这样的下降虽不規则，却是继續的"①。而且如下面所說，李嘉图以社会发展、人口增加、从而耕地面积扩大来說明农产品价格上涨，其理由也是不充分的。这一点待下面研究他的地租論时再来分析批判。

李嘉图是代表产业資本家利益的經济学家。他不但积极地拥护資本家的利益而进行反对地主的斗争，并且还要在理論上証明工人阶級的利益也是跟地主相对立的。这一点，从他闡明地租和货币工資都增加，但对于工人和地主的影响不同这一論点时，可以很明白地看出来。他說："……地租增加和工資增加，其間有一根本差别。货币地租的增加，必伴以现物地租的增加。加多的，不仅是货币地租，而且是谷物地租。他所有的谷物追加了，谷物的交换力又追加了。地主的命运当然更好得多了。劳动者的命运，却很不幸。货币工資增加，是眞的，谷物工資减少，也是眞的。市场工資率既难于超过自然工資率，所以，不仅他对于谷物的支配权会降落下来，他的一般生活状况，也会降落下来。谷物价格增加百分之十，工資增加每每較少于百分之十，地租增加却每每多于百分之十。所以，劳动者状况通常是向下降的，地主的状况却通常是向上升"②。

2. 李嘉图的利潤論

我們曾經屡次提到，根据李嘉图的理論来說，利潤是由劳动生产的价值的一部分。他自己时常說起，如果劳动时間不变，则由劳动所生产的价值也不变，工資的变化只会引起利潤的相反的变化，决不会引起价值的变化。就是說，在

---

① "馬克思恩格斯通信集"，第1卷，三联书店版，1957年，第146頁。

② 李嘉图："政治經济学及賦稅之原理"，中华书局版，1949年，郭大力、王亚南合譯，第64頁。

这里,他把利潤和剩余价值混同了。同时,他又认为在自由竞争的条件下,等量資本有获得等量利潤即平均利潤的趋势,而把利潤和平均利潤又同等看待。由于这种混乱,致使他的理論发生了他自己不能克服的矛盾。这一切,我們都已在前面分析批判过了,现在不再重复。李嘉图在"原理"第六章中所着重研究的是利潤率变动之趋势問題。所以,我們从下述二方面来研究李嘉图的利潤論: 1. 利潤率变动的趋势; 2. 静态社会的形成。

利潤率下降的趋势及其原因 李嘉图在"原理"第六章里,一开头就說:"我們讲过,各种用途的資本利潤,相互間常保持一定比例,有依同一程度同一方向变动的趋势。现今,我們要討論什么是利潤率永續变动的原因……"。很明显,李嘉图在这段话中所說的利潤率是平均利潤率。在这里包含二个問題: 1. 利潤率究竟向那方面变动? 2. 为什么会发生这种变动?

李嘉图认为利潤率发展的趋势是不断下降的。其原因则是由于貨币工資的提高。而貨币工資之所以提高则由于农产品价格之上漲。那末,农产品价格为什么又会不断上漲呢? 問題的关鍵就在这里。所以,李嘉图以資本主义农业为例来論証他自己的观点。现在,我們来考察一下他是如何論証的。

第一,假定社会上人口不太多,农业資本家以3,000镑投資、雇用10个工人(这里3,000镑和10个人,都是任意假設的,即使假定3,000万镑和10万工人也未尝不可)耕种最优的土地,其所生产的谷物已能滿足社会的需要。而所生产的谷物则假定为180卡德(同样的,假定180万卡德也可以)。这些谷物的价值总共为720镑①(当然,也可以假定为 720 万镑）。因此，每卡德谷物合 4 镑（720÷180＝4）。这时候，李嘉图认为是没有地租的，这 180 卡德谷物或 720 镑分解为工资和利润。他又假设，每个工人每年的工资为 6 卡德谷物或 24 镑，10 个工人的工资总共为 60 卡德谷物或 240 镑，而利润则为 120 卡德谷物或 480 镑。

由于社会进步，人口增多了。最优土地所出产的谷物已不能满足社会的需要，因此，必须耕种较次的土地。假设农业资本家再投资 3,000 镑，雇用 10 个工人，但耕种这种较次土地所收获的谷物则只有 170 卡德。

我们已经知道，根据李嘉图的价值论，商品价值是由生产条件最坏的情况下生产每单位商品所耗费的劳动量决定的。就是说，谷物价值不是由耕种最优土地而是由耕种较次的土地生产每卡德所耗费的劳动时间决定的。也就是说，在较次耕地上所出产的谷物虽然只有 170 卡德，而其总价值依然为 720 镑，因为生产这些谷物所耗费的总劳动量与以前一样——10 个工人的一年劳动。但生产每卡德谷物所耗费的劳动量则比以前增加了。因此每卡德谷物的价值已经不止 4 镑而为 4 镑 4 先令 8 便士了。

如果社会不断进步，人口不断增多，致使各种生产条件更坏的土地也不能不依次耕种。则同样投资 3,000 镑，雇用 10 个工人劳动一年，而谷物的生产则依次地递减为 160 卡德，150 卡德和 140 卡德；谷物的价值则依次地递增为每卡德 4 镑 10 先令，4 镑 16 先令和 5 镑 2 先令 10 便士。

第二，李嘉图又假定工人的谷物工资不变，每人每年始终为 6 卡德，但是由于谷物价格的不断上涨，货币工资也

---

① 这里，仅指由工人所生产的新价值。

194

相应地增加：10 个工人全年的货币工资由原来的 240 镑递次增加到 247 镑，255 镑，264 镑和 274 镑 5 先令。

第三，李嘉图认为资本家所得的利润和工人所得的工资始终为 720 镑。而这 720 镑则分摊于最劣耕地所出产的谷物。在上举优劣不同的五种耕地都被耕种，则分摊于 140 卡德谷物。而较优耕地所出产的谷物中超过 140 卡德的余额则成为地租为地主所得。

由于货币工资的不断增加，利润就相应地由原来的 480 镑，递次下降为 473 镑，465 镑，456 镑和 445 镑 15 先令。

资本的投资各为 3,000 镑，当利润为 480 镑时利润率为 16%；利润为 473 镑时利润率为 15.7%；利润为 465 镑时利润率为 15.5%，由于利润量的不断减少，利润率也就依次递降为 15.2% 和 14.8%。

李嘉图并且进一步指出，当利润降至 445 镑 15 先令时，利润率还要更低落。他說："……利润率还会更低落。我們知道，构成农业家资本的，大部分是原生产物，如谷物、干草、田間的大麦小麦、牛馬等等。这些物品的价格，都将因生产物腾貴而腾貴。因此，他的絕对利润既由 480 镑降至 445镑 15 先令，他資本的价值，若又由同一原因，由 3,000镑涨至 3,200镑。所以，在谷物价格为每卡德 5 镑 2 先令10便士时，他的利润率尚不及 14%"[1]。

李嘉图看出利润率下降的趋势，这虽然正确地反映出资本主义的实际情况，但他对于利润率所以会下降的原因之說明则是不正确的。利润率所以会下降既不是由于货币工资的提高也不是由于农产品价格的上涨。在論証利润率

① 李嘉图："政治經济学及賦税之原理"，中华书局版，1949 年，郭大力、王亚南合譯，第 79 頁。

下降时，李嘉图是假定实际工資（或如李嘉图自已所說的谷物工資）不变为前提。但在研究他的工資論时，我們曾經提到，李嘉图已看出实际工資的下降，而且在論証利潤率变动的"原理"第六章里，他也还說过："……劳动者所得价值，虽将因食物价格腾貴而增加，但实际上，他們的所得，且将减少"①。可見，他自已的这个假定的前提是沒有根据的。

李嘉图把农产品不断涨价的原因归之于耕地面积之扩大。在这里，他是以耕地面积从优良渐次扩及低劣这一假定为前提的。可是这个假定并不总是符合历史事实，而且也沒有必要用它来說明地租（这里指級差地租）的发生和发展。还应該着重指出的是，李嘉图对于农业技术进步所发生的作用是估計不足的。

利潤率下降乃是在資本主义社会中生产技术进步和劳动生产力发展的一种表现。因为随着資本主义的发展，新的更昂贵的能够提高劳动生产率的机器不断发明和应用。因此資本家就用更多的資本投在生产資料上，而用以雇用工人的資本则相对地减少了。可是利潤是由剩余价值轉化来的，而剩余价值则是由工人的无償劳动所生产。生产技术的进步和劳动生产率的提高虽然都能够使剩余价值增大起来，但是由于資本有机构成的提高，剩余价值增加的速度因而赶不上資本数量增加的速度。在这种情形之下，利潤量虽然增加而利潤率就难免要下降了。

利潤率下降规律是資本主义生产方式本身矛盾的表现之一，它标明了資本主义生产方式决不是如李嘉图所設想的一般的永恒的生产方式，而只是历史上一种过渡的生产

---

① 李嘉图："政治經济学及賦税之原理"，中华书局版，1949年，郭大力、王亚南合譯，第72頁。

196

方式。由于李嘉图不理解資本主义生产方式的历史过渡性，从而不理解利潤率下降的眞正原因及其意义，当他看出利潤率下降趋势时，遂发出悲观的論調，說什么社会不能再进步了。

利潤率下降的終止和靜态社会的形成 李嘉图旣然看出了利潤率下降的趋势，那末，我們要問：利潤率下降有沒有止境呢？

李嘉图从其劳动价値論出发，认为由工人所創造的价値只分解为工資和利潤，而且利潤又是資本积累的泉源。因此，利潤必然会由于工資的增加而减少，資本积累的泉源也因而日渐枯竭。如果工資占全部新价値，利潤就等于零，資本积累就根本不可能了。他說："……利潤之自然趋势，乃是下降。社会进步，财富增进，获取必要追加食物量，须費追加劳动。……幷且，必需品价格的增加与劳动工資的增加，也是有限境的。劳动工資若增加到 720 鎊（即利潤和工資合計）而等于农业家收入的全額，蓄积当立即告終。資本完全沒有利潤，有誰要雇用劳动者呢？人口增加，到那里去呢？"① 这就是說，当利潤率下降至零时，社会就不再能前进了。李嘉图幷且进一步指出，利潤率尙未下降至零时，社会的静态就形成了。他說："事实上，未达到这点以前，低得太过的利潤率已足停止一切蓄积。在这場合，除了支付工資，一国生产物，怕会扫数归地主阶级和税收阶级"②。

上面我們曾經指出，李嘉图是不理解利潤率下降之眞

---

① 李嘉图："政治經济学及賦税之原理"，中华书局版，1949 年，郭大力、王亚南合譯，第 82 頁。

② 同上。

正原因的。在这里，我們又看出了李嘉图幷不理解利潤率下降的眞正意义。利潤率下降决不会使社会停滞不前而只表明了資本主义一定会趋于灭亡。

利潤率下降趋势规律，一方面体现出資本主义社会中生产力之发展，同时另一方面又表明这种生产力发展的局限性。我們知道，利潤率下降的根本原因是在于資本有机构成的提高，而后者正是生产力发展的結果。可是，利潤率下降表明在資本主义社会里生产力不能毫无限制地发展，就是說，它的发展为資本主义生产关系所局限，因而发生而且日益激化了生产力和生产关系之間的矛盾。这个矛盾发展的結果，必然会促使資本主义走上灭亡的道路。这一切当然为李嘉图所不知道而且不可能知道的。由于他是一个資产阶級的經济学家，而且把資本主义生产方式当作社会一般的生产方式，因此把只有在資本主义社会发生作用的利潤率下降趋势规律，看作社会一般发展规律，結果遂发出了什么社会不能再进步、停滞不前的悲观論調。

在李嘉图时代，英国社会的主要矛盾是地主阶級与資产阶級之間的矛盾，他的利潤論可以說是他用来拥护資本家阶級利益的一种理論武器。他力图証明，利潤不仅对于資本家阶級有利而且对于除地主以外的社会上一切阶层都是有利的。因为利潤是資本积累的泉源、社会进步的促进者。利潤率下降也不仅对于資本家阶級不利，而且对于整个社会来說也是不利的。因为利潤率下降到一定程度时，社会就不能再进步了。这就是李嘉图理論的阶級本质。

3. 李嘉图的地租論

地租是剩余价值的表现形态之一。

在资本主义农业中，由于土地私有权的龍断和土地經营的垄断，致使农产品价值超过其生产价格的一部分余額，即包含在农产品中剩余价值超过平均利潤的一部分余額，轉化为地租归地主所得。

因此，只有在剩余价值論和平均利潤論的基础上才能正确地解决有关地租問題。

威廉·配第曾經着重研究地租問題，他企图找出地租的秘密。但是，因为他不知道利潤这个經济范畴，他所研究的地租，其实就是全部剩余价值，所以，他不是地租論的建立者。亚当·斯密虽然明白指出过，地租和利潤一样，都是从工人所生产的产品或产品价值扣除的部分，就是說，它們都是剩余价值的轉化形态。但是，他有各种不同的地租理論，而且这各种地租論彼此之間是很矛盾的，所以，亚当·斯密也不是地租論的建立者。

李嘉图在地租論上的貢献是：他的地租論是以劳动价值論为基础的，在他看来，地租只是在資本主义农业中超額利潤的轉化形态。

在"原理"第二章"地租論"里，李嘉图一开始就指出，他自已研究的任务是："……土地的占有与地租的发生，能不能单独引起商品相对价值的变动。为求这部分問題的理解，我們必須研究地租的性质和地租騰落的法則"（重点是引者加的）。

李嘉图认为，地租之所以发生，是由于耕地面积有限，而且每块耕地的位置和肥沃程度又很不一致。假使肥沃的土地像空气和水一样，为了滿足現有人口的需要，又无須很多的耕地，那末地租就不会发生了。他以最初的殖民地为例，說明在那里未被占有的土地很多，誰都可以自由耕种，因此使用土地无须支付代价以后，作一結論，說："如果土地同空气、水一样，其量无限，其质均一，那除非它在地位上具有特殊便利，它的使用如何能有代价?"①

从这段話里可以看出，即使土地数量无限，而肥沃程度又复均一，不会发生地租，但是位置上便利的程度不同是会发生地租的。因此，他所說的地租其实是指级差地租。

虽然李嘉图已經注意到由于位置不同而发生级差地租，但他所着重研究的则是由于肥沃程度不同而产生的级差地租。

李嘉图认为人們总是从最肥沃的土地开始耕种的。假設有肥沃程度不同的三种土地，分别投下相等的資本和劳动，除开維持劳动的部分以外，在第一等地上能出产 100 卡德谷物純收获，第二等地上生产90卡德，而第三等地则只能生产 80 卡德谷物的純收获。如果人口不太多，光耕种第一等地，在这时候，是不会发生地租的。可是，由于人口增加，第一等地上所生产农业品已不够滿足人們的需要，因而不能不耕种第二等地。在这种情形下，第一等地就有地租了。因为經营第一等地的純收获为 100 卡德，而第二等地则只有 90 卡德，显然經营这二种地的农业資本家所获得的利潤是不等的，虽然他們花了相等的資本。在他們中間必然会发生自由竞争，結果是，耕种第一等地的資本家所获得 10 卡德(100－90＝10)超额利潤就轉化为地租为地主所得了。所以，李嘉图說："……正因土地之量有限，其质又非均一，而人口增加的結果，品质較劣……的土地，也須取而耕作。故其使用，当有地租报酬。在社会发展进程上，第二等地取

____

① 李嘉图："政治經济学及賦税之原理"，中华书局版，1949 年，郭大力、王亚南合譯，第 35 頁。

200

而耕作,第一等地的地租,立即开始。地租额取决于这二等土地品质之差"①。

假使第三等地,由于人口更形增加而必须加以耕种的时候,则第二等地也会发生地租,而第一等地的地租则会增多。如上面所假设的,如果耕种第三等地的纯收获为80卡德,则第二等地就发生10卡德地租,而第一等地的地租则由10卡德增至20卡德谷物。

很明显,李嘉图所论证的地租是级差地租,而且是以从肥沃到劣瘠的耕地扩大过程为前提的。从历史事实上来说,人们首先耕种的不一定是最肥沃的土地。在位置相同的条件下,人们首先耕种最优的土地,这是符合历史事实的。但是李嘉图把它绝对化了,因而也就不一定会符合历史事实。以北美的情形来说,西部土地更肥沃,但是事实正如马克思所指出的,最早殖民者要首先决定的是位置。所以他们最初定住在美洲东部,然后才扩大到西部耕种更肥沃的土地②。从理论上来看,不管耕地面积扩大过程是由优到劣、还是由劣到优,只要肥沃程度不同的土地都加以耕种,就会发生级差地租。所以,李嘉图所假定的前提对于级差地租的产生和发展的说明是不必要的。

由于社会进步、人口增加,为了满足更多人们的需要,不扩大耕地面积而在原有耕地上加倍投资,以增加农产品,是否可以呢? 这当然是可以的。但李嘉图在这里以所谓土地收获递减规律为前提,在原来耕地上加倍投资的结果,决

---

① 李嘉图:"政治经济学及赋税之原理",中华书局版,1949年,郭大力、王亚南合译,第35页。

② 参看马克思:"剩余价值学说史",第2卷,三联书店版,1957年,第413—414页。

不能增加加倍的农产品，就是說，所增加的农产品是递减的，从而也会发生地租。他說："假設租地人以1,000鎊資本投入土地，可获小麦100卡德，再以1,000鎊資本投入，可再获85卡德小麦；則在租約期滿后地主便可强迫以15卡德小麦或与这相等的价值，付作地租，因为利潤率不能有两个。他情願再投1,000鎊而少得15卡德，一定因为这种資本寻不到比这更有利的用途。普通利潤率旣然按照这个比例，所以，如果原租地人拒絕增加地租，不愁沒有別人承耕。超过普通利潤率以上的剩余生产物，須扫数归給地主"①。

这里，我們应当指出二点：第一，所謂土地报酬递减的规律，它本身是矛盾的、簡直說不上是什么规律。因为一方面，如果对原来的耕地加倍投資，就必須以改变耕作方法、生产技术和发展劳动力为前提，可是在这种变革之下，这个"规律"就丧失它的作用，这已为我国今年（1958）农业大跃进过程，由許多丰产的事实所充分地証明了。列宁曾經指出："……'土地肥力递减规律'完全不适用于技术正在进步、生产方式正在变革的情況"②。另一方面，如果生产技术、耕种方法等都沒有改变，則在一定的限度內，这个"规律"固然会发生作用，但是在这种情形下，加倍投資是不可能的。列宁在批判这个"规律"时，曾說："这个臭名远揚的'土地肥力递减规律'的'显而易見'究竟在什么地方呢？就在于：如果連續投入土地的劳动和資本所带来的产品不是递次减少而是数量相等，那就根本用不着扩大耕地了，……'全世界农业就可以容納在一俄亩土地上了'。这就是常見的（也是唯

① 李嘉图："政治經济学及賦稅之原理"，中华书局版，1949年，郭大力、王亚南合譯，第36—37頁。
② "列宁全集"，第5卷，人民出版社版，1959年，第88頁。

202

一的) 为'普遍'规律辩护的論据。任何人只要稍徽考慮一下,就会明白,这个論据是一个毫无內容的抽象概念,它抛开了技术水平和生产力状况这些最重要的东西。事实上,'追加的(或連續投入的)劳动和資本' 这个概念本身, 就是以生产方式的改变和技术的革新为前提的。要大規模地增加投入土地的資本量, 就必須发明新的机器、新的耕作制度、新的牲畜飼养方法和产品运輸方法等等。当然, 投入比較少量的'追加劳动和追加資本',可以在原有的,沒有改变的技术水平的基础上实現……。在这个情况下'土地肥力逆減規律' 在某种程度上是适用的, 这只是說, 在技术水平不变的情況下, 追加劳动和追加資本的范圍是比較狭小的。可見, 我們得出的幷不是普遍的規律, 而是极其相对的'規律', 相对得說不上是一种'規律', 甚至說不上是农业的一个重要特征"①。

第二, 即使在极狭小的限度內, 这个 "規律" 是适用的, 但也沒有必要利用它来論証地租的发生或增加。因为在土地收益递增的情形下, 也是会发生或增加地租的。如李嘉图所假設, 第一、第二、第三 3 种肥沃程度不同的耕地上純收穫各为100、90、80卡德小麦; 第一等的地租为 20 卡德小麦、第二等地約为10卡德小麦。現在假設在第一等地上加倍投資, 因此而增加的純收获不是 85 而是105卡德小麦, 则其地租就不是 20 而是 45 卡德小麦, 就是說地租增加了。所以, 这个"規律"对于級差地租的論証是沒有必要的。

李嘉图的地租論是以他的劳动价值論为基础的。在他看来, 商品价值是以在最坏的生产条件之下生产每单位商品所耗費的劳动时间决定的。由于肥沃程度比較差的土地

---

① "列宁全集", 第 5 卷, 人民出版社版, 1959 年, 第 87 頁。

加入耕种，在面积相等、投资也相等，但肥沃程度不同的二块土地所出产的谷物不等，也就是说，在这二块土地上生产每卡德谷物所耗费的劳动时间不等：在第二等土地上生产每卡德谷物所耗费的劳动时间比在第一等土地上的多。而谷物价值正是由这种较多的劳动时间决定的。正是由于谷物价值提高了，耕种第一等土地的农业资本家才有剩余利润，并且把这种剩余利润转化为地租归地主所占有。所以李嘉图説："谷物腾贵的原因，不是支付地租；反之，支付地租的原因是谷物腾贵"①。

耕地面积扩大、农产品价值提高，从而地租增加，这对于地主阶级当然是极有利的，而对于工人和资本家则不但无利而且有害了。李嘉图认为，在这种情形下，由于农产品价值提高，货币工资虽然跟着增加，而实际工资则会趋于下降。所以他说："……地租腾贵与工资腾贵，其间有一根本差别。货币地租的腾贵必伴以现物地租的增加。加多的，不仅是货币地租，而且是谷物地租。他所有的谷物追加了，谷物的交换力又追加了。地主的命运，当然更好得多了。劳动者的命运，却很不幸。货币工资增加，是眞的，谷物工资的减少也是眞的。市场工资率既难于超过自然工资率，所以，不仅他对于谷物的支配权会降落下来，他的一般生活状况也会降落下来。谷物价格腾贵10%，工资腾贵每每较少于10%，地租腾贵却每每更多于10%。所以，劳动者状况通常是向下降的，地主的状况，却通常是向上升的"②。一句話，工资和地租之间、劳动者和地主之間是有矛盾的。

---

① 李嘉图："政治經济学及賦税之原理"，中华书局版，1949年，郭大力、王亚南合譯，第39頁。

② 同上书，第64頁。

由于耕地面积扩大、农产品价值提高，从而貨币工資增加而利潤下降。所以資本家和地主之間也是有矛盾的。不仅如此，依照李嘉图的地租論来說，从耕地面积扩大、农产品价值提高而获利的只是地主阶級，这对社会上其他人們都是不利的。从这里，他看出了，地租对于资本主义发展不但无益而且是有害的。这是他的貢献之一。

最后，还要闡明一个問題：李嘉图所研究的只是級差地租，他不承认絕对地租的存在，我們要問，他为什么要否认絕对地租？

这是因为：

第一，李嘉图虽然在"原理"第二章"地租論"里，一开始曾經提到"土地的占有"，但在論証时，却往往把这一点忘記掉了。我們知道，"土地的占有"，或"土地私有权的龍断"对于級差地租的发生是沒有关系的。級差地租是由于土地經营的龍断、在肥沃程度（或位置）不同的土地上投入等量资本和劳动所生产的农产品数量不等而产生的。在这里，土地占有，只能用来說明級差地租为什么为地主所获得，却不能用来說明为什么会发生級差地租。即使土地国有或为村社所有，級差地租也还是会发生的，不过在那种情形下，級差地租不是为地主所占有而是为国家或村社所有而已。

絕对地租才是从土地占有发生的。列宁曾說："土地占有权是被龍断的，土地占有者依靠这种龍断，能够向农場主索取这种土地的租金。这种租金就是絕对地租，它和不同投资的不同的生产率毫无关系，它是由土地私有权产生的（重点是引者加的）"[1]。

① '列宁全集'，第5卷，人民出版社版，1959年，第103頁。

因为李嘉图忽视了土地占有在地租产生过程中的作用，他遂看不出絕对地租之存在了。

第二，更重要的是，如我們在研究他的价值論时所指出的，一方面他坚持了劳动价值論（这是对的），另一方面他又把价值和生产价格混同了（这是錯的），所以他就断然否认絕对地租的存在。关于这一点，馬克思曾經很明白地指出："李嘉图将价值和成本价格（即生产价格——引者）混为一談。他因此相信，如有一种絕对地租存在（即一种和各种土地的不同肥沃程度无关的地租），那农产品等等因高于成本价格（所投入的資本＋平均利潤），会永远高于它們的价值出卖。这推翻了根本法則。所以他否认絕对地租，只承认級差地租"①。

其实，在农业中，由于資本有机构成比較低，在剝削程度相同的条件下，等量資本在农业中所形成的剩余价值比較大，因此，农产品高于生产价格但低于或等于其价值出卖是完全有可能的。絕对地租也就从这里发生。不过，李嘉图旣不知道不变資本和可变資本的分类，从而不知道資本有机构成的作用，当然也就看不出絕对地租的泉源了。

① "馬克思恩格斯通信集"，第 3 卷，三联书店版，1958 年，第 101 頁。

第 四 章
結　　論

我們已經簡单地說明了英国古典政治經济学, 从威廉·配第到大卫·李嘉图, 即从十七世紀中叶到十九世紀二十年代这段时期内, 产生和发展过程及其主要內容, 并且予以必要的分析批判。 現在我們可以根据前面的說明和分析批判, 作出如下几个主要結論。

第一, 英国古典政治經济学是随着英国
資本主义生产方式之产生及其向
上发展而产生和发展起来的

英国在十五、十六世紀, 正处在資本的原始积累时期。原始积累为資本主义生产方式准备了必要的条件: 积累货币資本, 圈占耕地使农民破产并且成了劳动力出卖者。在这时期内, 商业资本在英国的国民经济中占統治地位, 而且它又是在流通过程发揮机能的, 因此, 对于資本主义經济的最初的理論考察必然是从流通过程出发的重商主义。

但是, 当英国的資本主义发展到第二阶段即工場手工业时期时, 流通和生产之间的关系开始改变了——流通从对生产的独立化变成为再生产过程的一个要素。在这种情形之下, 那种认为流通是财富的泉源、对外貿易是唯一能够

增加国民财富的經济部門的重商主义学說，必須重新加以审查而予以批判。研究的出发点也就开始逐漸从流通过程轉移到生产过程。只有从生产过程出发，才能研究資产阶級生产关系的內部联系。这就是英国所以在十七世紀中叶从威廉·配第开始产生古典政治經济学的原因。

馬克思所以对威廉·配第的經济学說評价很高，认为他是英国古典政治經济学的发端者，是由于他是第一个提出劳动价值論的初步基础和不自觉地发現了剩余价值。尽管威廉·配第的价值論有很多缺点和錯誤，尽管他实际上认为地租是剩余价值的唯一轉化形态是錯誤的，但是他提出了价值由劳动决定，而且不自觉地发現了剩余价值存在的事实。这在政治經济学的发展上是具有很大意义的。

英国資本主义生产的不断发展，为工場手工业的狹隘性所局限。从經济意义上說，实有冲破这种局限性、进行产业革命的必要，从生产技术上看，工場手工业內部分工又为产业革命造成了可能性。到十八世紀中叶，英国的产业革命已面临"万事俱备"的阶段了。而在十八世紀后半期，英国古典政治經济学的眞正大殿，終于由亚当·斯密建成了。亚当·斯密发展了由威廉·配第开始的劳动价值論：配第认为只有生产金银的劳动才能直接生产价值，生产其他商品例如小麦的劳动则不能直接生产价值，只有在这种商品和金銀交换的时候，它們才能生产价值；斯密克服了这种片面性和局限性，认为不但生产金銀的劳动，就是生产其他商品的劳动也都能直接生产价值。斯密还論証了作为独立經济范疇的利潤，認識到剩余价值的眞正起源。这一切（当然还有其他許多方面）都表明，从威廉·配第到亚当·斯密这将近一百年間，英国古典政治經济学已經如何显著的发展。当然,这是英国資本主义經济在这时期內发展的結果和反映。

亚当·斯密的时代,英国正处在产业革命的前夜。資本主义經济正在迅速发展,社会阶级的分化逐渐趋于明显,資本主义本身的矛盾虽然已在逐渐成长,但还没有表面化和尖銳化。这一切不能不影响到斯密的經济理論,致使他的理論体系充滿着矛盾。

从亚当·斯密的"国富論"出版到李嘉图的"政治經济学及賦稅之原理"問世,虽然只相隔四十年,但在这短短时期內,英国經历了产业革命。大家知道,产业革命是从英国开端的。正如恩格斯在"英国工人阶級状况"这部經典著作中所指出的:"产业革命对英国的意义,就像政治革命对于法国,哲 革命对于德国一样",①其意义是极重大的。产业革命开始以后,英国的資本主义生产空前迅速地发展着。資本主义制度与封建主义制度相比的优越性和进步性,也就很明显地表現出来。但是資本主义經济的继續发展还必須扫清在其前进道路上的障碍物。因此,在資产阶級和封建地主貴族之間就展开了斗爭。李嘉图作为产业資本的发言人,当然就积极投入这場斗爭中。他参加反对"谷物条例"的斗爭,就是明显的例証。他的地租和工資、利潤之間的矛盾及地主阶級同社会上其他阶层之間利益矛盾的論証,可以說,就是資产阶級反对封建地主阶級的理論武器。另一方面,正如恩格斯所指出的,"……产业革命的最重要的产物是英国无产阶級"②。英国的眞正无产阶級随着产业革命的发生和发展而产生和壮大起来。在李嘉图生前,英国的无产阶級虽然还沒有作为独立的政治力量出現于历史舞台,但

① "馬克思恩格斯全集",第 2 卷,人民出版社版,1957 年,第 296 頁。
② 同上。

它同資产阶級之間的矛盾却是已經存在了。这在李嘉图的經济理論中也有所反映。由于李嘉图的学說比較实际地暴露了无产阶級和資产阶級的矛盾，就使資本主义的辩护人如美国的凱雷(1793—1879)之流发出这样的叫罵："李嘉图的体系是傾軋的体系，……它是要創造阶級的敵視，……他的著作，是巧言惑众者的向导，这些人是企图以分割土地、战争和掠夺的方法来获得权力的"①。

正是因为十九世紀最初二十年是英国資本主义迅速向上发展时期，是无产阶級正在成长起来但还沒有表現出独立的政治力量，从而它与資产阶級的矛盾和斗爭仍然还是潜伏着的时期，李嘉图才能把英国資产阶級古典政治經济学发展到頂点，并在資产阶級政治經济学这个限度內作出了科学的貢献。

第二，英国古典政治經济学的科学 貢献及其局限性

恩格斯在"反杜林論"中曾引用馬克思的一句話："价值論，乃'經济学体系是否坚实的試金石'"②。英国古典政治經济学的貢献首先就在于它奠定了劳动价值論的基础。威廉·配第的价值論只是初步的試探；亚当·斯密的价值論又包含了很多的內在矛盾；在这方面，李嘉图把英国古典政治經济学发展到頂峰。他在劳动价值論上的主要貢献是：

一，始終坚持商品价值由劳动时間决定这个原理，并且以此原理作为分析其他經济范疇和批判有关政治經济学的

①　轉引自恩格斯："反杜林論"，人民出版社版，1956年，第264頁。
②　恩格斯："反杜林論"，人民出版社版，1956年，第264頁。

著作之准绳；

二，他认识到商品的价值，只是由活劳动即李嘉图自己所说的直接劳动生产出来的，过去劳动即李嘉图所说的积累劳动或间接劳动，只是生产价值的条件，它本身不能生产价值，它不过把自己原有的价值转移到商品里去；

三，他根据他自己的劳动价值论论证了劳动与资本之间的矛盾：只要劳动时间不变，则由劳动所生产出来的商品价值也不会因为工资的变化而变化；工资增加只会引起利润的相应地减少，工资减少只会引起利润的相应地增加；

四，他根据他自己的劳动价值论以及在这个理论的基础上开展的分配论，阐明了地租同工资和利润之间是都有矛盾的：他认为社会发展、人口增多、土地耕种的面积从优良到较劣瘠的扩大，因而使得地租不断增加，而利润则不断趋于下降；在这过程中，名义工资即货币工资虽会增加，但实际工资则难免要减少。他的论证的理由虽然是错误的，但却正确地反映出在资本主义社会中这三个主要阶级之间的矛盾。

但是，李嘉图的这些贡献并不是完美无缺陷的，恰好相反，即使从他的这些贡献来看，也都是具有很大的局限性和缺陷的：从他的第一点贡献来看，他坚持价值由劳动时间决定这个原理，这固然是他的优点；但他却没有告诉我们形成价值、从而决定价值量的究竟是什么劳动？从第二点来看，认为对象化于生产资料内的劳动只是生产新价值的条件，其本身是不能创造新价值的，这的确是他的伟大贡献；但他却不能解决新价值的创造和价值的转移为什么能够在同一劳动过程进行这个问题。从第三点来看，认为在劳动时间不变的条件下，工资的增减不会引起价值的变化，这虽然是他对于劳动价值論的貫彻；但是由于他混同了价值和生产价格，因而又认为由资本有机构成不同或资本周轉速度不等諸企业所生产出来的商品价值的相对量，会因工資变化而变化，就是說，他要对自己的劳动价值論进行所謂"修正"。从第四点看，他的理論虽然正确地反映出地主、资本家和工人这三个阶級之間的矛盾，但是如前所述，他的論証却是錯誤的，这主要是由于他不明白利潤率下降的真正原因。

李嘉图在价值論方面，虽然有过在資产阶級政治經济学这个限度內的科学貢献，但是，他的缺点和錯誤也还是不少的。其中主要的是：

一，他研究的对象是可以再生产的商品，或如李嘉图自己所說的，是只要投下劳动，其量就能无限制地增加的劳动产品。但是，他沒有告訴我們，劳动产品为什么采取商品形态？

二，李嘉图會說："在人类所欲得的貨品（这其实就是商品——引者）中，最大的部分，是由劳动而生"①。但是生产商品的劳动为什么采取价值形态呢？他不但沒有說明，而且也沒有提出这个問題。

三、沒有研究价值形态問題。这个缺点是要特別加以注意的。馬克思會說："古典派經济学的根本缺点之一，是它不曾由商品的分析，尤其是商品价值的分析，发现那使价值成为交换价值的价值形态。亚当·斯密和李嘉图，古典派經济学的最好的代表，也把价值形态看做是毫无关系的事，或把它看得和商品性质沒有关系"②。

① 李嘉图："政治經济及赋税之原理"，中华书局版，1949年，郭大力、王亚南合譯，第2頁。
② 馬克思："資本論"，第1卷，人民出版社版，1957年，第64—65頁，注32。

212

四，如我們上面不止一次地說过的，李嘉图混同了价值和生产价格。

可見，在价值論方面来看，英国古典政治經济学家尤其是李嘉图，虽然有一些貢献，但是他們的貢献是具有很大的局限性的。

发现剩余价值存在的事实，从而为科学的剩余价值論准备了条件，这也是英国古典政治經济学的貢献。

威廉·配第天才地但不自觉地发现了剩余价值，但他把剩余价值和地租混同起来，根据他的学說看来，地租是剩余价值的唯一的轉化形态，这当然是錯誤的。正如馬克思所說，亚当·斯密是认識到剩余价值的眞正起源的，但是在他的理論体系中，科学的成分和庸俗的成分交錯在一起，因而他的科学貢献，为他自己的庸俗成分所掩盖了。李嘉图虽然沒有象亚当·斯密那样，认为剩余价值的根源是剩余劳动。但是，从他坚持劳动价值論的原則，从他关于工資和利潤之間存在着矛盾的学說看来，也可以得出剩余价值是起源于剩余劳动这个結論。李嘉图在这方面的貢献是：根据他的理論看来，地租是由农业工人所生产的剩余价值在平均利潤以上的余額之轉化形态。

但是，英国古典政治經济学家在这方面貢献的局限性更大了，他們的缺点和錯誤更多了。其中最主要的是：

一，不明白貨币轉化为資本的过程和原因。

二，混同了劳动与劳动力。

三，混同了資本和資本的一种物质形态——生产資料。

四，混同了剩余价值及其轉化形态：在威廉·配第，混同了剩余价值与地租；在李嘉图则混同了剩余价值和利潤。

五，李嘉图时而把剩余价值和利潤、剩余价值率和利潤率混为一谈，因而把剩余价值规律扩及于利潤规律，把剩余价值率规律扩及于利潤率规律；时而又把它們机械地分离开来。

六，李嘉图不理解价值、剩余价值、利潤、平均利潤及生产价格之間的历史发展过程和邏輯联系过程，而是簡单地把剩余价值、利潤和平均利潤这三个相互間虽有密切的联系，但无論在质上或量上都有严格区别的經济范疇等同起来，因而发生了混同价值和生产价格的极其錯誤的見解。

英国古典政治經济学家們所作的科学貢献所以具有很大的局限性，其根本原因是在于他們都是代表資产阶級利益的經济学家。他們的理論为資产阶級的阶級性所局限。

从十七世紀中叶到十九世紀最初二十年代这段时期內，正是英国資本主义經济步步向上发展的时期。因此，在資产阶級看来，資本主义制度是最好的、最合乎人性、合乎自然秩序的制度了。这种資产阶級的观点决定了亚当·斯密和李嘉图对于資本主义生产方式的看法。他們，尤其是李嘉图把資本主义生产关系絕对化、永恒化的根本原因就在这里。李嘉图既然形而上学地看待資本主义的生产关系，认为这种关系"自古已然"，以后也不会起变化，当然也就不能从产生、发展以及相互联系各方面去考察体現資本主义关系的各种經济范疇了。在他看来，商品、价值、貨币、資本、利潤、工資和地租等等都是很自然的，他幷沒有研究它們的质的方面、它們所体現的生产关系，而只是着重地研究它們的量是如何规定的。因此，他就沒有去研究劳动生产品为什么轉化为商品、生产商品的劳动为什么采取价值形态、价值为什么采取交换价值的表現形态、貨币为什么轉化为資本、生产資本为什么采取生产資料（其实还有劳动力）这个物质形态、剩余价值为什么轉化为利潤、利潤为什么成为平均利潤、价值为什么轉化为生产价格等等，而只是簡单地一一把它們等同起来。

总而言之，英国古典政治經济学家所以有一定的科学貢献，是由于在我們所考察的这个时期內，他們所代表的資产阶級与封建地主貴族相比还是一个具有进步性的阶級，資本主义經济正在向上发展而表現出进步的作用，資产阶級和无产阶級之間的矛盾和斗爭或者还潜伏着或者也不过是个別地表現出来。而其局限性则是为他們所代表的資产阶級的阶級性所决定的。随着資本主义的继續发展，資本主义本身的膿疮暴发出来了，資产阶級变为反动阶級了，无产阶級逐渐成长壮大終于作为独立的政治力量出現于历史舞台了，这一切再加上古典政治經济学本身的缺点、錯誤和矛盾，它終于不免日漸庸俗化和崩潰。

第三，英国古典政治經济学崩潰和庸俗政治經济学的产生

英国古典政治經济学是在 1820 年至 1830 年間由于李嘉图学說的庸俗化而开始崩潰的。但是，庸俗政治經济学在十九世紀最初二十年間就已經产生了。

上面(第二章末尾)我們曾經說过，在亚当·斯密的体系內，既有科学的成分也有庸俗的成分。它的科学成分由李嘉图继承和发展，使"資产阶級的經济科学就达到了它的不能跨过的限界了"①。而其庸俗成分则由資本主义制度的辯

---

① 馬克思："資本論"，第 1 卷，人民出版社版，1957 年，第二版跋，第 10 頁。

护士割离开来,构成庸俗政治經济学。資本主义制度的这种辯护士和庸俗政治经济学建立者就是法国的薩伊和英国的馬尔薩斯。馬克思曾說:英国資产阶級古典"政治經济学达到一定的发展程度——那就是,在亚当·斯密之后——并取得稳固的形态时,它里面的庸俗要素(那只是現象的再生产,当作现象的表象),就当作經济学的特殊表現,和經济学切离开来了。〔在〕薩伊的場合,那貫穿在亚当·斯密著作內的庸俗观念的切离,就已經当作一种特别的結晶,继續进行着"①。第一个把亚当·斯密学說中的庸俗成分切离开来并且"当作一种特别的結晶"即建立成庸俗政治经济学的是薩伊。

让·巴蒂斯特·薩伊(1767—1832)他始終认为自己是亚当·斯密学說的注釋者和傳播者,其实他是在利用斯密学說中的庸俗成分来建立他自己的"政治經济学"即資产阶級庸俗政治经济学。他的最重要著作是于 1803 年发表的巨著"政治經济学概論"及以后編写出版的"政治經济学問答"(1817)和六卷本的"政治經济学教程"(1828—1830)。

薩伊认为斯密的"国富論"杂乱无章,把理論問題和历史上的实际材料混杂在一起。他为了把斯密学說系統化而第一次地提出了政治经济学的三分法,即把它分为生产、分配和消費三部分。上述他的第一部著作的副題就是这样写的:"关于财富的生产、分配和消費的研究"。从薩伊开始的这种三分法或稍后的四分法(即加上流通或交换部分),由于它很便于为資本主义制度辯护,所以一直为資产阶級庸俗經济学家所沿用。

---

① 馬克恩:"剩余价値学說史",第 3 卷,三联书店版,1957 年,第 566 頁。

亚当·斯密沒有区别資本主义生产和在其他社会經济条件下的生产，因而时常陷于矛盾。薩伊则使生产脱离任何社会經济条件，而且从生产关系的其他方面割离开来。这样一来，生产就成为毫无具体內容的抽象的生产了。依照这种观点来看，生产既然是一般的抽象的生产，它同任何社会經济条件，同任何社会經济制度都是沒有关系的，它是为任何社会里的生产所共同的，那末，資本主义生产同其他社会里的生产并沒有任何区别，而資本主义生产也就可以永恒地存在下去了。請看，这种观点替資本主义制度辯护多么方便呵！

事实上，一般的抽象的生产是沒有的。生产总有具体的內容，而其內容则又为社会經济形态所决定。例如，奴隶社会的生产、封建社会的生产和資本主义制度下的生产都各有不同的具体內容。而且生产虽然具有决定性的作用，但是它同分配、交换和消費又有极密切的相互制約和互为条件的辯証关系。

既然生产是一般的抽象的，那末生产的要素也就同社会經济制度沒有关系了。亚当·斯密的价值由工資、利潤和地租这三种收入构成的理論，当然是庸俗的。但是，他还是认为工資是雇佣劳动的报酬，利潤是由資本带来的，而地租则是土地私有权的结果。薩伊则以一般劳动代替雇佣劳动、以生产資料代替資本、以土地或自然代替土地所有权作为生产的三个要素。因此，資本主义的剝削关系完全被掩盖起来了。这在薩伊的价值論和分配論中极明显地表現出来。

他认为：生产不創造物质，而創造效用；价值不决定于劳动而决定于效用。因此英国古典政治經济学的劳动价值論就为庸俗的效用論所代替了。效用也不单純是劳动所創造，而是由土地或自然、資本即生产資料和劳动共同創造出来的。工資是劳动服务的結果，利息是資本即生产資料服务的結果，地租是土地或自然服务的結果，而利潤則是企业主"劳动"的結果。这样，为亚当·斯密所认識的剩余价值及其根源，在薩伊的"理論"中，就連影子也不見了！

上面(第三章第三节)我們曾經說过，李嘉图是否认一般生产过剩的經济危机之可能性的。尽管在价值論和其他方面，李嘉图同薩伊是有过激烈爭論的，但是在这个問題上，李嘉图却是薩伊的庸俗理論的支持者。薩伊在这个問題上表現得更彻底，他认为每个卖者同时就是买者，而每个买者同时又是卖者；某些商品的生产过剩是由于其他商品的生产不足；所以，普遍的生产过剩是不可能的。这种使历史的車輪倒轉，把資本主义的商品生产和商品流通还原为物物直接交换的生产的所謂"理論"是完全錯誤的。

薩伊的政治經济学分部法、生产三要素論、效用論和分配論，一直到今天依然在各色各样的变形之下，为資产阶級經济学家所遵从。

托馬斯·罗伯特·馬尔薩斯(1766—1834)是代表資产阶級化了的地主貴族利益的經济学家。大家知道，他是以1798年匿名发表仇視人类的"人口論"而出名的。他在經济学方面的主要著作是1820年出版的"政治經济学原理"。他的經济理論的特点是，继承而且更加庸俗化了亚当·斯密的劳动价值論中之庸俗的成分和証明所謂"第三种人"即牧师和官吏等人对于資本主义生产方式是必要的。

亚当·斯密把耗費劳动和购得劳动混为一談，有时认为价值尺度是耗費劳动，有时又认为是购得劳动。前者是比較科学的成分已由李嘉图继承而且发展了。后者是庸俗的成分则为馬尔薩斯所继承。

馬尔薩斯区别了耗費劳动和购得劳动，而且认为商品价值是由借此商品所购得的劳动决定的。他說："一个商品所能支配的劳动，是它的价值的尺度"①。那末，一个商品与它所能支配的即用它购得的劳动之交换比例如何决定的呢？馬尔薩斯认为这是由生产費用决定的：一个商品的生产費用大，它所能支配的劳动量就多；反之就少。可见，他是一个庸俗的生产費用論者。以生产費用来說明价值，是不能解决問題的。因为生产費用本身就包含一定的价值量，所以，用生产費用来說明价值，事实上无异于用价值来說明价值，是一种沒有出路的循环論。

在这个問題上，馬尔薩斯的特点是，把利潤包含在生产費用內。他还毫不知羞耻地认为这是他的"貢献"呢！他說："我沒有在任一处(在他自己的著作"价值尺度"出版以前——馬克思注)发现曾經有人主張，一个商品普通能够支配的劳动量，必須代表幷且計量它生产上使用掉的劳动量加利潤"②。

这样，他就似乎解决了利潤来源的問題了。依据他的"理論"来說，利潤从哪里来的？它包括在生产費用內，因此它是从生产費用来的。他的这种說法，是以利潤存在为前提来說明利潤的起源的。所以，事实上他幷不是解决了而是躱避了利潤来源問題。这种說法只有一个目的，那就是

---

① 轉引自馬克思："剩余价值学說史"，第3卷，三联书店版，1957年，第7頁。
② 同上。

替资本家辩护，"证明"工人并没有被剥削。

好吧！我们姑且不追究利润来源的问题，暂时同意马尔萨斯的意见：利润已经包括在生产费用里面了。但是，要问：那末，这种利润究竟由谁来实现呢？

这是一个关键问题。马尔萨斯自己也提出来了。但是，他提出这个问题并不是要使政治经济学向科学方面发展，而是要论证所谓"第三种人"的重要性。

依据马尔萨斯的理论来看，这种利润是不能在资本家之间相互卖买商品来实现的。因为每个资本家在出卖时所实现的利润，又会在他购买时失掉的。从表面上看来，这种利润似乎可以把商品高价出卖给工人而实现的，因为工人只向资本家购买商品（生活必需品），却没有可以高价出卖的商品。但是，工人的购买为他所得的工资额所限制，因而这种利润还是不能实现。这样，马尔萨斯就指出了资本主义生产方式的内在矛盾了。如果没有第三种人来发挥他们的作用，必然会由于利润的不能实现而发生生产过剩的危机。马尔萨斯认为，在只购买不出卖的第三种人（即僧侣和官僚等人）存在的条件下，生产过剩的危机，才能被克服。因为资本家把商品出卖给"第三种人"时，利润实现了，但并不向第三种人购买什么（因为第三种人是没有什么可出卖的），也就不会把已实现了的利润丧失掉。在马尔萨斯看来，第三种人的作用真是重大呵！所以，马克思说："马尔萨斯决无意要隐瞒（在郭大力的译本上是暴露，想系笔误或排错，故改译为隐瞒或掩盖——引者）资产阶级生产的矛盾；反之，他要特别强调它们，不过一方面为要证明劳动阶级的贫困是必要的（对于这个生产方式是必要的），一方面为要向资本家证明，如要有充分的需要，一定额的牧师和官吏是不可少的。"①

其实，馬尔薩斯关于"第三种人"重要性的"証明"也并不高明。我們只要提出下面的問題，西洋鏡就可以戳穿了。这个問題是："第三种人"的购买工具是从哪里来的？归根到底，他們的收入总是来自地租和税收。而这些又是由資本家支付的。第三种人把在不出卖任何商品情形下所获得的收入用来向資本家购买商品。这对資本家来說，在出卖商品时所实现的利潤，原来就是他們在交纳地租和賦税时所支付出去的貨币。如果有待于实现的利潤超过地租和賦税总额，那末超过部分依然不能实现；如果这二者在量上恰好相等，那就无異說，資本家在事实上并沒有获得利潤（因为全部用来支付地租和賦税了），資本主义积累也就根本不可能。可見，即使有"第三种人"存在，資本主义生产的矛盾依然得不到解决。

十九世紀初叶，庸俗政治經济学的产生和古典政治經济学在李嘉图著作中的发展，是同时并进的。这固然是，如上面所說，由于亚当·斯密的体系既有科学的成分，也有庸俗的成分；它們好象一顆树杆上的二条树枝向不同的方向生长。但是，此外，还有一个更重要的原因：在法国大革命发展过程中 1793—1794 年的雅各宾派的革命专政，不但吓倒了法国的資产阶級，也吓倒了英国的資产阶級尤其是資产阶級化的地主貴族。因此，代表它們利益的經济学家的任务，就不再是研究資本主义生产关系的內部联系，而要为資本主义制度辩护了。馬克思說：庸俗經济学家"只在外观上的联系上面打轉轉，……为了資产阶級日常的需要，象反

---

① 馬克思："剩余价值学說史"，第 3 卷，三联书店版，1957 年，第 57 頁。

驴一样，不絕咀嚼科学經济学許久以前已經供給的材料，……又只把資产阶級生产当事人关于他們自己的最善世界所抱的平凡而自大的見解組織一下，墨守着，并称其为永恒的眞理"①。

李嘉图学說的破产标志着古典政治經济学的彻底崩潰。而李嘉图学說是在十九世紀二十年代就开始庸俗化和破产的。恩格斯說过："1830年前后，李嘉图学派在剩余价值問題面前破产了。这个学派解决不了問題，其后继者即庸俗經济学当然也不能解决"②。恩格斯接着就指出，引起李嘉图学派破产的二点是：第一，价值規律同劳动和资本相交换之間的矛盾問題；第二，价值由劳动时間决定这个原理同等量资本获得等量利潤这个原理之間的矛盾問題。

馬克思曾經指出，李嘉图学派的解体过程是由詹姆士·穆勒开始，因为是他在这两个問題上开始庸俗化了李嘉图的經济理論。

詹姆士·穆勒(1773—1836)是历史学家同时又是經济学家。他的主要的經济著作是于1821年出版的"政治經济学要义"。

十九世紀二十年代，在李嘉图学派及其反对者之間展开了激烈的辯論。詹姆士·穆勒在辯論时积极拥护李嘉图的理論。这次辯論的主要是上面所說的二个問題。

关于第一个問題，李嘉图理論的反对者提出这样的指責：旣然劳动是价值尺度，那末在资本和劳动相交换时，也应当是等量劳动交换了；可是，事实上，却是以比較少量的过去劳动（即体现在资本里的劳动）和比較多量的活劳动

① 馬克思："資本論"，第1卷，人民出版社版，1957年，第65頁。

② 馬克思："資本論"，第2卷"編者序"，人民出版社版，1957年，第23頁。

相交换。也就是說，在资本和劳动相交换时，价值规律破产了。在这个問題上，穆勒是这样为李嘉图的理論辯护的。他説：

"人們发现了，在生产物完成，其价值实现以前，就在垫支的形态上，把劳动者应得的部分，支付給劳动者，对于劳动者，是更便利的。劳动者取得其应得部分的便利的形态，就是工资形态。生产物中应在工资形态上归于劳动者的部分，一經完全由劳动者取得，生产物便全数归资本家了，因为他已經在事实上把劳动者应得的部分购买了（重点是引者加的），并已經在垫支形态上为这个部分而支付給他了"①。

穆勒把资本和劳动相交换的关系，即劳动（其实是劳动力）的卖买关系归结为商品出卖者和商品购买者之間的关系，资本家向劳动者购买的劳动归结为劳动者应得的但还沒有制造完成的那部分生产物。把雇佣关系归结为普通商品的卖买关系，这是他庸俗化李嘉图理論的第一步。李嘉图自已虽然沒有注意到，资本和劳动相交换同价值规律的矛盾問題，但是他的工资論、利潤論都是以雇佣关系为前提的。这种关系在穆勒的辯解中连一点影子也沒有了。而且根据穆勒的說法也并沒有解决問題，而只是躲避了問題。因为，問題之所以发生，是由于劳动和资本的交换，并不是由于普通商品的卖买。

其次，依照穆勒的說法，尚未生产完成其价值也沒有实现的生产物，是资本家和劳动者共同所有的；其中一部分归资本家，还有一部分則应归劳动者；资本家所购买的就是应归劳动者的那部分生产物。我們要問：应归劳动者所有

① 轉引自馬克思：“剩余价值学說史”，第3卷，三联书店版，1957年，第100頁。

的为什么不是全部而只是其中的一部分呢？这部分又是如何决定的？他对于这个问题是这样提出的："生产物是依照什么比例，分配在工资劳动者和资本家之間呢？是什么比例，规定工资率呢？"然后他自己答道："工资劳动者和资本家的应得部分的确定,是他們間的商业的問題,是他們間的市場的問題。一切自由的貿易,都是由竞爭规定,其条件会跟着变动的供求关系变动的"①。

穆勒在这里进一步庸俗化了李嘉图的理論。李嘉图虽然也认为供求关系的变动会引起工资的涨落，但是他认为工资基本上是由劳动的自然价格决定的。在这个問題上，李嘉图的理論固然也有錯誤，但它同李嘉图自己的研究出发点是一致的。就是說，他在这里也貫彻了价值由劳动时間决定的原理。可是根据穆勒的說法，工資率是完全由供求关系决定的。这样，就連劳动价值論的影子也不见了！

由此可见，詹姆士·穆勒本来是打算替李嘉图的理論辯护的，而结果却是否定了劳动价值論！这是他庸俗化了李嘉图理論的必然结果，同时又是李嘉图学派破产的标志。

当时热烈地展开討論并使李嘉图学派破产的第二个問題是：价值由劳动决定，同资本有机构成不同或资本周轉速度不等的諸企业等量资本获得等量利润之間的矛盾問題，也即价值和生产价格的不一致問題。

如前（第三章第二节）所述，李嘉图自己已經注意到这个問題了。但是，他不能解决这个問題，而只是认为，价值

① 轉引自馬克思："剩余价值学說史"，第3卷，三联书店版，1957年，第106頁。

224

和生产价格的不一致是一种偶然现象。可是，他的反对者很容易地指出了，它們的不一致并不是偶然的、它們的一致倒是偶然的現象。

在当时討論过程中以陈酒为例来进行爭論。李嘉图学派的反对者指出：制造陈酒和新酒所消耗的劳动是差不多的，但陈酒却比新酒貴得多，可見劳动价值論是不正确的。

穆勒在这个問题上，又把李嘉图的学說庸俗化了。他认为：在制造陈酒和新酒时所消耗的直接劳动虽然差不多，但所用的資本却不同；制造陈酒要用更多的資本，而資本則是积累的劳动；不但直接劳动能創造价值，积累劳动也能創造价值；因此，陈酒就要比新酒貴得多。

穆勒的这种見解，不仅仅是庸俗化而且已經背棄了李嘉图的劳动价值論了。我們已經知道，李嘉图的一个重大貢献是，他认为积累劳动即生产資料只不过是生产新价值的条件，其本身是不能生产新价值的。现在穆勒居然以为积累劳动也能生产价值！实质上，在关于这个問題的爭論过程，穆勒是披着替李嘉图的劳动价值論作辯护的外衣而販卖庸俗經济学家薩伊的生产三要素論。穆勒的这种观点，实质上，同薩伊的价值决定于效用，而生产效用的不仅是劳动并且还有資本即生产資料的論断有什么区別？！

无論是李嘉图学說的反对者还是拥护者都不能解决上述二个与剩余价值有关的問題。眞正能够科学地解决这二个問題的第一个人就是馬克思。

馬克思以1830年为古典政治經济学和庸俗政治經济学在时間上的分水岭。他說：

"1830年，决定性的危机就发生了。

"英法二国的資产階級，都已經夺得了政权。从此以往，无論从实际方面說，还是从理論方面說，阶級斗爭都愈益采取公开的威胁的形态。科学的资产阶级的經济学之丧钟，敲起来了。从此以往，成为問题的，已經不是这个理論还是那个理論合于真理的問题，只是它于资本有益还是有害，便利还是不便利，違背警章还是不違背警章的問题。超利害关系的研究沒有了，代替的东西是領津貼的論难攻击；无拘束的科学研究沒有了，代替的东西是辯护論者的歪曲的良心和邪恶的意图”①。

由于英法二国资产阶級先后夺得了政权，无产阶級和资产阶級的矛盾和斗爭上升为社会的主要矛盾和斗爭，也由于为资产阶級的阶級性所局限的英国古典政治經济学本身的缺点、錯誤和矛盾；在1830年前后，英国古典政治經济学就破产了，代之而起的是替资本主义制度辯护的形形色色的庸俗政治經济学。

第四，馬克思完成了政治經济学中
的偉大革命

我們已經在前面扼要地叙述、分析和批判了从威廉·配第到大卫·李嘉图的英国古典政治經济学的产生、发展和破产的必然性。英国资产阶級古典政治經济学的发展过程也就是劳动价值論的奠基过程。而劳动价值論则是由馬克思最后完成的。在这种意义上，我們可以說，馬克思是英国古典政治經济学家事业的継承者。但是，馬克思并不是簡单地継承了古典政治經济学，而是通过細致而精密的科学

① 馬克思：“资本論”，第1卷，人民出版社版，1957年，第2版，第11頁。

分析，把政治經济学改造成为无产阶级的科学、使之成为无产阶級革命的理論武器，从而完成了在政治經济学中的偉大革命。关于这个問題，可以从下述几方面来說明：

一，馬克思从物与物間的关系中揭发出人与人間的关系。

古典經济学家所着重研究的只是物与物之間的关系。他們把商品只是当作一种物，把商品交換只是当作具有某种使用价值的一定量的物同具有另一种使用价值的一定量其他的物之間的关系，貨币則不过是使商品便于交換的工具，資本是一种生产資料，而工資、利潤和地租則是劳动生产品价值的分解部分或其构成部分，就是說，都是从物与物之間的关系方面去說明各种經济范疇的。

馬克思則不以研究物与物之間的关系为限，而是要透过物与物之間的关系揭发出为这种关系所掩盖而又由它完成的人与人之間的关系。他告訴我們：商品不是簡簡單單的物，而是人与人之間关系的体現者；商品交換則表示通过市場来实現的商品生产者彼此之間的联系。貨币是一般等价物，它表示着更加发展、更加复杂的各个商品生产者的經济生活联結成一个不可分割的整体。生产資料本身并不是資本，資本系一种剝削工具，它体現出資本家对工人的剝削关系，工資、利潤和地租則表示在資本主义社会中三个主要阶级，即无产阶级、資本家阶級和地主阶級之間的关系；工資，一方面表示由生产資料被剝夺从而不能不出卖劳动力以勉强維持其生活的无产者出卖其劳动力所得的代价，同时又表示无产者得以再生产其劳力从而可以供資本家继續剝削的前提条件；利潤，則表示資本家剝削工人的結果；地租，一方面表示剝削阶級对无产阶级的剝削关系，同时又表示資本家階級和地主階級瓜分剩余价值的結果。

由于馬克思从物与物之間关系中揭发出人与人之間的关系，因此，就有可能"……彻底弄清了資本和劳动間的关系，换句話說，揭露了在现代社会內，在现存資本主义生产方式下資本家对工人的剥削是怎样发生的。"[①]

二，馬克思揭示出体现人与人之間关系的各种經济范疇之历史性。

資产阶級古典政治經济学家不但只是从物与物之間关系方面去研究各种經济范疇及其相互間的关系，而且把它們看作万古长存的超历史的东西。亚当·斯密和李嘉图都认为在原始社会就已經有商品生产了，李嘉图则更进一步以为在那种社会中已經有資本、工資和利潤了。因此，他們不但混同了簡单商品經济和資本主义經济，而且把自然經济、商品經济和資本主义經济都混为一談。因而就把資本主义的生产关系絕对化了。

馬克思把他自己同恩格斯所发现和制定的辯証唯物主义，尤其是历史唯物主义应用于政治經济学，科学地論証了資本主义生产关系以及体现这种生产关系的許多經济范疇，都不是什么超历史的东西，而是有其发生和发展过程而必然会趋于灭亡的。

資产阶級古典政治經济学家們，由于他們把商品經济絕对化了，认为原始社会就已經有商品生产，从而把商品和劳动生产品混同起来。馬克思则告訴我們，劳动生产品本身并不是商品，只有在社会已发展到一定阶段，一方面社会分工已有相当程度的发展，同时另一方面生产资料的私有

① 恩格斯："卡尔·馬克思"，見"回忆馬克思恩格斯"，人民出版社版，1957年，第11頁。

228

制也已开始发生和发展的社会，劳动生产品才采取商品形态。资产階级古典政治經济学家們认为价值和創造价值的劳动都是超历史的經济范疇。馬克思则科学地論証了，从劳动生产品本身来說是沒有价值的，只有当它轉化为商品时，价值才是为商品所具有的一种屬性；因此幷不是任何生产者的劳动都能生产价值，只有商品生产者的劳动才能生产价值。所以，价值和生产价值的劳动也不是什么超历史的东西，它們都是随着商品生产的发生、发展而发生、发展的。一旦商品生产消亡了，价值也必然会跟着消失，劳动虽然依旧存在，但它不再生产商品和价值而只是生产为人們所需要的各种物质資料了。

亚当·斯密和李嘉图都把資本以及由資本所体现的資本主义剝削关系絕对化和永久化了。馬克思则敎导我們：第一，生产資料本身幷不是資本，只有当它轉化为剝削的工具时才成了資本的一种形态；第二，資本的存在是以劳动力的买卖为前提的。由于生产資料和生活資料都被資本家所占有，直接生产者的生产資料被剝夺了，他們除掉劳动力以外一无所有，因此，就不能不出卖劳动力以勉强维持其生活。由于劳动力的买卖，为資本家所占有的生产資料也就成了資本家对雇佣劳动者实行剝削的工具。就是說，在这种情形下，生产資料也就轉化为資本了。所以，馬克思告訴我們："資本只能在那种地方成立，在那里，生产資料和生活資料的所有者，在市场上，与当作劳动力售卖者的自由劳动者相遇。"[①]

小商品生产者，当他們还占有生产資料幷且由自己劳动来生产商品时，他們是独立的生产者。他們既不是出售

① 馬克思："資本論"，第1卷，人民出版社版，1957年，第180頁。

229

自己的劳动力，因而他們的劳动力幷没有成为卖买的对象；他們也没有雇佣别人来劳动，所以，他們的生产資料也不是資本。只有在他們的生产資料被剝夺了以后，才不能不出卖其劳动力。劳动力变成商品了，为資本家所占有的生产資料也就变成了資本。所以，資本以及由它所体现的資本主义剝削关系，幷不是什么超历史的东西（資产阶級古典政治經济学家正是这样理解的），而是在商品生产和商品流通发展到一定程度以后才发生的。所以，資本主义生产方式也不是永恒的生产方式，而只是在人类社会发展到一定阶段才发生而且还必然会趋于灭亡的、历史上一种过渡的生产方式。

資本主义性质的工資、利潤和地租都是体现資本主义生产关系——剝削关系的經济范畴，它們同資本一样，都是随着資本主义生产方式的发生而发生，也必然会跟着資本主义生产方式的灭亡而消失。

三，馬克思完成了英国古典政治經济学家們所奠基的劳动价值論。

劳动价值論肇始于威廉·配第。但配第把社会上一切劳动分为二类：生产金銀的劳动和生产所有其他商品的劳动。他认为只有生产金銀的劳动才直接生产了价值；至于其他劳动是不能直接生产价值的，它們的产品在同金銀相交换时才有价值。亚当·斯密克服了这种偏見，认为一切财富从而一切财富的价值都是由劳动生产出来的，就是說凡是从事生产的劳动，都能生产财富和价值。但亚当·斯密有时认为商品价值决定于在生产它們时所耗費的劳动，有时又认为决定于利用它所购得的劳动。他把耗費劳动和购得劳动混为一談。幷且在他以資本主义經济为研究对象时，或

230

者如他自己所說的，在資本业已发生、土地已成为私有财产时，商品价值不再由劳动决定，而是由工資、利潤和地租这三种收入决定；就是說，在这种情形下，他放棄了劳动价值論而主張庸俗的收入决定論了。李嘉图的功績在于他始終堅持劳动价值論，认为即使在資本主义社会，价值依然是由劳动决定的。他並且批判了亚当·斯密的价值决定于购得劳动的說法，而始終一貫地认为商品价值决定于在它生产时所耗費的劳动。他同时还更进一步地指出：不仅在商品生产时直接耗費的劳动，而且还有間接耗費的劳动，即耗費在为生产某种商品所必需的生产資料上的劳动，也都是該种商品价值的决定者。但是，李嘉图既不了解生产价值的劳动之历史性，也沒有深入研究創造价值的劳动究竟是怎样的劳动。而且由于他混同了价值和生产价格，因此就发生了为他自己所不能克服的矛盾，即价值规律同等量資本取得等量利潤的規律之間的矛盾。

馬克思继承了英国資产阶級古典政治經济学家关于商品价值由劳动生产而且决定于在其生产时所耗費的劳动时間这个基本論点。在这一点上說，馬克思的确是英国古典政治經济学的继承者。但是，馬克思並不以簡单地继承了英国古典政治經济学劳动价值論这个基本論点为限，更重要的，是他在分析批判英国古典政治經济学的同时，創造了他自己的劳动价值論，从而把政治經济学改造成为无产阶級的科学。

馬克思教导我們說：商品二重性之間的矛盾即使用价值和价值之間的矛盾是資本主义一切矛盾之胚胎。而商品二重性則决定于生产商品的劳动二重性：具体劳动和抽象劳动。

关于包含在商品中的劳动二重性的学说是理解政治經济学的关键，而这一学說则是由馬克思所首創的。

馬克思告訴我們：并不是任何劳动都能生产价值，只是生产商品的劳动才能創造价值。各种商品都有各种不同的一定的使用价值，例如米、面有充饥的使用价值，而衣服則有保护体温的使用价值。各种使用价值不同的商品是由各种有用的具体劳动生产出来，例如米面由农民劳动生产，而衣服則由縫工劳动生产。但是米面和衣服作为商品，除掉它們各有自已的不同使用价值以外，还有共同的性质，这就是說它們都有价值。而商品的价值則是由人类一般的抽象劳动生产的。因此，劳动二重性即具体劳动和抽象劳动就决定了商品二重性，即决定了商品的使用价值和价值。馬克思在論証了劳动二重性以后，曾經作出这样的結論："一切劳动，从一方面看，都是人类劳动力生理学意味上的支出。当作同一的或抽象的人类劳动，它形成商品的价值。一切劳动，从别方面看，都是人类劳动力在特殊的合目的的形态上的支出。当作具体的有用的劳动，它生产使用价值"①。

李嘉图的貢献之一，就是他认为，間接劳动虽然也是利用它生产出来的商品价值的一个决定因素，但它本身决不能生产新价值。可是李嘉图沒有而且也不能告訴我們，在商品生产时，一方面有新价值的創造，一方面又有原来价值的轉移，这二方面如何能够在同一劳动过程进行？根据馬克思的劳动二重性学說，这个問題就迎刃而解了。具体劳动和抽象劳动并不是二种彼此独立的劳动，而是在生产商品时所耗費的劳动之不同的方面。生产商品的劳动，当作

---

① 馬克思："資本論"，第 1 卷，人民出版社版，1957 年，第 20 頁。

具体劳动, 它生产了使用价值, 同时把生产资料的价值轉移到新生产的商品里去, 例如农民的劳动把种子、农具等等的价值轉移到农产品里去, 縫工的劳动则把布、綫、針和縫机等的价值轉移到衣服上去。而抽象劳动则生产新价值。

劳动二重性学說不但能够解决李嘉图所不能解决的問題, 而且还是馬克思所首創的关于不变資本和可变資本分类的学說之理論根据。

具体劳动和抽象劳动不仅统一于劳动过程, 而且彼此間还是有矛盾的。它們的矛盾决定了商品二重性之間的矛盾并且由后者表現出来。商品生产者不是单純地为了自己消費的使用价值, 而是为了用以与其他商品交換或者出卖的商品价值才經营生产事业的。只是由于价值不能独立存在, 必須以一定的使用价值为其物质担負者, 他們才生产使用价值。由于在商品資本主义社会里, 生产无政府状态的规律发生作用, 某种商品生产过多了, 因而卖不出去时, 商品二重性之間的矛盾就暴露出来了。商品二重性矛盾在資本主义生产过剩的經济危机时最突出地表現出来。例如, 在发生資本主义周期性的經济危机时期, 許多商品都卖不出去, 它們的价值不能实現, 它們的使用价值也因而不能实現。从这里可以看出, 商品二重性的矛盾乃是資本主义一切矛盾的萌芽。

英国古典政治經济学家都是不懂价值形态的, 因而他們也就不能說明貨币的起源。馬克思于論証了劳动二重性以后, 进而闡明价值形态的发展和貨币的起源。这样, 馬克思在政治經济学上开始了革命的变革, 完成了英国古典政治經济学所奠基的劳动价值論。

四, 馬克思制定了剩余价值学說从而完成了政治經济

233

学中的偉大革命。

英国古典政治經济学家，指出了剩余生产物和剩余价值存在的事实，但为資产阶級的阶級性以及既有的經济范疇所限，他們都不知道自己所发现的究竟是什么。威廉·配第所着重研究的地租，其实就是剩余价值，可是他却把这种剩余价值叫做地租；亚当·斯密所研究的利潤和地租，也都是剩余价值，可是斯密自己并不知道这一点；李嘉图曾經不止一次地說过，如果生产某种商品所耗費的劳动时間不变，这种商品的价值就不会由于工資的变化而变化，在他看来，工資的变化只会引起利潤之相反的变化。很明显，李嘉图在这里所說的利潤，其实也就是剩余价值，可是李嘉图自己也不知道这一点。只有馬克思才真正发现了剩余价值，指明了英国古典政治經济学家所說的利潤、地租和利息都不过是剩余价值的轉化形态，并不是剩余价值本身。他制定了剩余价值学說，在政治經济学上完成了偉大的革命。这种情形，正如普利斯提勒（1733—1804）已发现了氧气，但他自己并不知道是氧气而把它叫做无燃素气体；希勒（1742—1786）也发现了氧气，可是他自己也不知道而把它叫做火气体，只有拉瓦节（1743—1794）才真正发现了氧气，因而引起了在化学上的革命是一样的。当然，馬克思在政治經济学上革命的重大意义，远远不是拉瓦节在化学上的革命所能比拟的。

英国古典政治經济学家也承认剩余价值是由工人生产而被資本家不支付任何代价地所占有的。亚当·斯密很明确地說过，資本家所取得的利潤和地主所获得的地租都是由工人劳动所生产的生产物或生产物价值的一部分。李嘉图更是明白地指出，利潤是工人劳动所生产的价值之一部

234

分。但他們的貢献也就到此为止，沒有更进一步告訴我們，剩余价值究竟如何并且为何由工人劳动所生产而被剝削阶級所占有的。只有馬克思才科学地論証了这些問題，发現了剩余价值規律——资本主义的基本經济規律，从而指出了资本主义生产方式只是历史上一种过渡的生产方式及其必然会灭亡的趋势。

大卫·李嘉图是英国古典政治經济学的最后完成者，他虽然有过一些科学上的貢献，但由于他沒有而且也不可能有眞正发現剩余价值和正确的剩余价值理論，这个学派也就不能不最后破产了。

馬克思眞正发現了剩余价值，首創了剩余价值理論，因而科学地解决了促使李嘉图学派破产而为任何资产阶級政治經济学家所不能解决的矛盾。

馬克思指出，资本主义生产方式是以资本家阶級和无产阶級存在为前提的。资本家阶級占有生产资料和生活资料，而无产阶級則除掉劳动力以外一无所有，因此他們不能不出卖自己的劳动力以維持其生活。所以无产阶級出卖給资本家的、即与资本相交换的不是劳动，而是劳动力。劳动虽能創造价值，但劳动本身却沒有价值。恩格斯曾說：“劳动当作創造价值的活动，不能有什么特殊的价值，正和重不能有什么特殊的重量，热不能有什么特殊的温度，电不能有什么特殊的电流强度一样”[①]。商品的价值，是由商品生产时从而也是商品再生产时所耗費的社会必要劳动量决定的。当作商品卖买的劳动力的价值，也是由劳动力再生产时所耗費的社会必要劳动量决定的。假設維持工人一天

---

① 馬克思：“资本論”，第2卷“編者序”，人民出版社版，1957年，第23頁。

生活所必要的生活资料是由六小时社会必要劳动生产出来的，这六小时就是为再生产一天劳动力的社会必要劳动时间，也就由它决定了一天劳动力的价值。再假定，一小时劳动合一毛钱，则一天劳动力的价值为六毛。资本家雇用工人时，每人每天六毛工资，就是说资本与劳动力是等价交换的。工人每劳动一小时，就创造出一毛钱的价值。他只要劳动六小时，就把一天劳动力的价值生产出来。如果工人只做六小时工，那末资本家就得不到什么了。可是，资本家却要说，他向工人购买的劳动力不是六小时，而是一整天。所以，他不让工人每天只劳动六小时，而要强迫工人每天为他工作八小时、十小时、十二小时或更多的时间。所以工人在第七小时及其以后各小时所生产的价值，都毫无代价地为资本家所占有。这样，工人在一天的工作中不仅生产出从资本家方面取得报酬的与其劳动力价值相等的价值，而且为资本家生产了剩余价值。

马克思告诉我们，劳动力这种商品有一种与其他任何商品都不相同的特点，即劳动力在生产过程并不是把其价值转移到新产品里去，而是由于劳动力的消耗即劳动，在生产时创造了新价值，而且它所生产的价值大于它自身的价值。因此，资本与劳动力交换时依然是等价的，可是通过劳动过程，工人却毫无代价地替资本家生产了剩余价值。由此，资本与劳动的关系，资本家对无产者的剥削关系就彻底弄清楚了。这是马克思的伟大发现之一。上面说过的促使李嘉图学派破产的第一个矛盾，也因此得到了科学的解决。

剩余价值是包含在商品中价值的一部分。它是劳动力在生产过程发挥它的特殊能力的结果。所以马克思把投在劳动力上的资本，或者可以说，采取劳动力形态的资本，叫

236

244

做可变资本；而把投在生产资料上的资本，或者说，采取生产资料形态的资本，叫做不变资本。剩余价值虽然只是由可变资本增殖的，但资本家出卖商品、实现了剩余价值时，却把它同全部资本作比较，而名之谓利润。所以，利润是剩余价值的转化形态。

剩余价值与可变资本之比叫做剩余价值率或剥削率，而剩余价值与全部资本之比则叫做利润率。

假定在各资本主义企业中由工人所生产的剩余价值全部为各该企业的资本家所占有，在这种情形下，各个资本家所获得利润叫做个别利润，这种利润同他的全部资本之比叫做个别利润率。如果，各个资本家以相同的比例把他们的资本划分为不变资本和可变资本，就是说，他们的资本的有机构成相同，而剥削率又相同，则他们的个别利润率也必相等。这时候，价值规律同等量资本获得等量利润规律是一致的。但是各资本主义企业的资本有机构成决不会相同。一般说来，机器制造业的资本有机构成一定比较高，而纺织工业的资本有机构成就比较低。现在假定有甲、乙、丙三个企业代表着三种不同的产业部门。它们的总资本都为100；它们的资本的有机构成分别为9：1，8：2，7：3。这样，它们的资本划分为：

甲　90 C＋10 V

乙　80 C＋20 V

丙　70 C＋30 V

在这里，C 表示不变资本，而 V 则代表可变资本。再假定这三个企业的剩余价值率都为100％，则甲企业中工人所生产的剩余价值为10，乙企业——20，丙企业——30。如果它们所用的生产资料的价值全部都被转移入新生产的商品里，则其商品的价值分别为：

甲 90 C＋10 V＋10 m＝110

乙 80 C＋20 V＋20 m＝120

丙 70 C＋30 V＋30 m＝130

在这里，m 代表剩余价值。假設这三个企业，都能按照价值出卖其商品，则甲获得利潤为10，乙——20，丙——30。这样，它们的个别利潤率就分别为 10％，20％，30％。就是說，个别利潤率不等，即等量资本得不到等量利潤。

可是，资本家都是唯利是图的，他們都在追求尽可能高的利潤。因此，由于自由竞爭规律发生作用，他們的资本必然会从利潤率比較低的部門退出而投入利潤率比較高的部門。结果，就使所有资本主义企业中工人所生产出来的剩余价值在各资本家之間发生再分配；全部资本主义企业好像一个大公司，而每个企业，都根据它的资本量在这个大公司中占一定的比重，这个大公司的全部剩余价值，也就按照资本量的多少而平均分配給各个企业。因此，个别利潤就转化为平均利潤了。以上例来說，甲、乙、丙三个企业共同生产出的剩余价值为 60（10＋20＋30），因为它們的资本量各为 100，因此，它們所得的利潤也都为 20。

这样，这三个企业所生产的商品就不再按照它們的价值（分别为110，120，130）出售，而是按照它們的生产費（均为100）加平均利潤（20），即按照生产价格（120）来出卖了。在这里，甲商品的生产价格（120）比其价值（110）多10，乙商品的生产价格和价值都为 120，而丙商品的生产价格（120）则比其价值（130）少10。这三个企业中工人所生产的剩余价值总额同这三个资本家所获得的利潤总额是相等的，乙企业中工人所生产的剩余价值同乙资本家所获得的利潤也

238

246

是相等的。甲資本家所获得的利潤比他的企业中工人所生产的剩余价值多 10，而丙资本家则剛相反，他所获得的利潤比在其企业中工人所生产的剩余价值少 10。

这样，由于李嘉图混同了价值和生产价格而发生的、促使李嘉图学派破产的第二个矛盾，即价值规律与等量资本获得等量利潤规律之间的矛盾彻底解决了。馬克思不仅解决了这个矛盾，而且指明了，在资本主义生产方式之下，价值规律必然会轉形为生产价格规律而发生作用。在这里，更重要的是，馬克思科学地論証了，工人不仅被雇用他的资本家所剝削，而且是整个工人阶級被整个资本家阶級所剝削。

馬克思发现了剩余价值生产的二种方法：絕对剩余价值的生产和相对剩余价值的生产。他于科学上論証了，工人所創造的资本怎样变成了剝削工人自己的工具，使小商品生产者破产，形成产业預备军。随着资本主义的发展，大生产不断成长和发展起来，使劳动和生产更加社会化，社会劳动生产力空前提高了。从而日益提高的社会生产力与资本主义生产关系之间的矛盾也越来越尖銳化。列宁曾經教导說："资本主义在全世界上获得了胜利，但这一胜利不过是劳动对资本胜利的前阶"①。

五，馬克思論証了资本主义生产方式的灭亡和社会主义生产方式产生的必然性。

亚当·斯密的偉大貢献之一，就是由他第一人根据生产资料和土地之占有的情形和收入的特点把社会分为三个阶級：占有生产资料和取得利潤的资本家阶級；沒有生产资料和以工資为生的无产阶級；占有土地并且获得地租的地

---

① "列宁全集"，第 19 卷，人民出版社版，1957 年，第 7 頁。

主阶級。李嘉图则更进一步論証了这三个阶級在劳动生产品分配上是有矛盾的。但是，他們都沒有說明这三个阶級是怎样产生的，当然更沒有指明它們的前途究竟是怎样的。他們都为资产阶級視野所局限，认为资本主义生产方式是自然的生产方式，从而这三个阶級的存在也是自然的現象。并且由于他們把资本主义生产方式絕对化、永恒化，因此，他們的經济理論虽然是以生产資料和土地的私有制为前提，但他們从来沒有区别过这种私有者究竟是劳动者或者不是劳动者，结果遂把小商品生产者和資本家加以混同，把小商品生产經济和资本主义經济混同起来了。

馬克思继承了古典政治經济学家关于社会阶級划分的論点。可是，他进一步于科学上論証了，私有者是劳动者和不是劳动者，其間有本质的区别：如果私有者同时是劳动者，即小商品生产者，他們对于生产資料和劳动产品的占有即个人私有制是以他們自己的劳动为基础的；如果私有者不是劳动者，即資本家，他們对于生产資料和劳动产品的占有即资本主义的私有制则是以剝削别人——工人的劳动为基础的；小商品生产是以各种生产資料分散为前提，而資本主义生产则以生产資料的积聚为前提的。

生产資料的资本主义私有制是从个人私有制发展来的。馬克思在总结原始积累时曾經說过：小商品生产者的生产方式"……达到一定程度时，它亲自造成了使自己破坏的物质手段。从这时起，在社会內部就有各种力量和热情开始发动出来，它們感觉到自己受着这种生产方式的束縛。它不得不被破坏而且它已被破坏了。它的被破坏，便是个人的分散的生产資料轉化为社会上积聚的生产資料，从而是多数人零碎的所有权轉化为少数人大规模的所有权，也就

240

是人民大众的土地、生活资料和劳动工具的被掠夺。人民大众所受的这种可怕的残酷的剥夺，就是资本的前史"①。

人民大众的土地、生活资料和劳动工具都被剥夺了，他们除开劳动力以外一无所有了，因而也就变成了出卖自己劳动力的雇佣劳动者。而占有大量生产资料的少数人则变成了资本家。资本主义社会的地主阶级也是在这个过程中形成的。

资本主义生产方式是以资本家和无产者这二个阶级的存在为前提。在资本主义生产方式之下，雇佣工人不但在生产过程中生产出与其劳动力价值相等的价值；而且还替资本家生产了剩余价值。这种剩余价值不仅使资本家得以过奢侈的生活，而且还有一大部分积累起来、转化为资本，成了对无产者进行扩大和加强剥削的工具。

随着资本主义的发展，生产技术和劳动工具不断改进，劳动生产率不断提高，生产规模不断扩大，劳动更加社会化，从而资本有机构成也不断提高。结果是：社会财富迅速增加了，但都被资本家所占有；无产者则日益贫穷化，而小生产者则日趋破产。到最后，由于自由竞争和资本集中的作用，"大鱼吃小鱼"，"狠吃羊"，连有些资本家也被剥夺了。马克思说："……私有者的进一步的剥夺，就要采取一个新的形态。……被剥夺的，不是自己经营的劳动者，而是剥削多数劳动者的资本家了。

"这种剥夺，是由资本主义生产自身的内在法则的作用，由资本的集中来完成的"②。

---

① 马克思："资本论"，第1卷，第963页(这里引文，曾对照俄文译本校改，所以与郭大力、王亚南译本稍有出入)。

② 马克思："资本论"，第1卷，人民出版社版，1957年，第964页。

资本愈集中，生产规模越扩大，劳动更加社会化，从而为资本主义制度的灭亡和新社会——社会主义社会的产生创造了物质条件。在这个过程中，无产阶级队伍不断壮大了，他們的阶级觉悟、組織性和战斗力都不断提高，从而资本主义发展本身就为它自己准备着掘墓人。馬克思曾說："生产资料的集中和劳动的社会化，达到了与它們的资本主义外壳不能相容之点。这种外壳会被破裂。资本主义私有制的丧钟响起来了。剝夺者被剝夺"①。

馬克思又指出，生产资料的个人私有制轉化为资本主义私有制是一个少数人剝夺人民大众的过程，而从生产资料的资本主义私有制轉化为社会的公有制则是一个人民大众剝夺少数人的过程。因此，前一过程比后一过程是更为长久、更为殘酷的。"剝夺者被剝夺"的过程一旦完成，资本主义生产方式就完全灭亡，而社会主义社会就会迅速成长起来。从此以往，生产资料的私有制一去不复返了，成为个人所有的只是生活资料而已。馬克思在提起一个"自由人的公社"②时曾說："公社的总生产物，是一个社会的生产物。这生产物的一部分，会再用作生产资料。它依然是社会的。另一部分，就当作生活资料为公社各分子所消費，所以是必須分配在他們之間的"③。

馬克思在科学上論証的关于资本主义制度必然灭亡和社会主义必然胜利这条眞理，已經为苏联、中国和欧亚其他許多正在建設社会主义的国家之革命实践所証实。将来还会由更多的国家乃至全世界所有国家的革命实践所証实。

---

① 馬克思："資本論"，第1卷，人民出版社版，1957年，第964頁。
② 这里所說的"自由人公社"就是社会主义社会。
③ 馬克思："資本論"，第1卷，人民出版社版，1957年，第62頁。